国家自然科学基金项目结题成果

国家自然科学基金项目

中外动物福利制度比较研究

孙　宁　唐伟华 ◎ 著

中国社会科学出版社

图书在版编目(CIP)数据

中外动物福利制度比较研究 / 孙宁, 唐伟华著. —北京：中国社会科学出版社, 2020.6
ISBN 978-7-5203-6217-7

Ⅰ.①中… Ⅱ.①孙…②唐… Ⅲ.①动物福利—福利制度—比较法—世界 Ⅳ.①D912.604

中国版本图书馆 CIP 数据核字 (2020) 第 054649 号

出 版 人	赵剑英
责任编辑	任　明
责任校对	赵雪姣
责任印制	郝美娜
出　　版	中国社会科学出版社
社　　址	北京鼓楼西大街甲 158 号
邮　　编	100720
网　　址	http://www.csspw.cn
发 行 部	010-84083685
门 市 部	010-84029450
经　　销	新华书店及其他书店
印刷装订	北京君升印刷有限公司
版　　次	2020 年 6 月第 1 版
印　　次	2020 年 6 月第 1 次印刷
开　　本	710×1000　1/16
印　　张	18
插　　页	2
字　　数	301 千字
定　　价	98.00 元

凡购买中国社会科学出版社图书，如有质量问题请与本社营销中心联系调换
电话：010-84083683
版权所有　侵权必究

摘　　要

　　动物福利是动物身心健康的状态。为实现该状态，人类应当善待动物并履行照顾动物的义务。文明的发展呼吁人类关注并实现动物福利，于是各国不断出台并完善动物福利法律、法规，形成了一套完整的动物福利法律体系，并在动物福利法中确立了完备的动物福利标准和条件制度、动物福利监管制度以及动物福利追责制度。与国外相比，我国目前尚未出台统一的动物福利法典，已有的动物福利相关立法中对动物的关注程度较低，动物保护仅仅是实现环境保护、经济发展等公共利益保障或者人类健康保障的附属品。动物福利标准条件制度、动物福利监管制度和追责制度等动物福利的核心制度在我国也尚不健全。本书通过对比中外动物福利立法体系以及动物福利主要制度，系统地介绍了中外动物福利立法的基本规定，并总结出我国在动物福利立法领域存在的问题与不足。他山之石可以攻玉，针对问题与不足，我国应当加快立法步伐，构建动物福利的完备制度，实现对动物"权益"的保障。

目　录

第一章　动物福利下的动物及其法律地位 ……………………（1）
 第一节　动物与动物感知力 …………………………………（1）
  一　动物的概念和范围 ………………………………………（1）
  二　动物的感知力 ……………………………………………（4）
 第二节　动物的法律地位 ……………………………………（7）
  一　动物地位的发展演变 ……………………………………（7）
  二　动物权利论解析 …………………………………………（13）
第二章　动物福利及其评价 …………………………………（18）
 第一节　动物福利的含义 ……………………………………（18）
  一　动物福利的含义 …………………………………………（18）
  二　动物福利含义的相关学说 ………………………………（23）
  三　动物福利的实质 …………………………………………（25）
 第二节　动物福利的评价 ……………………………………（26）
  一　动物福利评价的产生 ……………………………………（26）
  二　动物福利评价原则 ………………………………………（28）
  三　动物福利评价内容 ………………………………………（31）
  四　动物福利评价因子 ………………………………………（35）
  五　动物福利具体评价标准 …………………………………（46）
  六　动物福利评价方法 ………………………………………（47）
第三章　中外动物福利立法制度比较 ………………………（52）
 第一节　动物福利立法概述 …………………………………（52）
  一　动物福利法的含义和特征 ………………………………（52）
  二　动物福利法的基本原则 …………………………………（54）

第二节　国外动物福利立法综述 …………………………… (57)
　　一　国外动物福利立法概况 ……………………………… (57)
　　二　国外动物福利立法特点 ……………………………… (58)
第三节　我国动物福利相关立法现状 ……………………… (62)
　　一　动物福利相关法律 …………………………………… (62)
　　二　行政法规和规章 ……………………………………… (64)
　　三　地方立法 ……………………………………………… (64)
第四节　中外动物福利立法目的和立法体系比较 ………… (65)
　　一　中外动物福利立法目标和理念比较 ………………… (65)
　　二　中外动物福利立法体系比较 ………………………… (67)

第四章　中外动物福利标准条件制度比较 …………………… (69)
　第一节　国外动物福利标准条件制度 ……………………… (69)
　　一　动物福利标准条件制度概述 ………………………… (69)
　　二　国外动物福利标准条件制度概况 …………………… (70)
　　三　国外动物福利标准条件制度的特点 ………………… (71)
　第二节　我国动物福利标准条件制度 ……………………… (78)
　　一　我国实验动物福利标准条件制度 …………………… (79)
　　二　我国农场动物福利标准条件制度 …………………… (91)
　　三　我国野生动物福利标准制度 ………………………… (105)
　　四　我国其他动物福利标准制度 ………………………… (110)
　第三节　我国动物福利标准条件制度的问题 ……………… (111)
　　一　统一法典缺失 ………………………………………… (111)
　　二　强制性标准的高度概括 ……………………………… (112)
　　三　动物福利标准操作性较差 …………………………… (114)

第五章　中外动物福利登记和许可制度比较 ………………… (117)
　第一节　动物福利登记许可制度概述 ……………………… (117)
　　一　动物福利登记、许可的含义及种类 ………………… (117)
　　二　动物福利登记和许可制度的作用 …………………… (122)
　第二节　国外登记和注册制度主要内容 …………………… (124)
　　一　登记许可的主管机构及其职责 ……………………… (124)
　　二　登记和许可的范围和种类 …………………………… (125)
　　三　登记和许可的条件制度 ……………………………… (126)

四　登记和许可的程序制度 …………………………………（127）
　第三节　我国动物福利登记许可制度 ………………………………（127）
　　一　实验动物福利登记和许可制度 …………………………（128）
　　二　农场动物登记和许可制度 ………………………………（130）
　　三　野生动物登记和许可制度 ………………………………（131）
　　四　其他动物登记和许可制度 ………………………………（134）
　第四节　中外登记和许可制度对比 …………………………………（135）
　　一　形式上的共性 ……………………………………………（135）
　　二　实质上的差距 ……………………………………………（137）

第六章　中外动物福利监管制度比较 ……………………………………（143）
　第一节　国外动物福利监管制度概述 ………………………………（143）
　　一　动物福利监管的含义和意义 ……………………………（143）
　　二　国外动物福利监管制度概况 ……………………………（145）
　第二节　我国动物福利监管制度 ……………………………………（161）
　　一　政府监管 …………………………………………………（161）
　　二　政府监管外的其他监管 …………………………………（166）
　第三节　我国动物福利监管制度的问题 ……………………………（168）
　　一　政府监管体制问题 ………………………………………（169）
　　二　动物保护组织的监管问题 ………………………………（174）
　　三　监管目的错位下的监管内容偏离 ………………………（178）

第七章　中外动物福利伦理审查制度比较 ………………………………（182）
　第一节　国外动物福利伦理审查制度概述 …………………………（182）
　　一　动物福利伦理审查的产生 ………………………………（182）
　　二　国外动物福利伦理审查的主要立法 ……………………（184）
　　三　国外动物福利伦理审查制度的主要内容 ………………（186）
　第二节　我国动物福利伦理审查立法现状及不足 …………………（192）
　　一　我国动物福利伦理审查立法概况 ………………………（192）
　　二　我国立法不足 ……………………………………………（194）
　第三节　伦理审查主体及审查原则比较 ……………………………（195）
　　一　伦理委员会的组建及监管的基本架构比较 ……………（195）
　　二　伦理委员会的人数与组织原则比较 ……………………（196）
　第四节　科研机构对伦理委员会的保障及监督义务比较 …………（200）

一　国外规定 …………………………………………………（200）
　　二　我国规定及不足 …………………………………………（201）
　第五节　伦理委员会职责范围制度比较 ……………………………（202）
　　一　伦理委员会职责范围比较 ………………………………（202）
　　二　伦理审查原则比较 ………………………………………（204）
　　三　审查内容比较 ……………………………………………（206）
　第六节　审查程序比较 ………………………………………………（210）
　　一　我国对审查程序的阶段性规定及不足 …………………（210）
　　二　审查决定比较与不足 ……………………………………（213）
　　三　审查记录保存规定比较 …………………………………（215）
　第七节　研究机构对违规行为的处置与问责制度比较 ……………（216）
　　一　伦理委员会的角色与责任比较 …………………………（216）
　　二　研究机构在应对违规行为中的责任与义务比较 ………（217）

第八章　中外动物福利追责制度比较 ………………………………（220）
　第一节　国外动物福利追责制度概述 ………………………………（220）
　　一　动物福利追责制度的含义和意义 ………………………（220）
　　二　国外动物福利追责体制 …………………………………（222）
　第二节　我国动物福利追责制度概况 ………………………………（234）
　　一　动物福利相关立法下的追责制度 ………………………（234）
　　二　侵害动物相关犯罪及其刑事责任 ………………………（245）
　　三　动物福利违法行为内部责任的规定 ……………………（248）
　第三节　中外动物福利追责制度比较 ………………………………（250）
　　一　违法行为规定比较 ………………………………………（250）
　　二　法律责任设置比较 ………………………………………（261）
　　三　结论 ………………………………………………………（268）

结语 ……………………………………………………………………（270）
　　一　问题与困惑 ………………………………………………（270）
　　二　结论与展望 ………………………………………………（272）

参考文献 ………………………………………………………………（274）

第一章

动物福利下的动物及其法律地位

第一节 动物与动物感知力

一 动物的概念和范围

(一)语言学下的动物

动物福利概念中包含两个词,一个为动物,另一个为福利,这两个词对动物福利的理解皆很重要。由于动物福利的核心在于保护动物,于是对动物概念和范围的理解必然影响一个国家动物福利立法的体系和内容。因此,为了有效建立和完善我国的动物福利法律制度,就有必要先理清动物的含义及其范围。

动物中的"动"指的是活动、运动,而其中的"物"指的则是生物,因此顾名思义,动物指的就是可活动的生物。汉语词典中,将其解释为:"生物的一大类,这一类生物多以有机物为食料,有神经,有感觉,能运动。"[1] 韦氏英语词典在字义上将动物(animal)定义为:"任何包含多细胞生物和诸多单细胞生物(例如原生生物)在内的生物体,其在以下方面与植物具有典型差异:其具有细胞但不具备纤维素壁;缺乏叶绿素不能进行光合作用;需要更复杂的食物原料(例如蛋白质);组织上具有更高程度的复杂性;以及具备自主运动和对外界刺激进行快速运动反应的能力。"[2] 由此可见,从生物学角度出发,广义上的动物指的是与植物相对应的生物,与植物相比,其能够通过神经系统感知外部世界并且可运动。

---

[1] 在线汉语词典,http://xh5156educom/html5/z16m50j203112html。
[2] 韦氏英语在线词典,https://wwwmerriam-webstercom/dictionary/animal。

最广义上的动物当然包含我们人类。但很显然，从动物福利产生存在的意义来看，动物福利中的动物当然不包含人类，不仅如此，动物福利是针对人类提出的，其要求人类善待动物。于是泛泛意义上，我们可以将动物概括为人类以外的非植物生物。

(二) 动物福利法下的动物

然而我们对动物进行如此宽泛的界定并非在动物福利保障的任何时期都具有现实意义。这一方面是因为动物的种类众多，其中不乏我们目前用肉眼无法观测，甚至我们目前根本不知悉其存在的动物物种，另一方面是因为动物福利的诞生源于动物感知力的存在，因此科学证据证明具有感知力的动物才可能成为人文关怀的对象。因此将人类外的所有非植物生物纳入动物福利范畴下的动物范围在目前还不具备任何可操作性。不仅如此，从人权保障的历史发展来看，任何一个国家包含法治发达国家都无法也未能实现所有人权的同步保障，贫困者、妇女、有色人种等特殊群体获得法律上的一系列人权是通过不断地斗争逐步取得的。动物福利的研究和立法规范远远晚于对人权的研究和立法，因此将所有动物一蹴而就地纳入动物福利制度的立法规制范围内，更是不具备任何可能性和现实基础。

从实然角度分析，西方国家动物福利立法伊始，由于经验不足及不同国家对动物福利认知的差异性，被保护的动物范围是有限的。动物福利保障制度下涉及的动物经历了从无到有、由寡及多、循序渐进的发展过程。例如，世界上第一部禁止虐待动物的立法——英国的《马丁法案》中涉及的保护动物仅限于大家畜，而鸟类、猫、狗等小型动物则被排除在福利制度保护范畴以外。英国议会后来在1835年、1839年和1854年先后通过三项补充法案将《马丁法案》保护的动物范围延伸到所有哺乳动物和部分野生动物。再如，美国在1966年前，动物福利的联邦立法尚属空白，当时的人道主义组织主要提倡对宠物和经济动物的照料。1966年美国出台第一部动物福利联邦立法——《动物福利法》，该法规定：动物是指"任何活着或者死去的狗、猫、非人类灵长类动物、豚鼠、仓鼠、兔或任何被使用或者将被使用于研究、教学、测试、实验、展览目的或者被作为宠物动物的温血动物，但是不包含鸟类、实验老鼠、非研究目的的马和其他农场动物。"[①] 1999年美国通过的《动物和动物产品法》中对动物范围

---

① 见美国《动物福利法》第2条的规定。

作出相同的认定，但却在具体条文中将鸟类、实验老鼠和实验农场动物列入保护动物范围，美国动物福利立法涵盖的动物范围由此扩大。

在各类动物中，数量最多、进化最为先进、与人类接触最为密切的动物就是脊椎类动物，而在脊椎类动物中，迄今为止，科学发展证明的运动能力最为复杂、进化最高的又是哺乳类动物，以至于在韦氏英语词典中，又将动物理解为："哺乳动物；更为广泛上来看的脊椎动物。"[①] 于是，脊椎动物应当获得动物福利立法保护已经成为世界各国的共识。1993年，英国农场动物福利委员会提出动物五项自由时，就以脊椎动物为动物保护的基本对象，指出："所有的脊椎动物都具备感知力已经获得普遍认可，它们能够感知疼痛，感受痛苦和不安并能感知积极和消极的情感。"后来英国《动物福利法》再次规定："本案适用的动物：（1）在本法案中，除了第（4）款和第（5）款外，动物指的是除了人类以外的脊椎动物；（2）本法案任何条款不适用于处于胚胎或者胎儿期的动物；（3）出于本法案所有或者任一目的，适当的联邦机构有权制定下列条例（a）将动物的含义扩展至任何无脊椎动物；……（4）第（3）款（a）项或者（c）项中的权力只有在适当的联邦当局有科学依据能够证明涉及的动物种类能够感知疼痛或者痛苦的基础上方可实施；（5）在本法案中，脊椎动物指的是所有的脊索动物类中脊椎亚门的动物，无脊椎动物指的是非脊椎亚门的动物。"[②] 由此可见，英国确立的动物福利立法涵盖的动物范围主要是成年脊椎动物，脊椎动物的胎儿以及无脊椎动物只有在具有明确的科学依据能够证明动物的感知力时才可获得动物福利法的保护。目前相当一部分国家的动物福利立法均将保护的主要动物规定为脊椎动物。

伴随着动物福利理念的不断深入和动物福利法的不断完善，部分立法开始在脊椎类动物外，寻求对更多动物的保护。在澳大利亚国家科学和医药委员会与政府机构联合颁布的重要法规——《澳大利亚用于科研目的动物的照顾和使用准则》中，将动物阐释为：所有生存的非人类脊椎动物（即鱼类、两栖动物、爬行动物、鸟类和哺乳动物，包含饲养动物、有目的培育的动物、家畜和野生动物）以及头足类动物。欧洲议会和欧盟理事会2010年颁布的保护用于科研目的动物的新指令中，对该指令规

---

① 韦氏英语在线词典，https：//wwwmerriam-webstercom/dictionary/animal。
② 英国《动物福利法》概述部分第1条。

范的动物范围规定如下："本指令适用于下列动物：(a) 活着的非人类脊椎动物，包含 (i) 能够独立进食的幼体；以及 (ii) 在正常发育中处于最后三分之一阶段的哺乳动物的胎儿和 (b) 活着的头足类动物。"由此可见，在澳大利亚的实验动物保护准则和欧盟实验动物立法中显然将头足类动物置于和脊椎类动物同等重要的保护地位。我国香港地区《防止残酷对待动物条例》中将动物"animal"解释为："包括任何哺乳动物、雀鸟、爬虫、两栖动物、鱼类或任何其他脊椎动物或无脊椎动物，不论属野生或驯养者……"[1]

综上所述，界定动物的含义和范围是世界各国在进行动物福利立法时首先要考虑的因素，各国应当立足本国的国情，考虑本国公民的动物福利意识、历史背景、动物福利的立法技术以及实现动物福利立法的能力等诸多方面，确立适当的动物范围，在具备基础的条件下，不断完善相应立法并逐步扩充受保护的动物范围。正如考林·斯伯丁所言："如果我们把'痛苦'的概念扩展到所有的生物种类，那么生活就太困难了。大概没有人会反对这样的观点，即关注应当集中在那些有感觉能力的动物身上。但是我们不能把关心扩展到所有有感觉能力的动物，第二章提出的道德出发点把我们的义务限定在我们保有、控制或影响的有感觉能力的动物身上。"[2] 综上所述，笔者认为，现阶段我国公民动物福利意识尚未确立，动物福利在中国实属新生事物，因此目前我国动物福利立法确立的动物范围显然无法扩展到所有的生物，而且这也并非是多数国家立法的基本规定。中国应当参照多数国家和国际公约的规定，将动物限定在脊椎动物范围内比较适当。

二 动物的感知力

"在 17 世纪以前，人们普遍认为，动物是不具有意识的，虽然它们有时表现出复杂的行为，但这和机械钟表一样，也属于无意识的行为。"[3] 人类似乎完全将动物中的"物"理解为物体，并未在多大程度上将其视

---

[1] 见中国香港《防止虐待动物条例》第 2 条。
[2] ［英］考林·斯伯丁：《动物福利》，崔卫国译，中国政法大学出版社 2005 年版，第 44 页。
[3] 常纪文：《动物只能是法律关系的客体》，《昆明理工大学学报》（社科法学版）2007 年第 3 期。

为生命，于是狩猎、斗牛、动物实验等都被视为人类对动物的正常使用。对待动物，人类可以肆无忌惮、为所欲为，无须承担任何道德和法律义务。然而，18 世纪以后，大量的哲学家和伦理学家展开了对"动物机械论"的抨击。"伏尔泰认为：动物与人一样有感觉器官，否认动物没有感觉是荒谬的。约翰·洛克认为：动物和人类一样有理性，有感觉。"① 边沁认为，平等是功利主义的核心，能否成为一个伦理关怀的对象，"问题不在于'它们能推理吗？'也不是'它们能说话吗？'而是'它们会感受到痛苦吗？'"② 在边沁看来，动物和人类一样能够感知到快乐和痛苦，会选择趋乐避苦。进入 19 世纪，动物解放和动物权利论兴起，对动物和动物法律地位的研究不断深化，在公众领域，引起人类对动物状况最大关注的就是英国《动物机器》（Animal Machines）一书的出版，在该书中，作者露丝·哈里森（Ruth Harrison）记录了在英国集约化生产模式下大量涉及包含鸡、猪和肉牛在内的农场动物的生存条件，并呼吁尊重和认可动物的感知力，并给动物合理的照顾。哈里森的尊重动物知觉的呼声极大地促进了英国动物福利立法的发展，并催生了衡量动物福利的五大自由。1975 年，著名哲学家彼得·辛格出版了在动物福利史上的一部巨著《动物解放》（Animal Liberation），在该书中彼得·辛格提出了判断涉及动物行为的标准——"任何行为是对是错应当以该行为导致的痛苦或者愉悦程度为基础进行判断"，其指出："认为动物对痛苦（或者愉悦）的感知不如人类重要是不具备道德合理性的。"于是，彼得·辛格以动物感知痛苦的能力为基础主张"动物权利"，并以所有的生命应当获得平等的道德关怀为基础反对任何物种歧视。20 世纪以来，更多的揭示了动物的知觉、认知和意识复杂性的科学调查研究激发了人类对动物地位的重新思考，对这些知识的新的伦理思考使得原来那种认为动物仅仅是物体、工具、机器或者商品的旧观点在伦理上无法继续存续。

由此可见，动物是生物，具有感知苦乐的能力是提出动物福利的科学基础。因此，各国动物福利法保护的动物也往往针对的是具有感知力的动物。正如"世界动物保护协会在其文件中指出，动物包括所有有感知力

---

① 转引自李淦、顾宪红《动物福利思想的起源及其发展研究》，《家畜生态学报》2017 年第 5 期。

② [美] 彼得·辛格：《实践伦理学》，刘莘译，东方出版社 2005 年版，第 57 页。

的，有意识的生物。"①

近年来，大量的科学实验不断证明，动物作为生命体，具有和人类相同的中枢神经系统，具备和人类相近的知觉，这种知觉无论在低级动物还是高级动物身上皆客观存在。达尔文在《人与动物情感》一书中指出："动物具有思维能力，其感受反应、喜怒哀乐与人无大差异，仅仅是量的不同，而非质的差别！因此动物与人类一样有着基本生存需要和高层次的心理需要，这些基本的需要得不到满足，就会形成对动物的伤害，这种伤害也就不同于一般物质，而是对生命的伤害，会造成动物精神和肉体的极度痛苦，这种状态与人类极其相似。"② 英国《每日邮报》在2007年11月19日报道了纪录片《蓝色星球Ⅱ》第四集中一段催人泪下的片段——刚出生的小鲸鱼因海洋污染而死亡，母亲带着它的尸体，一连几天都不肯放开。看到这则新闻，我们应当深思：人类有什么资格又有什么证据去证明动物是无意识的？动物不仅具有感知痛苦的能力，而且某些高级动物还具备与人类相近的情感。动物的感知苦乐尤其是感知疼痛和痛苦的能力，在世界各国的动物福利立法和国际公约中已经获得认可：1993年，英国农场动物福利委员会提出动物的五项自由，认为："所有的脊椎动物都具备感知力已经获得普遍认可，它们能够感知疼痛，感受痛苦和不安并能感知积极和消极的情感"。1997年，在欧盟成立过程中至关重要的《阿姆斯特丹条约》(*The Amsterdam Treaty*) 中宣告："动物是具有感知力的生命体"，这样一种对动物感知力的认识在2009年的里斯本条约 (*The Treaty of Lisbon*) 中再次宣示并成为欧盟动物福利基本原则确立的基本依据。苏格兰作家威廉姆·史麦里曾说过：所有动物都有感觉，或者至少有愤怒感，这种感觉意味着动物和人一样，可以感受快乐和疼痛，疼痛使它们不仅应享受免受痛苦的道德权利，还应享受这方面的法律权利。③ 因此，降低动物的疼痛和痛苦，也成为各国动物福利立法的重要目标。例如《澳大利亚用于科研目的动物的照顾和使用准则》规定："动物对疼痛和痛苦具有感知力，涉及动物福利的程序和情况就必须就疼痛和痛苦进行考

---

① 常纪文：《动物福利法——中国与欧盟之比较》，中国环境出版社2006年版，第5页。
② 恽时峰：《保障实验动物福利，促进生命科学发展》，《中国比较医学杂志》2015年3月。
③ 《中美动物福利立法比较研究》，http://maxbook118com/html/2014/0303/6255822shtm。

虑"①，再如，2012年《涉及生物医学研究动物的国际指导原则》指出："研究人员应当推断能够给人类造成疼痛或者痛苦的程序也会造成动物的疼痛或者痛苦，除非有相反证据。因此，基本的道德律令就是按照良好的科学或者兽医医学实践避免或者最大化地降低动物的紧张、不安、不适以及痛苦。……"

第二节 动物的法律地位

综上所述，自理论上提出并且实践中大量的科学实验证明动物具有感知力以来，动物值得保护在哲学界、伦理学界、科学界等领域日益达成共识。但是，如何理解动物与人之间的关系，应当在何种高度上去保护动物则取决于不同时期、不同学者乃至不同立法中对动物地位理解的不同。对动物地位的争论涉及动物是主体还是客体、动物是否应当具有权利等一系列问题，甚至有学者提出了动物的"人格"与"物格"以及动物的"准主体"地位学说。这些争论一直到今天也没有停止。而这场争论的背后又涉及对人类中心主义的批判和非人类中心主义的构建。

一 动物地位的发展演变

人类对动物地位以及动物与人类关系的探讨由来已久，早在古希腊时代思想家们就曾展开过一场关于动物地位的争论。在那个历史时期，亚里士多德的人类主导说占据核心地位，该说主张人类比任何动物都要高级，因为在亚里士多德看来，绝大多数动物都缺乏理性和创造力，没有语言，毫无智商。但是，主张关爱动物的学说在这个历史时期也已经出现，例如，古希腊著名哲学家、思想家和科学家毕达哥拉斯（Pythagoras）就认为动物值得尊重，因为动物和人在灵魂上是会互相转世的，人可能会转世为动物，反之亦然。亚里士多德的学生提奥弗拉斯特（Theophrastus）也认为动物其实具备理性，因此其提倡素食，因为在他看来，食用动物就等于剥夺了动物的生命。但是，严格意义上讲，古希腊对动物与人关系的探讨仅仅是动物地位学说的起源，人类正式研究动物地位从17世纪开始，并经历了以下发展变化的阶段。

---

① 参见澳大利亚《用于科研目的的动物的照顾和使用准则》第1条第10款。

(一) 传统的动物机械论阶段

17世纪前后,在动物福利的起源地欧美大陆地区,就已经开始尝试出台保护动物的零星立法。例如,1596年,英国就通过了一项禁止纵容斗熊的法令,1635年,爱尔兰通过了禁止剃羊毛和在马的尾巴上拴犁的立法,1641年,北美的马萨诸塞殖民地还通过了一部保护家畜动物的法律,在上述立法中,部分动物娱乐行为和损害动物身体的行为被界定为"残忍的使用动物的行为"[①],这在世界范围内已经相当先进了,因为那个历史时期的人类基本上将动物完全视为人类的财产,动物伦理尚未深入人心,立法却已经先行了。

然而,总体分析,17世纪人类对动物的主流观点认为动物就是物,是人类的财产和物品。其中最典型的代表学说就是笛卡尔的"动物机器论"。笛卡尔将机械论方法引用到对动物意识的研究,他认为人类的高贵之处在于人的精神、意志和上帝相连,而动物什么都不是,因为动物仅仅是一台复杂的机器,它们根本没有灵魂、精神或者理性。鉴于笛卡尔的个人声望,宇宙机械论思想一直到20世纪都有着重要影响。

(二) 纯粹人类中心主义下的善待动物观阶段

从17世纪末开始笛卡尔的动物机械论开始受到批判,大量思想家和伦理学家指出残忍地对待动物是错误的,应该善待动物。然而,遗憾的是,此时期"善待动物观"的初衷却是单纯为了保护人类。例如,德国哲学家康德认为:残忍地对待动物之所以是错误的,那是因为那样对人类自身不好。康德指出:残忍地对待动物与人类对其自身的义务相违背,因为其损害了人类的情感和同情心。英国思想家洛克在1693年《关于教育问题的一些思考》一书中,指出:"动物确实具有情感,因此对动物不必要的残忍在道德上当然是错误的,但是不受伤害的权利仅属于动物的主人或者因残忍对待动物受到伤害的人。"[②] 人类中心主义思想在洛克和康德那里得到了很好的诠释,也在19世纪前的欧洲获得普遍认可。一个非常典型的案例就是:"1793年,约翰·科尼什被认定不构成残害动物罪,尽管其残忍地拽掉了一匹马的舌头,法官裁决除非有证据证明科尼什对马的主人具有恶意,否则罪名当然不成立。"[③]

---

① The Statutes at Large Dublin, 1786, cited in Ryder (2000), p.49.
② 译自 https://enwikipediaorg/wiki/Animal_rights。
③ 在线汉语词典,http://xh.5156edu.com/html5/z16m50j203112.html。

(三)"动物知觉中心主义"阶段

从18世纪中期开始,哲学家和伦理学家对动物的关心进一步加强,在此阶段人类中心主义开始走向弱化,大批学者从动物角度出发提出人类应当善待动物。让雅克·卢梭在此领域做出了重要贡献。卢梭在其巨著《论人类不平等的起源》一书中,从自然法角度出发,指出:"尽管动物缺乏认可法律的智力和自由,但是在自然法上因动物具有知觉而使得动物有权享有和人类一样的自然权利,人类负有不伤害动物的义务,在这一点上,人类和动物是平等的,动物应当享有不受人类任意虐待的权利。"[①] 在《爱弥尔或论教育》一书中,卢梭继而鼓励父母应当以素食喂养子女以培养孩子良好的性格。"善待动物"的自然法思想在卢梭多部著作中均有所体现。

功利主义的创始人边沁认为有没有理性并非是衡量生物地位的标准,因为新生儿也缺乏判断推理的能力。边沁提出此观点时正好是法国宣布解放非洲奴隶的时刻,因此边沁以此为契机,一针见血地指出:"法国人已经发现皮肤黑不能成为一个人被任意折磨而不能获得救济的理由。总有一天人们会认可腿的数量、皮肤的绒毛状况、骶骨终端的形状都不足以成为让一个有感知力的生命遭受类似厄运的理由。还有什么其他的能成为不可逾越的界限呢?是推理能力或者语言能力么?但是成年的马或者狗的推理或者交流能力与只有出生只有一天、一周甚至一个月的婴儿的相比简直不可同日而语。假如情况相反,又怎么样呢?问题不在于'它们能推理吗?'也不在于'它们能说话吗?'而在于'它们会感知痛苦吗?'"[②]

由此可见,尽管卢梭和边沁主张善待动物的基本理论有所差异,前者以自然法为基本理论支撑,后者则以功利主义为理论基础,但是二者却提出了相同的动物福利基础——即动物具有知觉。不仅如此,两位思想家皆认可了动物与人的平等地位,主张应当为了动物而保护动物,这与洛克和康德的人类中心主义相比,显然是一大进步。

(四) 法律认可动物地位阶段

在19世纪以前,尽管理论上大量的哲学家、思想家和伦理学家开始反对虐待动物,但是实践中动物依然被视为人的财产或者物品,无任何法律地位可言,善待动物充其量被部分学者和公众视为一种道德义务而已。

[①] 在线汉语词典,http://xh.5156edu.com/html5/z16m50j203112.html。

[②] Bentham (1789), quoted in Garner (2005), pp. 12-13.

这种状态在19世纪被打破。西方国家，首先是英国开始尝试赋予动物被保护的法律地位：1800年和1802年，苏格兰议会两次讨论废除斗牛的问题，均告失败。1809年和1810年托马斯·厄金斯两次提交反对恶意和任意对待动物的提案，提案在上议院通过，而在下议院的哄笑中被否决。[①] 1821年，理查德·马丁提出了一项保护家畜的法案，在被否决后，1822年，马丁继续提议一项反对虐待牛和马的议案，即《马丁法案》，该议案最终获得通过，成为世界上第一部重要的动物保护立法。按照《马丁法案》的规定，殴打、虐待或者残害马、驴、羊等大家畜的行为是违法行为，将被处以5英镑以下的罚金或者2个月以下监禁。马丁还以马丁法案为依据提起了第一起诉讼，诉讼的被告是一名叫作比尔伯尼斯的水果商，其因为殴打一头驴被逮捕，马丁认为其行为构成犯罪，法院最终对被告处以罚金。[②] 这起案件和随后几起案件中，伤害动物属于违法行为的认定极大地鼓舞了动物保护者的信心，也加速了动物福利的立法步伐。1822年，纽约法院裁决残害动物的行为构成普通法上的轻罪。1835年、1846年和1879年英国又通过了一系列马丁法案的修正案，扩充了马丁法案适用的动物范围。法国于1850年，华盛顿在1859年、纽约于1866年、加利福尼亚于1868年也相继通过了保护家畜的法案。动物保护进入法律保护时代。而立法上的进步和实践中对动物的关注又促成了动物保护的社会化，包括英国的防止虐待动物协会在内的诸多动物保护组织开始成立。

动物保护从一个理论呼声变为具有实际意义，能给动物带来福祉的现实问题。毫无疑问，动物的地位提高了，善待动物成为人类应该履行的法定义务，对动物"权利"的研究也因此开始。

（五）动物权利运动阶段

1. 动物权利理论的兴起

建立在动物福利基础上的动物权利论是动物保护理念发展到一定阶段的产物，其远远超越了早期对动物具有知觉或者意识的研究，而主张动物具有和人类平等的地位。动物权利说的早期代表人物为德国著名哲学家叔本华。叔本华激烈地抨击了康德的人类中心主义下将动物排除在道德体系之外的观点，提出动物是人类附属品的观点已经过时，动物不仅仅为了人

---

① 转引自李淦、顾宪红《动物福利思想的起源及其发展研究》，《家畜生态学报》2017年第5期。

② https://enwikipediaorg/wiki/Animal_ rights.

类的利益而存在，它们享有自己的权利。他的观点为英美国家动物权利运动的发展奠定了良好的基础。美国反对虐待动物委员会（ASPCA）的创始人亨利·伯格正是受到了动物权利观的影响撰写了《动物权利宣言》，推动了纽约州1866年反对虐待动物立法的出台并促使防止虐待动物委员会获得执行该立法的权力。1892年，英国学者亨利·塞尔特在其出版的《动物权利与社会进步》一书中指出，尽管动物比人类低级，但是与人类一样具有独立的个体，因此应当有权享有一系列权利至少是有限的权利，这些权利与人类权利一样都是天赋的。在上述一系列理论的基础上，一场声势浩大的动物权利运动在欧美全面展开。19世纪末20世纪初，英国爆发了一场严格的素食主义运动，拒绝鸡蛋和动物牛奶，继而反对所有的动物产品。这场运动持续到20世纪中期。建立在动物权益基础上而非仅仅考虑人类健康问题的动物权利运动再次狠狠地给了"人类中心主义"一记耳光。

2. 动物权利运动的深化

尽管到20世纪中期西方国家的动物福利理念不断深化和传播，但是人类对动物的使用却有增无减，一方面是因为大量的动物被投入实验，例如，在英国用于科学实验的动物从1875年的300只增长到了2005年的280万只。另一方面则是因为工厂化的农场运作将上亿的动物作为食物供应给了人类。残酷的事实与动物福利要求背道而驰。这引起了动物保护者们的极大抗议，他们呼吁停止对动物的无休止的伤害并关注动物权利和自由。1964年，露丝·哈里森撰写《动物机器》一书，揭示农场工厂化背景下动物惨不忍睹的境况并倡导素食主义。1965年10月10日，小说家比丽吉·布罗菲在星期日《泰晤士报》上刊登文章《动物权利》，在该篇文章中，她写道：人与动物的关系是不间断的剥削。我们利用它们工作；我们吃它们穿它们；我们为了满足我们自己的迷信思想而剥削它们；我们过去常常将它们祭祀给上帝或者挖出它们的内脏去预见未来，现在我们又把它们奉献给科学并为了希望或者仅仅是为了我们能够更好地预知未来就在它们身上进行实验。我们会对古希腊哲学家能够如此深的审视对错却从未注意到奴隶制的不道德而感到不可思议。或许从现在开始的3000年后，我们同样会对我们未能关注到对动物的压迫是不道德的而感到不可思议。① 哈里森的著作和布罗菲的文章再次引发人们对动物和人类关系的权

---

① https：//enwikipediaorg/wiki/Animal_ rights.

益思考，进一步推动了动物权利运动的发展，大量的动物福利讨论会和专题会在这两部著作问世后开展起来。1971年，哈里森、布罗菲联合动物福利者理查德·莱德出版了《动物、人类与道德：对残害非人类的调查研究》，这促使人类从一个崭新的高度展开对动物的进一步关怀。

1975年，澳大利亚哲学家彼得·辛格出版专著《动物解放》，在该书中，彼得·辛格沿袭边沁的功利主义思想主张权益的平等考虑，并提出在道德上侵犯动物权利与侵犯人的权利并无差异。彼得·辛格援引了理查德·莱德提出的"物种歧视"一词，并主张反对物种歧视。《动物解放》一书的出版进一步引起学者们对动物权利的高度专注，理查德·莱德的《科学的牺牲品：实验中对动物的使用》、安德烈斯基的《动物权利：基督教角度分析》以及史蒂芬卡拉克的《动物的道德地位》等书相继出版。1982年开始，汤姆里根的系列文章最终形成《动物权利实例》（1984），在该书中，汤姆里根指出：动物和人一样拥有不可侵犯的权利，因为他们具有"内在价值（inherent value）"，是"有生命的主体（subjects-of-a-life）"。①

上述一系列思想奠定了动物具有权利的地位，甚至引发了西方国家一系列动物解放的暴力运动。大量的动物热爱或者狂爱主义者冲进实验室，砸烂实验室的门窗、销毁实验室数据甚至打伤实验者，释放了大量的动物。

3. "动物权利"理论的国际化影响

动物权利理论试图改变动物仅仅是人类财产的低级和附属地位，主张动物具有独立性和平等性。该理论尽管因为其过于理想化和脱离当时的实际而遭受大量科学家的批判，但是却引发了人类对动物地位以及动物与人类关系的重新思考，并且引发了人类社会对动物的广泛关注。不仅仅为了人类，而且为了动物而善待动物的动物权利思想开始走向国际舞台。1978年10月15日，《世界动物权利宣言》（*Universal Declaration of Animal Rights*）出版，1989年动物权利协会对宣言重新组织后，于1990年提交至联合国教科文组织，并在世界范围内公开。该宣言在序言中写道："考虑到生命是独一的，所有的生物具有共同的起源并在物种的进化中实现了多样化，因此所有的生物拥有自然权利，并且凡具有神经系统的动物皆享

---

① 袁霞：《试述素食生态女性主义的动物伦理思想》，《暨南学报》2016年第3期。

有特定的权利,任何对这些自然权利的蔑视甚至忽视都会导致对自然的破坏以及人类对动物的犯罪;物种的共同存在意味着人类对其他动物物种生存的各项权利的认可,且人类对动物的尊重与人类对他人的尊重是不可分的。"继而《世界动物权利宣言》宣告了包含平等权、被尊重权、不受虐待权、自由权、获得适当照料权等权利在内的一系列权利,并提出了最低损害、替代等原则。尽管《世界动物权利宣言》只有简单的10条,也未能完成成为国际公约的使命,但是其在世界范围内公开引发了国际社会对动物福利的高度关注,在其退出历史舞台后,大量的包含世界保护动物组织在内的国际组织开始起草《世界动物福利宣言》。

二 动物权利论解析

(一) 对动物权利论的批判

尽管动物权利说主张动物和人类平等的地位,为动物福利提供了深刻的理论基础。但是该说也受到大量思想家和法学家的批判。英国哲学家和作家罗杰·史克鲁顿认为权利与责任是相辅相成的,权利意味着责任,而目前只有人类能够承担责任,因此将权利延伸到人类之外的非人类生物是没有任何意义的;还有学者指出,赋予权利主体权利的目的乃是为了使权利获得保障,如果非人类动物的权利在实践中根本无法得到有效的保护的话,动物权利就一文不值,一个典型的例子,就是在自然界中,"弱肉强食"乃是自然规律,赋予羚羊生命权,丝毫阻止不了它们在下一秒就被狮子吃掉了;大量的学者还指出动物与人类的平等地位以及过度地保护所谓动物权利,将使人类权益贬值,甚至损害人类权益。正如卡尔·科亨曾经进行尖锐讽刺:"任何一只老鼠的道德权利都胜过数百万人生活质量的改善或数百万人的生命的拯救。"[1]

我国学者袁红萍认为:法的本质是调整人与人之间的关系,因此只有人才能成为权利至少是法律权利的主体,只有上帝才能赋予动物与人平等的地位,因此动物不可能享有权利。我国动物福利立法的推动者,动物福利的倡导人——常纪文教授也认为动物只能是法律关系的客体,他对《德国民法典》中"动物不是物。它们受特别法的保护。法律没有另行规

---

[1] 转引自刘小琴、尹记远《关于汤姆雷根动物权利理论困境的解析》,《南京医科大学学报》(社会科学版) 2012年第1期。

定时，对于动物适用有关物所确定的有效规则"这一条文进行解释，认为德国民法典中的"动物不是物"并非赋予动物人格，只是说明动物不同于桌椅之类的无生命物。常纪文教授指出：该条的规定意味着：其一，在无公法施加特殊要求的情况下动物是一类可以适用适物规则的私法客体。其二，在有公法施加特殊要求的情况下，动物也是私法上一类客体，不过对这类客体的保护要符合动物福利保护法律法规和环境保护法律法规所施加的保护要求。以上理解得到了德国《动物福利法》所有条文的印证，因为该法都是要求人类对动物做什么，不做什么的，都是把动物作为一个人类的恩惠对象对待的，并没有涉及一些中国学者提出的所谓的"类主体"和"主体"问题。也就是说，整个德国的法律体系并没有授予动物以非客体甚至主体的法律地位。[①] ……常教授还指出：德国的动物福利保护法律法规强调的是人类应提供给动物的福利（Welfare or well—being），却始终没有使用动物的"权利"（right）一词。而"福利"一词说明动物所得到的好处是人给予的，对于好处，动物的接受并非主动要求而是被动接受的，这是与"权利"的行使特征是截然不同的。[②]

（二）反对动物客体化的立法和实践

那么，主张赋予动物人格并主张动物独立的权利具有任何实际意义么？动物权利的实质究竟是什么？让我们首先了解进入20世纪尤其是21世纪以来的动物被"人格化"立法和实践：

1990年8月20日，德国民法典修正后，第90a条规定"动物不是物。它们受特别法的保护。法律没有另行规定时，对于动物适用有关物所确定的有效规则"；

1992年，瑞士法律上确认动物为"生物"（beings），而非"物品"（things）；

2000年，印度喀拉拉邦（Kerala）的高级法院将"权利"一词与马戏团的动物联系起来，裁决按照印度宪法第1条的规定，动物是有权有尊严的存在的生物。裁决意见写道如果人类被赋予这些权利，动物也一样。法院在判决书中写道："我们不仅对动物朋友负有基本同情义务，而且还要认可并保护他们的权利。"印度的其他法院和斯里兰卡的一法院也使用了

[①] 常纪文：《动物只能是法律关系的客体》，《昆明理工大学学报》（社科法学版）2007年第3期。

[②] 韦氏英语在线词典，https://www.merriam-webster.com/dictionary/animal。

类似的语言。2012 年印度政府发布了在教育和多数研究中使用动物的禁令①；

2002 年德国在宪法修改时，将动物与人置于在同一条款中进行保护。德国宪法中第 20a 章节规定：就像人类一样，动物有权受到国家的尊重，它们的尊严应该得到保护；

2005 年，澳大利亚国会通过立法禁止对猿类进行实验，除非实验的进行是为了该猿类动物自身的利益。同样在澳大利亚，2008 年 1 月在"反对工厂化动物协会"因一只黑猩猩的管理人破产为该猩猩寻求法律地位而提起的诉讼中，最高法院裁决黑猩猩（主张赋予其人格的支持者们给其取名 Matthew Hiasl Pan）不是人。该猩猩于 1982 年，其还是一只幼崽时在塞拉利昂被捕获，然后被走私到澳大利亚，在到达澳大利亚领土时，被海关发现将其带至一收容所。它在那里待了 25 年直到 2007 年经营该收容所的团体破产。捐赠者们想要为其提供帮助，但是按照澳大利亚的法律规定，只有人才能接受私人赠予，因此救助它的任何钱都会因为收容所的破产而消失。原告不服，上诉至欧洲人权法院，主张大猩猩人格权的律师请求法院为其指定看护人并赋予其四项权利：生命权，有限活动的自由，人身安全和财产请求权②；

2011 年，善待动物组织起诉海洋世界在圣地亚哥和奥兰多捕获 5 头虎鲸，声称这些鲸鱼像奴隶一样被对待。这是美国宪法第 13 条修正案将奴隶制和强制劳役规定为违法以来首次被引用到保护非人类权利上。一名联邦法官于 2012 年 2 月对该案作出否定裁决。2015 年，非人权项目组织 NHPP 代表四只被捕获的黑猩猩在纽约州向法院提起了三起诉讼，要求法院赋予黑猩猩们人身保护令下的身体自由权并将它们送至北美灵长类动物保护联盟所属的避难所。所有的请求都被驳回。在涉及黑猩猩 Herculesa 和 Leo 的案件中，大法官并没有直接驳回诉讼，而是举行了一场听证，要求大猩猩的所有人说明为什么不将大猩猩释放并转至避难所。听证后，该法院否决了 Herculesa 和 Leo 的请求。尽管请求被驳回，但是 NHPP 却将大法官的判决意见视为胜诉，在向媒体发布的新闻稿中，其强调大法官与 NHPP 达成一致的观点，即"人"不仅仅限于人类，而且谁是人不是生物

---

① https：//enwikipediaorg/wiki/Animal_ rights.
② https：//enwikipediaorg/wiki/Animal_ rights.

学的问题，而是一个公共政策和原则的问题，并且主张将法律权利延伸至大猩猩的做法是可以理解的，有一天，他们或许能够成功。①

(三) 结论

尽管科学的发展证明并且我们也能够接受动物具有知觉并因此值得保护，但是我们始终不能忘记以下两个问题：第一，假如动物具有权利的话，是谁在主张和研究动物权利问题？第二，主张和提出动物权利的初衷何在？

对于第一个问题，我们可以这样思考：动物具有知觉，但是有任何证据显示动物在向人类主张权利么？动物能够向它的天敌主张不被吃掉的权利么？显而易见，在动物权利问题上，"成也人类，败也人类"，主体始终是人。归结为一句话就是善待动物的作用主体是人，至于动物如何去对待动物，不属于人类干预的范畴，人类不是上帝，也没有能力去干预。难道人类还要重蹈杀死狼去保护羚羊的覆辙吗？第二个问题写到此处其实已经不成问题了，主张动物权利是因为动物具有感知苦乐的能力，所以动物权利理论的初衷和目的在于实现人类对动物的善待。也就是说无论是从道德还是从法律上来看，善待动物不过是我们给人类提出的一项义务。过度地去探讨动物的主体地位或者赋予动物和人类平等的地位对动物的保护而言不仅没有实际意义，例如，在上述 2005 年于澳大利亚发生的黑猩猩案件中，捐赠者们不必非要主张黑猩猩的人格，只需要为黑猩猩寻求一名新的管理人并与管理人签订协议，约定款项的使用用途即可；而且，过度主张动物与人类的平等以及动物的主体资格还会使我们陷入一系列解决不了的矛盾和冲突：为什么我们人类可以食用动物？为什么人类可以不经动物同意就将动物大量用于实验？为什么各国的动物福利立法将正当的动物实验视为合法？……这一系列问题我们将无从回答。或许在比丽吉·布罗菲《动物权利》一文中提到的 3000 年后的某一天，人类完全接受素食主义，也完全杜绝对动物的任何方式的使用时，动物可以拥有与人类平等的地位。它们选出动物王国自己的国王，制定或者接受动物界的基本戒律，动物和人类实现独立的二元管理时，动物可能获得真正的主体和平等地位。那时，人类可以理直气壮又不违心地在宪法和法律中写明：人类不得以任何方式使用动物及干预动物活动。但是现在每年有 2×10^{10} 的肉食鸡被宰杀

---

① https://enwikipediaorg/wiki/Animal_rights. 访问日期 2018 年 4 月 12 日。

用于肉食,有上亿的老鼠被视为害虫而被杀害……探讨动物和人类的平等地位似乎为时尚早。

无论如何,重要的是人类能够认清并接受善的道德义务并自觉履行善待动物的法律义务。如果我们认为唯有"权利"一词方能引起人类对动物的关注和爱护的话,笔者认为所谓动物权利充其量是美国哲学家提摩丝·加里(Timothy Garry)提出的表面权利" prima facie rights"。按照该学者的观点:"表面(prima facie 是拉丁语,指的是表面上的,第一眼看上去的)权利指的是乍一看具有权利,但是进一步审视将会被其他考虑所超越。加里指出:非人类动物享有显而易见的表面权利是指动物当然享有权利,但是这些权利会被其他考虑超越,尤其是当与人的生命、自由、财产以及追求幸福的权利相冲突时。因此加里认为人类对动物应当负有义务但是动物不该也不会对人具有不可侵犯的权利。"[①]

[①] https://enwikipediaorg/wiki/Animal_ rights.

第二章

动物福利及其评价

第一节 动物福利的含义

一 动物福利的含义

(一) 福利的概念

动物福利包含动物和福利两个词,在分析了动物的含义和范围后,我们很有必要审视一下何为福利。在英语中,表示福利的单词最常见的是 welfare 和 well-being, 在绝大多数国家的动物福利法和国际公约中,福利通用的英文单词则是 welfare。例如,英国的《动物福利法》英文名称为 *Animal Welfare Act*,澳大利亚的《联邦动物福利法》英文名称为 *National Animal Welfare Bill*, 世界动物保护组织正在积极推动的《世界动物福利宣言》的英文名称为 *Universal Declaration of Animal Welfare*。

从词源上分析,福利 welfare 起源于两个单词 well 和 fare,其中 well 的含义是好的、健康的;fare 的意思是进展,所以连在一起的 welfare 可直译为"进展(发展)的健康良好"。在牛津词典中,welfare 被解释为"一个人或者群体的健康、幸福以及好运"[1]。韦氏英语词典中 welfare 被解释为"良好的状态,尤其指好运、快乐、康乐或者富足方面的良好状态"[2]。

由此可见,从字义以及词源上来看,福利指的是好的状态,包含健

---

[1] https://enoxforddictionariescom/definition/welfare: Welfare-The health, happiness, and fortunes of a person or group.

[2] https://wwwmerriam-webstercom/dictionary/welfare Welfare-the state of doing well especially in respect to good fortune, happiness, well-being, or prosperity.

康、愉悦、幸福以及好运等方面。既然动物福利概念中包含着福利一词，我们在理解动物福利的含义时就应当以福利一词的含义为基础，或者至少不能偏离福利的含义去谈动物福利。

（二）动物福利的含义

动物福利的含义则比福利的概念要复杂得多，其并不是动物加福利的简单算式可以推断的。因为动物福利在广义上不仅仅是一个概念，其更代表一种思想和理念。不仅如此，动物福利的理解涉及宗教、伦理、科学、经济甚至政治等一系列复杂的因素。于是不同历史时期，不同的群体，不同的国家，不同的角度皆会引发对动物福利的不同理解。在中国，作为舶来品的动物福利到底是什么便成为一个具有挑战性的难题。我国多数公民不仅缺乏动物福利理念，甚至连动物福利这样一个概念都不能接受，不少学者发表文章，提出动物既无可能享有权利也不存在任何动物福利。这些都成为完善我国动物福利立法的重大障碍。

1. 动物福利概念的起源

在汉语词典中，查不到"动物福利"一词，因为在中国人的思维中，"动物"和"福利"是不相干的，这两个词不能搭配使用。[①] 无论作为一种思想还是作为一个概念，动物福利都起源于西方国家。本书在上述动物法律地位发展演变的部分中，已经阐明对动物感知力的认可是动物福利产生的基础。伴随着人类文明的不断发展，"善"已经成为伦理的基本要求。科学的不断发展证实动物具有感知苦乐的能力，因此动物应当被善待便成为伦理道德的一般要求。为使这项要求能够有效地约束人类的行为，从19世纪（甚至有学者认为可追溯到16世纪）的英国开始，便拉开了以保护动物为目的的动物福利立法的帷幕。早期的立法零星、分散，例如，在英国动物福利立法史上影响重大的《马丁法案》其实仅仅是一部禁止虐待牛和马的法案。整个19世纪以及20世纪初各国相继通过的动物福利立法也是比较简单的保护家畜的系列立法而已。但是这些立法的重要性却不可小觑，人类不得肆意对待动物的时代开启了。这个时代一旦到来就无法阻挡。尽管动物福利一词尚未出现，但是动物福利思想的种子已经播下并逐步发芽、成长。大量学者转入对动物福利的研究，这推动着各国动物福利立法不断出台并趋于完善；另一方面，思想的宣传和立法的出台

---

① 吴国娟：《动物福利与实验动物》，中国农业出版社2012年版，第1页。

推动着动物福利走向社会化，大量的包含英国皇家防止虐待动物协会、美国反对虐待动物委员会等在内的动物保护组织相继成立，有关动物权利和动物保护的座谈会、专题会不断召开、声势浩大的反对虐待动物的运动包含素食主义运动的进行都不断推动西方国家动物福利思想的传播，动物福利开始为普通公众了解、关心，开始引起包含企业、兽医、科学家、消费者等群体的关注，并无形中转变着上述一系列群体的行为。例如，企业在追逐利润的同时开始考虑动物福利问题并调整自己的生产模式，消费者开始倾向接受良好动物福利下的动物产品，例如散养鸡的鸡蛋，散养家畜、家禽的肉类等。到20世纪后期，动物福利在西方国家已经开花结果。

对动物福利概念的提出做出巨大贡献的还是前文提到的露丝·哈里森。1964年，哈里森出版《动物机器》一书，在该书中她记录了在英国集约化生产模式下大量涉及包含鸡、猪和肉牛在内的农场动物的生存条件，并呼吁应当尊重和善意地对待那些被认为具有感知力的动物。她在书中描述了动物的悲惨处境，呼吁人类善待动物。《动物机器》一书提出的农场动物的处境引起英国政府高度关注，英国政府随后委任专家对当时引起社会质疑的规模化生产的农场动物的福利问题进行研究，并发布了关于《畜牧业基本道德和生物学原理》的报告，即《布兰贝尔报告》。报告认可了哈里森在书中描述的事实，并对福利以及动物福利的基础进行了说明："福利是一个广泛的概念，既包括了动物生理方面的舒适，也包括了心理方面的健康。报告提出，动物有感知力，动物表现出痛苦、疲惫、惊恐、沮丧、愤怒、恐惧、忧虑和快乐等情绪。委员会成员威廉·萨普在报告中提出动物不仅能表现出生理方面受到的伤害、疾病，而且能表达包含非有形的情绪上的压力。比如他研究鸟类的行为，发现候鸟于迁徙季节在笼中会整晚扇动翅膀以表达它们的焦躁不安，因为养殖环境下它们无法表达自然的迁徙行为。"① 这为动物福利概念的正式使用以及动物福利标准的提出奠定了重要基础。1967年，英国政府设立农场动物福利咨询委员会，该委员会在1979年改名为农场动物福利委员会（Farm Animal Welfare Council）。

2. 西方学家对动物福利的界定

伴随着动物福利理念不断深入以及各国动物福利立法的不断完善，

---

① 转引自严火其、郭欣《动物机器及其回应》，《中国猪业》2017年第5期。

1976年，美国人休斯正式提出动物福利一词，并将"动物福利"界定为"农场饲养中的动物与其环境协调一致的精神和生理完全健康的状态"[①]。此种学说，又被称为状态说，状态说一直到今天在西方国家依然具有重要的影响力。例如，动物行为研究者 JH Seamer 建议对动物福利进行如下界定："动物福利是动物康乐的状态，当动物身体和心理上的要求能够持续得以满足并且不利因素不存在或者被控制时动物福利便蓬勃发展。"[②] 英国剑桥大学名誉教授、著名的动物福利研究者唐纳德·布鲁姆（Donald broom）博士也认为动物福利是动物试图应对其环境的状态。……动物福利是动物的状态，而不是给予动物的外部权益，并且福利被视为有一个从好到坏的幅度范围，而不仅仅是标准中好的那一极。[③] 除了状态说外，在西方国家，学者们广泛认可的另一种界定学说笔者将其称为"自然条件说"，自然条件说认为动物在自然环境下，能够最好地展示动物的天性，因此，自然环境是最有利于动物身心健康的环境。于是该学说的支持者们认为动物福利指的就是提供给动物自由行为的自然条件。例如，土耳其动物福利研究者 H Koknaroglu 认为动物福利可以被界定为："提供的动物能够展示它们在自然界中的所有自然行为的环境条件。"[④] 还有相当一部分学者直接从福利一词的原意出发界定动物福利，例如，道金斯·马丽恩（Marion Dawkins）将动物福利界定为两个问题："动物健康么？它们得到它们想要的了么？"约翰·韦伯斯特（John Webster's）的界定更简单："良好的福利是健康和感觉良好。"[⑤]

3. 权威词典和机构的界定

牛津英语词典将动物福利概括地解释为：对动物福利或者适当的照顾。[⑥] 桑德斯兽医综合词典将动物福利解释为："通过人类保持适当的居

[①] [英] 考林·斯伯丁：《动物福利》，崔卫国译，中国政法大学出版社 2005 年版。

[②] JH Seamer, Human stewardship and animal welfare, Applied Animal Behaviour Science 59 (1998) 201-205.

[③] David Fraser, Understanding Animal Welfare, The Science in its Cultural Context, A Jhon Wiley&Sons, Ltd, Publication, 2008, p.261.

[④] H Koknaroglu, T Akunal, Animal welfare, An animal science approach Meat Science 95 (2013) 821-827.

[⑤] 英国农场动物福利委员会通过的《大不列颠的农场动物福利——过去、现在和未来》在第一部分概述第9条。

[⑥] https://enoxforddictionariescom/definition/animalwelfare. 访问日期 2018 年 4 月 30 日。

所和喂养条件、综合护理、疾病的预防和治疗以及确保免受烦扰、不必要的不安和疼痛的自由来防止对动物的虐待和过度使用。"① 美国兽医学会将动物福利表述为："如果（科学证据表明）动物健康、舒适、营养良好、安全，能够表达其先天行为，并且免受诸如疼痛、恐惧和不安等不愉快状态，动物就处于良好的福利状态中。"②

4. 立法定义

在已经通过动物福利立法的国家，尤其是制定有统一的动物福利法典的国家，为统一人们对动物福利的认识，往往在自己的相关立法中直接对动物福利作出解释。例如，在澳大利亚的《联邦动物福利法》附录 2 "定义"部分中将动物福利界定为"有关动物健康、安全或幸福的问题"。《澳大利亚用于科研目的动物的照顾和使用准则》规定："动物福利指的是动物的生活质量，包含动物从积极的康乐状态到消极的痛苦状态的感知和对环境反应的不同方式。"③ 加拿大动物管理委员会 CCAC 于 2010 年通过的《用于科学研究、教学和测试的农场动物照顾和使用指南》指出："动物福利不是一个能够给予精确的科学定义的词汇（Duncan & Dawkins, 1983; Fraser, 1995），但其在社会上引发了表达对动物照顾的伦理考虑（Duncan & Fraser, 1998）。它是一个用于描述动物经受的生活质量的词语，并且很大程度上取决于个体动物自身的身体、生理和社会需求的满意度。"④ 世界动物卫生组织通过的衡量陆生动物福利状态的重要法典《陆生动物卫生法典》，将动物福利解释为："动物福利意味着一个动物如何去应对其生存的环境。如果该动物健康、舒适、营养良好、安全、能够表达其天性行为，并且其免受诸如疼痛、恐惧和不安等不愉快状态，一动物就处于良好的福利状态中。良好的动物福利要求疾病的预防和兽医的照料、适当的居所、管理、营养、人道主义的操作和人道主义的处死。动物福利指的是动物的状态。……"⑤ 我国在 2018 年 2 月新通过的

---

① Animal medical-dictionarythefreedictionarycom Retrieved 28 November 2010, 访问日期 2018 年 5 月 8 日。

② https://enwikipediaorg/wiki/Animal_ welfare, 访问日期 2018 年 5 月 8 日。

③ 见《澳大利亚用于科研目的动物的照顾和使用准则》概述的定义部分。

④ 见 CCAC《用于科学研究、教学和测试的农场动物照顾和使用指南》2.2 的规定。

⑤ 见 Terrestrial Animal Health Code of World Organisation for Animal Health 2017 版词汇 animal welfare 的解释。

国家标准《实验动物 福利伦理审查指南》（GB/T 35892—2018）中首次明确动物福利的概念，该指南在第 3 条"术语和定义"中将实验动物福利解释为"人类保障实验动物健康和快乐生存权利的理念及其提供的相应外部条件的总和"。

二 动物福利含义的相关学说

通过分析各国理论界提出的动物福利概念，并结合各国立法的规定，我们可以得出结论，目前国外对动物福利的概念尚未达成共识，而是形成了以下三种不同的学说："直译说""状态说"和"天性说"。

（一）"直译说"

直译说指的是按照福利一词的本意对动物福利进行介绍。如前所述，福利一词的本意就是健康、幸福。因此，那种认为动物福利既包含动物良好的状态，也包含不好的状态的理解恐怕就偏离了福利一词的本意。因为福利本身是积极的，当我们说坏的福利或者不好的福利时便与福利的本意相矛盾，而谈好的福利等于重复用词，因为福利本身就是好的。约翰·韦伯斯特的"良好的福利是健康和感觉良好"以及澳大利亚《动物福利法》中"有关动物健康、安全或幸福的问题"对动物福利的定义皆为直译。

（二）"状态说"

"状态说"将动物福利解释为动物与环境相处的状态。状态说又分为"积极状态说"和"幅度状态说"。前者认为动物福利是动物与环境协调一致的积极状态。最早对动物福利进行界定的美国学者休斯采用的就是积极状态说，其认为："动物福利是身心完全健康的状态，在那种状态下，动物与其环境相协调。"[①] 与其相对的"幅度状态说"则认为动物福利是有关动物与环境的状态问题，但是其不仅仅是动物与环境相一致的积极状态，还包含动物与环境不一致的消极状态，即动物福利有一个从极好到极坏的幅度范围。唐纳德·布鲁姆博士就明确提出动物福利被视为有一个从好到坏的幅度范围，而不仅仅是标准中好的那一极，《澳大利亚用于科研目的动物的照顾和使用准则》规定的："动物福利指的是动物的生活质量，包含动物从积极的康乐状态到消极的痛苦状态的感知和对环境反应的

---

① Corrado Carenzi & Marina Verga, Animal Welfare: Review of the Scientific Concept, Italian Journal of Animal Science, 8: sup1, 21-30.

不同方式"的定义均属于典型的"幅度"状态说。

(三)"天性说"或者"自然条件说"

"天性说"或者"自然条件说"则开辟了一种界定动物福利的新观点，认为动物福利就是提供给动物的有利的环境，让动物能够表达其天性行为。例如，H Koknaroglu 和 T Akunal 认为"动物福利可以被界定为提供环境条件，在其中动物可以展示它们在自然界中所有的天性行为。"[①] 自然条件说就分为相对自然条件说和绝对自然条件说，前者认为动物可以被圈养，但是圈养的条件在设置上应当尽可能接近好的自然条件；而后者则认为应该提供给动物与其自然界中相同的条件，哪怕是恶劣天气、天敌等的"坏的"自然条件的设置都是必要的，因此后者偏执地认为"自然的就是最好的"。目前，自然条件说或者天性说是多数消费者还有政客们所赞成的动物福利认定学说。但是，目前大量动物，尤其是家畜其生存的条件已经与自然条件和自然状态相去甚远，自然条件说或者天性说对这些动物尤其是集约化生产的农场动物而言是一个较大的挑战。

对三种学说进行对比，直译说可以让我们顾名思义地理解什么是动物福利，简单易懂，而且直译说认为动物好就是动物福利的思路是从动物出发谈动物福利，显然更注重动物自身的价值，避免动物被过度地客体化。状态说从动物与环境的状态角度出发界定动物福利，其最大的优点就是将动物福利的概念与动物福利的评价标准紧密联系在了一起，尤其是"幅度状态说"认为状态有好有坏，因此动物福利也包含一个从好到坏的幅度，这就必然引发什么是好，什么是坏的问题，也就是动物福利的判断标准，这种界定方式有利于促进实践中动物福利立法的完善和福利评价标准的出台，而立法和行为评价体系恰恰是现实中我们研究动物福利最具有意义的部分。与前两种学说相比，自然条件说在理解动物福利时更侧重人的主体地位和人的作用，因为，很显然，提供条件的只能是人，于是其直接提出了人类应该履行的义务就是提供最适合动物的自然条件。因而自然条件说与人的义务的关系必然最为密切。

经过对比分析，我们应该得出结论：不能为了定义而定义，相反我们

---

① H Koknaroglu, T Akunal, Animal Welfare: an Animal Science Approach, Meat Science 95 (2013) 821-827.

要思考以下问题：我们为什么要对动物福利进行界定？如何界定？界定有助于完成我们的目标么？

三 动物福利的实质

对动物福利进行界定必须明确动物福利的实质是什么。我们追求而且是不懈地追求平等和正义，我们希望动物能够和人类一样生活得健康、美好、幸福。但问题在于人类都实现健康和幸福了么？我们如何做到在餐桌面前一边食用美味的螃蟹和羊排一边畅谈动物与人类的平等？显然，动物福利并非主张动物和人都是平等的主体，更不是主张人类不得以任何方式利用动物，那是极端的动物权利者们的观点。尽管我们认可动物福利必须为动物的利益考虑，而不能将动物视为人类利益的牺牲品，从动物出发谈动物福利是必要也是必需的，但是另一方面我们也不得不承认我们人类的生活离不开对动物的使用，不能绝对地只从动物角度谈动物福利。其实，在西方一直有关于动物福利的终极目标是人还是动物的争论，康德和洛克的观点就是一切为了人，动物权利者们则坚持动物福利应当以保护动物为终极目标。笔者认为二者皆有偏颇，动物福利的目标应当是人和动物。而且动物福利只有在涉及人和动物的关系时，才有价值和意义。脱离了人和动物的关系，单纯为了人谈动物福利就是剥夺动物福利，单纯为了动物论动物福利也没有任何意义，因为动物福利是对人类提出的伦理和行为要求。

无论如何，动物具有感知力，至少脊椎动物被大量的科学研究证明具有感知力，我们就必须尊重动物的感受。如何去尊重？一是履行不伤害动物的义务。正如 JH Seamer 所言："我个人很难去认可动物具有权利，因为我相信权利例如人权应当能被人或者享有者接受获得并保持下去。很显然，动物既不能自己去获得权利，也不能使权利持续下去，甚至不能意识到自己具有权利。因此权利应保留给人类。其应当是并且实际上也是人类正确对待动物的义务。这使我们具有了管理人的职责。"[1] 也就是说，离开了人类谈动物福利没有意义。动物之间如何相处有自然法则的存在，人类不必也不可能通过立法规定"禁止老虎捕捉、肢解和食用弱小动物"，这是极其愚蠢和可笑的。动物福利的价值在于当人和动物打交道时，我们

---

[1] JH Seamer, Human Stewardship and Animal Welfare, Applied Animal Behaviour Science, 1998, pp. 201-205.

人类要履行基本的义务（法律的和道德的义务），尽自己基本的职责保证动物的身体和精神免受不必要的或者过度的疼痛和痛苦。动物福利在现实中必然转化为人类的义务。

动物福利和人的权利差异较大，人的权利包含某人自己有权做什么以及有权要求他人做什么，而动物福利不涉及动物有权做什么，也不涉及动物有权要求人类做什么，因为动物虽然具有感知力，但是其没有能力对人类去主张并实现这种要求，动物福利实际上是人类对人类提出的要求，一种善待动物的要求，因此动物福利法之下只调整人与人之间的关系以及人类对动物的单向义务。

综上所述，笔者认为动物福利形式上是动物享有的自由和身心健康的状态，实质上则是人类为了实现动物身心健康而应当履行的善待动物的义务，上述义务包含人类应当为饲养或者使用的动物提供必要的条件，包含喂养、居所、运输等条件，更包含人类不得虐待和残害动物的基本要求。

第二节　动物福利的评价

一　动物福利评价的产生

无论我们如何界定动物福利，动物福利的概念只能是一个概括性概念，因为动物福利本身是一个非常复杂的问题，任何人无法做到通过一个概念就解释清楚动物福利的所有要求。西方国家的伦理学家、思想家、科学家等动物福利研究者在对动物福利进行解释的同时，都普遍提出一个如何衡量动物福利的问题。换句话说，动物福利的概念解释不了动物福利的要求，而动物福利的要求对理解动物福利的含义却是至关重要的。于是阐释动物福利的同时，寻求动物福利的评价因子、确立一套动物福利的评价标准便成为20世纪80年代以来科学家们普遍关注的问题。

动物福利研究的先驱者、加拿大英属哥伦比亚大学教授戴维·弗雷泽（David Fraser）在《动物福利的理解——文化语境中的科学》一书中指出："动物福利不是一个像原子量或者代谢率那样的描述性概念，因为其涉及什么是好或者差；同时也不是一个单纯的伦理概念，因为动物福利自身并没有告诉我们如何去做。对后者，弗雷泽教授举了这样一个极有意思的事例：一个小男孩负责在假期里将班级的宠物一只青蛙带回家照看，他接受班级的嘱托确保青蛙是健康和舒适的。于是小男孩仔细地清洁了玻璃容器，每天用消毒的手抚摸青蛙，仔细地研究食物，决定喂青蛙新鲜的蔬菜和全谷粒以及动物食品。而且他在玻璃容器上安装了加热灯，确保青蛙能够保持温暖和干燥。"① 但是小男孩并不了解干燥是否会损害青蛙的身体健康，干燥是否是青蛙想要的。弗雷泽教授的"青蛙照管"的事例很直观地告诉我们：即便我们了解动物福利是动物身心健康的状态，我们仍然不知道对于该动物而言如何去实现身心健康。于是，弗雷泽教授最终提出动物福利应当是一个评价性概念（evaluative concept）。既然是评价性概念，必然涉及评价标准，否则解释不了这个概念。最终在分析了一系列影响动物福利的要素后，弗雷泽教授得出结论："如果一动物健康且长得健壮，没有为了提高动物身体某一方面的功能而损害其他方面的畸变（基因、激素、饮食等）；如果其行为以及生理机制没有被逼迫到在健康和发展方面被损坏或者有损害高度危险的极端状态；如果它能够享受生活并且消极的状态——疼痛、恐惧、挫伤等没有严重或者持续到构成痛苦的程度；如果它能够自由地在其可以选择的环境中生活，并且如果它没有被阻止做自己很想去做的事情，那么该动物就过着良好的生活。唯有如此，我相信我们才看到了建立在科学的知识和分析基础上的动物福利概念的主要价值。"② 由此可见，弗雷泽教授没有正面去解释动物福利是什么，而是通过引出动物福利的一系列评价因素得出动物福利的要求，这进一步说明了动物福利的含义和动物福利的评价标准实际上是一个问题的两个方面。

不仅如此，前文多次强调，动物福利是动物的福利，但是动物福利真正的价值却不在于动物怎么做，而是人类应当怎么做，动物福利的实质对人类对动物的义务。因此确立认定或者评价标准，有效地去引导和约束人类行为，动物福利才会变得具有实际意义。考林·斯伯丁也说："给一个过胖的狗吃太妃糖，比给一个有满口坏牙的肥胖孩子吃是更好的福利么？问狗或者儿童都没用！因此，必须要有一套客观设定的标准来指导个人和那些需要对他人负责任的人。"③ 对于在动物福利领域已经远远落后于西方国家的中国而言，舆论谴责那些过度伤害动物的人是空洞无力的，我们

---

① David Fraser, Understanding Animal Welfare, The Science in its Cultural Context, A Jhon Wiley&Sons, Ltd, Publication, 2008, p.192.

② Ibid., p.286.

③ ［英］考林·斯伯丁：《动物福利》，崔卫国译，中国政法大学出版社 2005 年版，第 13 页。

需要一套标准包含法律标准来指导自己如何去做，我们需要一套标准包含法律标准去评价他人的行为是否正确并追究违法者的责任。

然而，道理很浅显，任务极艰巨。动物福利的评价和认定标准是一个极其复杂的问题。首先动物福利的评价是道德评价还是科学评价问题，唐纳德·布鲁姆教授"动物福利标准是与道德相独立的问题"与杰罗尔·德田纳的"动物福利与伦理问题密切相关，单纯的科学模式会在根本上误解动物福利的实质"的争论在西方一直没有休止。其次，撇开道德评价，科学评价标准的确立本身也涉及很多问题。例如，在动物福利领域颇有建树的玛丽安·斯坦普·道金斯教授认为人的福利状态我们很多的时候都难以评价，动物也一样。瑞典哥德堡大学的奥诺夫·约翰逊·斯滕曼教授也指出："我们不可能十分准确地衡量动物福利，事实上，我们几乎无法确定可以十分准确地衡量人类福利，包含人类间的对比，衡量动物福利当然更难，因为与动物交流更为困难。"[①] 再次，动物福利的评价涉及大量的不同群体的利益，兽医、生物学家、农场主、动物产品企业、动物园、消费者以及普通公众等，不同的人基于不同的利益考量必然会提出或者确立不同的评价标准；最后，不同的国家和地区经济发展水平、政治文明发展程度以及法治发展水平相去甚远，这必然影响到一国对动物福利的态度和评价标准问题。举一个非常简单的例子，在那些人类的温饱问题至今都没有解决的国家，动物能吃饱就算是实现福利了，然而这样一种标准在经济发达的西方国家看来可能是荒谬可笑的。然而，这并不意味着不能衡量动物福利。事实上，已经存在以生理（例如免疫系统、激素状态）和观测行为为基础的方法……

二 动物福利评价原则

（一）5F—五大自由原则[②]

人们对动物福利标准的探索在动物福利提出时便已经开始了，本书前文提到，对动物福利概念作出突出贡献的是露丝·哈里森，在其出版的

---

① Olof Johansson-Stenman, Animal Welfare and Social Decisions: Is It Time to Take Bentham Seriously, Ecological Economics 145 (2018) 90-103.

② Five Freedoms' of animal welfare: freedom from hunger, thirst and malnutrition; freedom from physical and thermal discomfort; freedom from pain, injury and disease; freedom from fear and distress and freedom to express normal patterns of behaviour.

《动物机器》一书中,哈里森描述了英国集约化生产模式下大量涉及包含鸡、猪和肉牛在内的农场动物的生存条件和动物的悲惨处境:"为了让雏鸡能够快速长大,雏鸡在生下来的前9周,只能在封闭的室内环境中生长,期间不见阳光。为了减少运动对小鸡体重的消耗,养殖空间十分狭窄。而且,为了防止动物之间相互打斗,影响肉品的卖相,农场动物往往还要经历阉割、断尾、断喙、剪牙等。由于长期处于压抑的环境中,动物的先天行为表达受到限制,动物会表现出焦虑、刻板行为和一些精神失常的状态。农场中动物的一生只为增加重量,从而为农场主盈利,集约化养殖技术将动物从活的生命挤压成了无生命意义的商品。"[1]《动物机器》一书提出的农场动物的处境引起英国政府高度关注,英国政府随后委任专家对当时引起社会质疑的规模化生产的农场动物的福利问题进行调查和研究,并发布了关于《畜牧业基本道德和生物学原理》的报告,即《布兰贝尔报告》。萨普教授在报告中提交了《动物疼痛和痛苦的评估》,提出了如何使用科学评估并改善动物的福利。他还提出了很多有关测量动物疼痛与应激的生理指标、行为指标,研究了动物逃离人为圈养环境的动机以及动物在不同环境下的不同偏好。[2] 在上述研究的基础上,《布兰贝尔报告》提出动物应当能够:站立、躺卧、转身、梳理自身和伸展四肢。然而上述自由仅仅涉及动物空间的一些需求,并未关注动物福利的重要方面。1993年,英国农场动物福利委员会在不断对上述"原始"的五项自由进行发展和完善的基础上,对动物生活的整体环境、动物的照料等福利的重要因素纳入动物福利要求,提出了农场动物的五大自由,即5F。见表2-1。

表2-1　　　　　　　　　　五大自由原则[3]

1. 免于饥渴的自由	稳定新鲜的食用水和能够保持良好健康和充沛精力的饮食。
2. 免于不舒适的自由	供给一个适宜的环境,包括庇护所和舒适的休息区。
3. 免于痛苦、伤害	避免疾病或者迅速的诊断并治疗。
4. 表达正常习性的自由	给予足够大的空间、恰当的设备,以及同种动物作为伙伴。
5. 免于恐惧和悲伤的自由	确保环境条件和管理方法能够避免精神损害。

---

[1] 转引自严火其、郭欣《动物机器及其回应》,《中国猪业》2017年第5期。
[2] 严火其、郭欣:《动物机器及其回应》,《中国猪业》2017年第5期。
[3] [英] 考林·斯伯丁:《动物福利》,崔卫国译,中国政法大学出版社2005年版,第15页。

五大自由原则是世界上最早的对动物福利的内容和要求进行具体阐释的标准，尽管其针对农场动物提出，但是这五项自由却发展成为世界公认的各类动物通用的福利评价标准，欧盟及其成员国的动物福利立法均以五大自由原则为基础。我国在 2018 年 2 月新通过的国家标准《实验动物 福利伦理审查指南》（GB/T 35892—2018）中首次明确肯定了动物的这五大基本自由。该指南 3.10 规定："通过提倡动物福利，保障动物处于舒适、健康、快乐等自然生活状态的五项自由或者五项权利，包括：（a）免于饥渴的自由—保障有新鲜的饮水和食物，以维持健康和活力。（b）免于不适的自由—提供舒适的环境。（c）免于痛苦、伤害和疾病的自由—享有预防和快速的诊治。（d）表达主要天性的自由—提供足够的空间、适当的设施和同类的社交伙伴。（e）免于恐惧和焦虑的自由—保障良好的条件和处置，不造成动物精神压抑和痛苦。"

（二）3Rs

五大自由原则是对农场动物福利进行评价的重要原则，而 3R 原则则是对实验动物福利提出的基本要求，是否满足 3R 原则也成为评价实验动物福利的重要标准。所谓 3R 指的是替代（Replacement）、减少（Reduction）和优化（Refinement），具体而言：

1. 替代（Replacement）是指尽可能不使用动物进行实验，尽可能使用没有感知力的替代物代替活体动物进行实验，目前为止世界各国已经在研究领域发展出了细胞和活体组织、低级别例如非脊椎动物或者植物组织、影像生成、计算机等替代动物的优化方案，未来可以期待在更多的研究中我们会发现更多的替代手段将动物从更多实验中解救出来；

2. 减少（Reduction）指的是在科学研究中，使用最小的动物达到所需要的数据，包含使用较少的动物获得预期的研究目标和使用相同数量的动物获得更多的信息；

3. 优化（Refinement）则指在不得已只能使用动物进行相关实验时，要尽量减少非人道程序对动物的影响程度，通过改进和完善实验程序来降低对动物造成的疼痛和不安。

由于 3R 原则能够最大限度内保障实验动物，将对实验动物的损害和伤害降至最低，因此该原则在提出后日益为世界各国所接受，已经成为世界各国动物福利立法所普遍规定的实验动物福利基本原则。目前西方国家的实验动物福利立法普遍确立了 3R 原则并以 3R 原则为基础提出了实验动物照顾和管理的具体要求。例如，英国的《动物（科学程序）法》、美国的《实验动物照顾和使用指南》以及《澳大利亚用于科研目的动物的照顾和使用准则》等均确立了3R原则。

近年来，英国、美国、澳大利亚、荷兰等国为保障动物福利还相继成立了动物试验改革委员会、动物实验替代法基金会、毒理学实验替代法研究小组、替代方法验证中心等实现3R原则的专门机构。例如，荷兰成立了动物应用替代方法研究中心（NCA）和动物实验替代法论坛，通过提供专业建议和信息库鼓励动物实验替代法。1993年，欧洲成立替代法验证中心，上述委员会和中心长久以来对3R原则的宣传和实施做出了一系列重要努力。3R原则在世界各国取得了重要的进展。例如，在替代方法领域，世界各国使用计算机模型替代动物研究、转基因小鼠替代灵长类进行脊髓灰质炎病毒疫苗的神经毒实验，EPO体外活性测定法替代动物法、白喉疫苗效力实验体外Vero细胞法替代小鼠动物法等领域取得重大进展。实验动物因3R原则受益匪浅。

（三）评价原则仅仅是原则

尽管5F原则和3R原则为动物福利的判断提供了有效的标准，但是不少学者认为这两项原则充其量可作为动物福利的道德评价标准，而不是一套科学评价标准。尽管道德和科学之间没有不可逾越的鸿沟，但是5F原则和3R原则在具有极大的弹性和适用空间的同时也存在概括性有余而操作性不足的问题。例如，五大自由提出通过适宜的环境保障动物免于不舒适的自由，问题在于何为适宜的环境？3R原则中的优化要求将动物的痛苦降至最低，问题在于如何实现痛苦最低？所以5F原则和3R原则是评价动物福利的重要原则，其提出了动物福利评价的宏观标准但是没有提出具体的评价因子或者评价标准。

三 动物福利评价内容

动物福利评价的内容指的是从哪些方面评价动物是否实现了福利。对动物福利的认识不同，评价的内容必然有所差异。

（一）"身体康健说"下的动物福利评价

在20世纪中期之前，受实证主义和方法论的影响，在科学领域，动物福利很少触及对动物情感状态的评估，科学家们一般认为动物的情感状态不属于科学研究的范围，动物福利在那个历史时期多被理解为动物身体康健、身体机能正常。按照此种观点，动物福利是否实现，只需要评价动物的身体机能。举一个非常简单的例子，一只狗因为主人搬家过于忙碌而将其丢失，10天后新的主人捡到这只狗，她特别喜欢这只狗，将其带回家，把狗清洁干净，为其准备了温暖、舒适的狗屋，并且为狗提供了充足且多样的狗食，狗从一开始拒绝进食到正常进食，狗的体重也有所增长。似乎狗的福利实现了。但是狗看上去并不开心，每天狗试图冲出房间，但是新主人担心其"逃走"，采取了严密的措施，于是狗在经过近百次冲出门外的行动失败后，开始变得不爱活动，每天进食结束就会缩回狗屋，低头耷拉耳地低鸣着。按照身体康健说狗的福利依然实现了。因为该学说评价的内容仅涉及动物的身体状态。只要动物身体健康、身体各个器官作用正常、成长率、繁殖率正常，那么动物福利就获得了保障。

（二）"身心健康说"下的动物福利评价

然而，在20世纪末，伴随着动物福利理论的发展，动物的精神或者情感状态成为动物福利评价的重要内容。例如，最早试图对动物福利作出说明的布兰贝尔报告，在对农场动物的生活条件和生活状态进行大量调查研究的基础上，认可了哈里森在书中描述的事实，并指出："福利是一个广泛的概念，既包括了动物生理方面的舒适，也包括了心理方面的健康。报告提出，动物有感知力，动物表现出痛苦、疲惫、惊恐、沮丧、愤怒、恐惧、忧虑和快乐等情绪。委员会成员威廉·萨普在报告中提出动物不仅能表现出生理方面受到的伤害、疾病，而且能表达包含非有形的情绪上的压力。比如他研究鸟类的行为，发现候鸟于迁徙季节在笼中会整晚扇动翅膀以表达它们的焦躁不安，因为养殖环境下它们无法表达自然的迁徙行为。"[①] 由此可见，1965年的布兰贝尔报告充分认可了动物福利中心理因素的作用，将动物福利界定为是一个包含动物身体和精神福利的词语，并要求任何评估福利的每一个尝试，都应当考虑从动物的身体构造和功能以及动物的行为中推导动物的心理感受。著名动物行为学家玛丽安·斯坦普·道金斯也认为"当我们谈及人的良好福利时，我们意味着某人处于良好的健康状态并且他们的情感在总体上是积极的：即他们是健康和感觉良好的。差的人类福利不仅仅来自健康不佳、受伤以及疾病还来自诸如压力、挫败、厌烦、孤独或者痛苦的状态。这些精神症状中的很多种经常也表现

---

① 转引自严火其、郭欣《动物机器及其回应》，《中国猪业》2017年第5期。

为身体上的症状，尽管不总是如此。因此，对人类而言，我们会区分身体福利和精神福利，动物也应该一样。良好的健康从身体健康开始，这是为什么动物福利科学在兽医领域起步的原因，但并不在这里终止。良好的福利意味着动物具有积极的情感，例如愉悦和满足，而没有被人类标为'痛苦'的消极情绪，例如挫伤。"[1] 因此，道金斯和另一著名的动物行为学家伊恩·邓肯明确提出："动物的情感状态——动物经历的愉快或者不愉快而非无情感趋向在理解动物福利方面具有核心作用。"[2]

目前，动物福利包含身体福利和精神福利已经成为西方国家和国际社会的共识。当动物身体上遭受疼痛或者不适，抑或精神上遭受痛苦、紧张等症状时，动物的福利便受到影响甚至被完全破坏了。于是动物福利立法或者实践的目的在于消除动物的疼痛或者痛苦，在上述疼痛和痛苦难以消除时将其降至最低。正是基于动物福利包含生理福利和精神福利的基本认识，在界定动物福利时也往往采用身体和精神并重的基本思路，最先提出动物福利一词的美国学者休斯将动物福利解释为"农场饲养中的动物与其环境协调一致的精神和生理完全健康的状态"[3]，"尤班克（Ewbank，1999）在'动物福利联盟'养殖用户手册修订本的一章中，讨论了这个问题，并表示用'健康和康乐'来代替'福利'这个词会更具有实际意义。"[4] 澳大利亚的《动物福利法》将动物福利界定为"有关动物健康、安全或幸福的问题"。

按照此种通说，动物福利的评价包含两个方面——身体评价和精神状态评价。我们回到上述丢失的狗的示例中，按照单一的身体健康说，狗从丢失后吃不饱、无居所、不安全的流浪状态转而被新主人收养后，身体机能正常、吃得饱、住得暖、无疾病，福利实现。但是按照身心健康说，狗整日郁郁寡欢，多次试图冲出房间的行为说明所有的一切并不是狗想要的。新主人没有关注到狗的行为和心理状态或者其故意忽略这种心理状态，我们很难认定狗的福利实现了。因为身心健康说认为精神状态的评价

---

[1] Marian Stamp Dawkins, A user's guide to animal welfare science, TRENDS in Ecology and Evolution, Vol. 21, No. 2, February 2006.

[2] David Fraser, Animal behaviour, animal welfare and the scientific study of affect, Applied Animal Behaviour Science 118 (2009) 108-117.

[3] ［英］考林·斯伯丁：《动物福利》，崔卫国译，中国政法大学出版社2005年版。

[4] ［英］考林·斯伯丁：《动物福利》，崔卫国译，第16页。

与身体状况的评价同样重要。

（三）"自然条件说"下的动物福利评价

保障动物天性行为不受限制的自由是动物福利非常重要的一个方面。因此，当集约化动物生产时代到来，动物生产企业为了利润，将鸡饲养在连站立都没有足够空间的鸡舍内，将猪饲养在连怀孕了都无法转身、散步的圈栏内时，主张给动物提供自然环境是动物福利的重要内容便成为部分学者的基本主张。动物福利的自然环境或者自然条件说认为应当提供给动物接近进化过程中自然环境的自然条件，完善动物的自然适应性，从而实现动物天性行为的自由实施。例如，按照动物天性设计居所的地面、墙面，给予动物足够的居住和活动空间，给予社会化动物提供群居的条件，甚至将动物放归大自然，主张自由放养或者提倡动物的野外研究等。20世纪80年代前后，英美大量的科学家进行了此领域的研究。例如，著名动物行为学家、自由放养牧业"之父"Wood-Gush曾经研究过高度圈养化的鸡如何适应其"祖先"的生活。Wood-Gush在获得允许后，将一批家鸡释放到苏格兰西海岸的一个无人居住的小岛屿——圣岛上，并开始观察鸡的行为。他发现这些鸡能够像它们的祖先那样生活，在树上搭窝，在隐蔽的地方下蛋，训练它们的后代用嘴啄食物和用爪子刨食物源。最后，Wood-Gush的实验结束，因为由于岛上鸡的天敌的存在和恶劣的天气，鸡全部死亡。科学家们还用猪和鹿进行过类似的实验。

按照自然环境或者自然条件说的动物福利观，对动物福利进行评价的非常重要的内容就是动物的天性是否得到了良好的施展。目前不少国家和地区以此为标准，对动物饲养的方式或者居所的设置进行了改良。例如，与英国和欧盟不断增加鸡的居住空间相比，澳大利亚则采取了在边缘土地进行鸡饲养的方式。再如，2016年11月8日，一项保护动物不受大规模集约化生产的法律在马萨诸塞进行全民公决，得到绝大多数公民赞成而获得通过。这意味着禁止使用对动物一生都进行严重限制的农场模式，包括小牛夹栏、母猪孕栏以及层架式鸡笼等。不仅如此，如果使用了不可接受的方法生产的肉和鸡蛋将被禁止，即使上述产品的动物被饲养在州外。[①]

[①] Olof Johansson-Stenman, Animal Welfare and Social Decisions: Is It Time to Take Bentham Seriously? Ecological Economics 145 (2018) 90-103.

四　动物福利评价因子

动物福利是一个复杂的概念，动物福利的评价要求关注很多变量。动物福利的评价基础是动物而非人，不能去考虑对不同的人而言，什么样的动物福利是最好的，而应当研究对动物自身而言，什么是最好的，什么是真正的福利。这是评价动物福利的基础。笔者认为，大量的科学实验证明，动物至少脊椎动物具有感知苦乐的能力，因此也具有感知苦乐后相应的感情状态，因此动物福利包含身体福利和精神福利。于是从积极角度看：身体健康、精神康乐便成为动物福利的基本标志；从消极角度分析，动物身体上没有明显不适或者疼痛，精神上没有恐惧、不安或者悲痛，该动物便实现了精神福利。自然环境或者适合动物天性的自然条件的提供对动物而言固然重要，因为动物的身心健康与天性的自由发挥密切相关。例如，过于拥挤的居所不仅会造成动物腿部、皮毛受伤、眼睛失明等身体上的伤害，还会造成动物精神上的焦虑或者痛苦。然而，笔者认为没有必要单独将动物天性或者自然放养等作为一项独立的评价标准，这一方面是因为身体健康和精神愉悦必然涵盖符合动物天性行为的居住环境或者居所的要求。另一方面是因为自然环境或者条件标准存在诸多问题，例如，什么是"自然的"。几千年来一直采用圈养方式的家畜、家禽如何实现自然成长等。道金斯曾经反问："农场动物福利委员会提出对动物福利至关重要的五大自由原则的第五项'表达天性的自由'，但是自然天性行为对福利真的非常重要么？毕竟，在自然界中被天敌追赶对绝大多数野生动物而言是自然的，但是明显对福利不好。通过询问动物被允许自由的表达天性是否提高了动物的福利并且是否有证据表明动物想要实施该行为，我们可以将天性行为区分为有利于福利的和不利于福利的。"[1] 因此，动物福利的评价，概括为两个问题就是：动物健康么？动物快乐么？

然而身体健康、没有明显不适或者疼痛以及精神康乐，没有恐惧或者痛苦却是极其概括的要求，无论身体福利或者精神福利皆需要更为具体和客观的评价因素和评价标准。让我们一起分析发生在我身上的真实事例：

---

[1] Marian Stamp Dawkins, A user's guide to animal welfare science, TRENDS in Ecology and Evolution, Vol. 21, No. 2, February 2006.

昨晚孩子发烧一直哭闹，我几乎整晚没睡觉。早上孩子烧退后睡着了，我的上班时间却到了，没有时间吃饭的我急匆匆地冲进教室。在课堂上我感觉昏昏沉沉的，一节课说错了三次话。那么我的福利如何？或许在学生看来，我今天讲课条理清楚、声音洪亮、面带微笑，只是不小心说错了三个词而已，学生的结论是我的福利状态没有什么问题，但是事实是如此么？还有，我只是一晚上没睡觉、一顿饭没吃、一天精神状态不佳而已，我的福利受到影响了么？或者被破坏了么？如果人的福利都如此难以判断，我们如何去判断没有语言，无法沟通、面部表情简单的动物是否疼痛和痛苦呢？这显然需要确定更为具体的评价因素或者评价因子。西方科学家在此领域做了大量的工作，很多科学家试图采用或者确立动物福利的量化标准。例如，为了确立若干农场动物物种的动物福利评估体系并促使福利指标的可接受性，欧盟国家展开了福利质量项目 WQ（The Welfare Quality project）。WQ 项目的核心就是测量反映动物实际福利状态的动物层面的福利参量。这些以动物为基础的指标（或者输出指标）包含农场管理系统中的变量效果和具体制度——动物间的相互作用的效果。一系列设计好的指标（例如住所系统典型特征的地面的类型、围栏的大小、通风等）和管理措施（操作、环境的改善等）将被包含进来，这样就可以认定差福利的原因和风险并建议采用适当的补救措施。很明显，评价动物福利的系列指标应当强调所有重要的福利标准。在 WQ 按照四项原则分组的 12 项标准，在表 2-2 中列出。[①]

表 2-2 　　　　在福利质量项目中确定的福利原则和标准
（改编自 Veissier & Evans，2007）

动物福利原则	福利标准	意思
良好的喂养	1. 无长期饥饿	动物不应遭受长时间的饥饿
	2. 无长期口渴	动物不应遭受长时间的口渴
良好的住所	3. 舒适的休息	动物应当舒适，尤其是在它们的睡眠区
	4. 热舒适	动物应当处于良好的冷热环境中
	5. 行动自由	动物应当能够自由地活动

[①] Harry J Blokhuis, Linda JKeeling, Andrea Gavinelli, and Jordi Serratosa, Animal welfare：review of the scientific concept and definition, http：//dxdoiorg/104081/ijas2009s121.

续表

动物福利原则	福利标准	意思
良好的健康	6. 没有伤害	动物身体上不应受到伤害
	7. 没有疾病	动物免于疾病
	8. 没有不当管理手段	动物不应因不适当的管理而遭受痛苦和疼痛
适当的行为	9. 社会行为的表达	动物应被允许表达天性的没有伤害的行为
	10. 其他行为的表达	动物有可能表达其他的其想要实施的行为（例如触摸、玩耍）
	11. 良好的人与动物关系	良好的人与动物的关系有利于动物福利
	12. 没有一般恐惧	动物不应经历消极的情绪，例如恐惧、悲痛、挫伤或者冷漠

通过对西方国家的研究成果进行总结，笔者将动物福利的评价因素或者福利参量概括如下：

（一）身体福利的评价因子

如前所述，西方国家在保护动物的早期，兽医、农场主、生物学家等研究动物健康和保护的人员或者团体关注的焦点或者重点主要是动物的基本健康状况和动物机体功能。动物健康、身体机能正常运转，动物就实现了福利状态。在此种观点之下，动物的存活率、生长率、产量（产奶量、产蛋量等）、繁殖率、疾病和伤害的有无和程度等成为衡量动物福利的基本因素。由疾病、受伤或者畸形引起的健康状况不佳相对容易识别并且经常可以被量化，例如，对动物行走的有多好进行打分或者受伤害身体面积的大小进行测量；再如，大量流涎、高温、口腔和蹄部出现大水疱和溃烂可提示口蹄疫发生，通过血清检测和相关仪器可确诊口蹄疫发生等。产量、生长率和繁殖率并非越高越好，因为过高的产量或者过快成长可能意味着疾病或者危险。举两个非常简单的例子，奶牛产奶量畸高，不一定意味着奶牛营养好，相反可能提示奶牛患有乳腺疾病；肉食鸡生长速度过快可能造成骨骼难以承受不协调的体重而断腿。因此，产量、生长速度、繁殖率等指标可以按照经验和行业标准来确定是否标准。例如，在现代集约化生产模式下，肉食鸡生长到42天便可以出笼。我国2005年的《商品肉食鸡生产技术规程》中规定，肉鸡42天的体重指标为2420克。这说明，身体福利指标中，有相当一部分指标可以实现量化。

然而，其他不太明显的健康减损的措施例如免疫功能抑制、后代性别比的资源依赖性变化以及食物摄入量减少等则需要进行多学科的认定。例如，戴维·弗雷泽教授在《动物福利的理解——文化语境中的科学》一书中提道：一名兽医病理学家 Ernest Sanford 在对一些死亡的母猪进行尸体检验时发现这些母猪表面上身体状况良好，但是胃部和脾却致命地扭在了一起。经研究，该法医认为这是由于不正确的喂养方式引起的。由于怀孕的猪胃口特别大，为了避免猪过于肥胖，农场主就对猪采取限制饮食的方法。无论是牧场的猪还是圈养的猪，当时普遍采用的做法是隔一天一喂养，而由于猪的数量众多，要采用轮流喂养。后喂食的猪在看到食物后异常兴奋，在过于饥饿的状态下，进食过快，这一系列因素最终导致胃脾扭在一起而丧命。因此，最终 Sanford 指出除非有粗粮，否则隔天一喂的喂养猪的方式应当被改变。再如，科学家们还对一些基因疾病展开医学和遗传学的研究。在此领域一个典型的例子就是对胯关节发育不良的狗的研究，通过相关研究，兽医试图发现此种疾病的原因，并试图消除此种疾病。大量的实验和研究继而在其他动物身上展开，例如，环境和居所对动物健康的影响，疾病对动物健康的影响以及疾病的预防等。这在另一方面说明，动物身体福利的评估和改善也是一项非常复杂的工程。

总之，按照健康和身体机能正常的福利标准，饥渴的有无、疾病的有无和程度、伤害的有无和程度、成长状况和繁殖率等成为评价动物福利是否实现的直接指标。食物是否充足，能否维持动物身体需要，喂养方式是否合理、是否可能损害动物身体健康，动物居所环境的温度、湿度、光照、声音、空气、空间是否适合居住的动物物种，是否会造成疾病或者动物身体受伤等便成为动物身体福利的重要评价标准。于是在世界各国制定的动物福利相关立法中，普遍包含确保动物身体健康的动物喂养、环境、居所条件、疾病的诊治和预防、动物手术和安乐死等因素的基本规定。

（二）动物精神状态评估

尽管在动物福利初期，兽医和农场主等认为身体健康、身体机能正常，动物福利就实现了。但是伴随着动物福利理念的逐步深入以及大量科学研究的展开，精神状态或者动物的主观情绪成为衡量动物福利的重要因子。露丝·哈里森抱怨现代化的生产方式剥夺了动物一生所有的幸福，因此从布兰贝尔报告开始，就认为动物福利必须考虑动物的精神状态。然而精神或者情感作为动物的主观因素，能否进行评价以及如何评价成为一个巨大的挑战。有些人坚持认为在更深和基础层次上看，我们不可能真正知道动物是如何经历痛苦的,彼得·辛格对这种疑问的回应是这样的:"我们永远不可能直接经历其他生物的痛苦,无论该生物是人类还是其他。当我看到我的女儿摔倒并擦破了她的膝盖时,我通过她行为的方式——她大哭,告诉我她的膝盖受伤了,擦痛处等等,知道她感觉到了疼。我知道自己在感觉疼时会有类似的方式行为,于是我接受我的女儿感觉到了我擦破膝盖时相类似的感受。我相信动物能感觉痛苦的基础也是相似的。"[①] 由此可见,彼得·辛格在伦理上提出的动物感知和情感的基础就是推断,通过人推断动物,通过行为推断感受。在彼得·辛格等伦理学家看来,动物的精神感受甚至不需要证据去证明,就好像我们人类在失去亲人时会大哭、会异常沉默,我们将此称之为"难过",我们需要拿出一系列科学的证据去证明这种"难过"么?答案显而易见。那么,为什么对动物,我们要提那么多的证据?既然提到证据,科学家就要完成搜集证据的使命。然而,这项使命更加艰巨。很多科学家试图将动物福利标准细化或者确立高度确定性的福利标准。例如前述的一些衡量动物身体健康或者身体机能的变量——产量、生长率、存活率以及繁殖率等。与身体福利相比,动物的情感状态只能通过其他一些因素推断,而不能直接得出。也就是说,动物的情感状态科学家们只能寻求和探索间接证据。西方的科学家们通过研究,认为以下因素可以作为评估动物精神或者情感状态的指标。

1. 典型行为和异常行为

(1) 典型行为

行为是反映机体,无论是人类还是动物精神状态的重要指标。最简单的例子就是人类痛苦时,就会大声哭喊,通常伴随身体不再正常直立,而是弯腰、蹲下甚至趴着大声地哭喊,我们称之为"痛不欲生"或者"悲痛欲绝"。也就是说,我们不否认,通常也不会去质疑人类的精神状态会或多或少地通过行为表现出来,如果一个人的行为没有任何异常,那么也很难去推断其精神状态的异常。根据这一点,在对动物精神福利进行研究的早期,部分动物行为学家,例如玛丽·道金斯、邓肯、托茨等通过大量的实验指出动物的情感和精神状态可以通过外部行为进行判断,行为是打

[①] Olof Johansson-Stenman, Animal Welfare and Social Decisions: Is It Time to Take Bentham Seriously? Ecological Economics 145 (2018) 90-103.

开动物内心世界的窗口。他们指出:"可以加深对动物内心的认识的可能性使得我们有可能更好地理解动物的情感经历,无论是积极的情感经历还是消极的情感经历。后者涉及'痛苦',它包含一系列广泛的不愉快的情感感受(Duncan and Dawkins,1983)。痛苦发生在'当不愉快的情感如此强烈或者持续的时间如此之长以至于动物在那样的情形下不能实施通常可以减少生活中危险的正常行为并不能正常繁殖。'(Dawkins,1990)。……这意味着,所有的生物学因素,无论是身体的还是心理的,在同时决定动物福利水平时,必须联系在一起。"[1]

　　动物福利学家密勒曾经对小猪进行过精神状态的行为反应实验。他发现:当把小猪单独置于猪栏时,小猪的行为会在很多方面发生改变。他们的走动或者跑动增多,跳墙,排便,叫声增加,大叫和尖叫声增加。一系列的实验表明,上述一系列行为改变是诸多偶然因素共同作用的结果:与妈妈分离,与同伴分离,对环境不熟悉,行动受限,寒冷,没有及时喂养。按照密勒的逻辑,我们有很好的科学理由去推断不同偶然因素导致了一种情感状态——"分离痛苦",从而产生了小猪的一系列反映(见图2-1)。其他研究者也发现,小猪与其母亲分离后,会慢慢地走来走去并每隔1秒到2秒钟发出短短的轻微的呼噜声,有经验的农场主能够很快识别这样的呼噜声来自找不到妈妈的小猪。如果通过这种方式还是找不到妈妈,小猪会更为不安地走动并且呼噜声越来越大,间隔时间越来越短,最后呼噜声会转变成高声尖叫。除了尖叫外,小猪还会貌似不安的猛冲。由此可见,小猪的走动或者冲跑行为,高频率的大叫或者尖叫等行为已经成为获得认可的"分离焦虑或者分离痛苦"的认定指标。

　　类似的实验还在家鸡身上进行过多次。研究发现:如果把一只小鸡固定在平滑的地面上几秒钟然后将其松开,小鸡就会在几秒钟甚至1分钟内出现不平衡,这种不平衡医学上叫作"紧张性不平衡"或者"拟死",通常被视为"害怕"(fear)的指征。其实更简单的例子,当我们用小棍碰触乌龟或者一种俗名被叫作"潮湿虫"的昆虫时,会发现乌龟会将脑袋缩回龟壳,潮湿虫会将身体蜷缩起来不动。动物的类似行为都是较为典型的害怕

---

[1] Corrado Carenzi, Marina Verga, Animal welfare: review of the scientific concept and definition, http://dxdoiorg/104081/ijas2009s121.

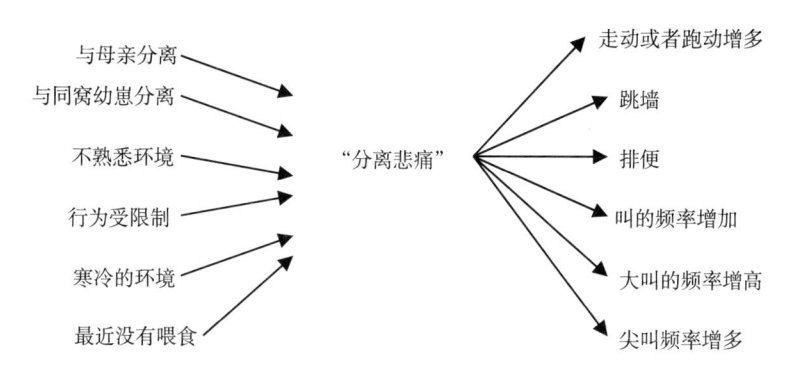

图 2-1 被单独置于猪栏时小猪的情感状态和行为反应[①]

该图展示了被单独置于猪栏的小猪的行为。左侧代表一系列偶然因素,右侧代表小猪的反应,中间是被称作"分离痛苦"的一种精神状态,由左侧的因素引起,造成了右侧小猪的不同行为反应。

或者紧张的反应。西方国家在此方面进行的很有意思的一项研究就是抓鸡的方法。在很多鸡农场,农场主会雇佣一群人手工抓鸡然后送去市场。通常,每个抓鸡的人会进入鸡棚,用手抓住几只鸡的腿把它们倒过来扔进运输板条箱,然后重复此行为一直到鸡棚里的鸡被抓光。一种新的替代方式是机械化的"鸡收割机"——一台可以在鸡棚内慢慢移动的大机器,用一套可以翻转的橡胶手指抓住鸡并将其放入传输带,传输带会将鸡放入板条箱。当这个机器首次出现时,人们担心是否会造成鸡的害怕和恐慌。然而,在测试机器时,研究者伊恩·邓肯和他的同事们发现在被抓之后,机器捕捉的鸡"紧张性不动"的时间比手捕捉鸡"紧张性不动"的时间要短得多。动物福利者伊恩·邓肯和大卫·伍德 加什还测试了家养鸡的挫伤情感。他们先培养鸡在每天的同一时间段吃大餐的习惯,然后选择一天的该时间段用透明纸遮挡食物让鸡吃不到。结果发现鸡在多次吃不到食物后,出现了前后起搏、啄羽毛、更频繁地攻击其他较弱势的同伴。这些行为均表明鸡的挫伤感。两位研究者还发现在圈养没有巢箱,只能将蛋产在地面时,家养鸡也有类似的表达自己受到挫伤的行为。

(2) 异常行为

大量的实验研究证明,如果动物处于高度紧张、不安或者痛苦时,动

[①] David Fraser, Animal behaviour, animal welfare and the scientific study of affect, Applied Animal Behaviour Science 118 (2009) 108-117.

物就会出现自残、重复行为或者模式化行为等一些异常行为。例如，在实验室内，对单独居住的短尾猴更换笼子或者有陌生人靠近短尾猴时，研究发现，短尾猴就会出现自咬行为，其中一部分会因为自咬行为受伤。考虑到短尾猴是社会程度较高的动物，研究者随即发表文章呼吁实验室内应当为短尾猴提供群居的环境。再如，当猪生活在集约化生产的环境中，没有自然的原料供它们定居和咀嚼时，它们就会出现咬同伴的尾巴、耳朵或者身体其他部位的行为。常年和动物园动物打交道的莫妮卡·迈耶·霍尔扎菲尔也曾经对动物园的动物展开过类似的观察和研究，他提到了这样一个例子，在阿姆斯特丹动物园，一只澳洲野狗与他的同伴分开被单独置于与其他一群野狗相邻的围栏里，通过隔栏，其每天可以看见其同伴。起初，该野狗沿着分隔栏前后跑，跑到很接近分隔栏的位置，当它跑回另一头时，转的圈很小。随后的几天里，它走的路线与隔栏越来越远，行走的路线呈现出 8 字形。霍尔扎菲尔认为这反映出野狗逐步平静下来。这些研究至少说明两个问题：首先，动物的内心情感，紧张、不安、害怕等会通过一定的行为表现出来，并非完全不可测；其次，反映动物内在情感的行为显然与动物福利密切相关。[①]

2. 生理变化

生理措施是西方科学家研究动物情感的另一重要方式。迄今为止已经使用的动物福利的生理措施是自主神经反应，例如心率加快和激素水平升高如皮质类固醇（压力激素）的升高等。科学家们通常认为，即使没有具体的行为，生理的变化也被视为动物情感状态的佐证。当动物遭受恐惧或者痛苦时，其神经系统、内分泌系统、姿势、行为运动模式等都可能发生改变。例如心率加快、呼吸加速、激素水平变化、食欲减退甚至拒绝饮食等。科学家们还利用 HPA 机制，提出该机制的激活也是动物福利的重要指标。HPA 机制，也称为下丘脑-垂体-肾上腺轴，由下丘脑、垂体、肾上腺这些器官及其相互作用构成 HPA 轴下丘脑-垂体-肾上腺轴是一个主要的神经内分泌系统，它控制应激反应，调节许多机体过程，包括消化、免疫系统、心情与情绪、性行为、能量储存和支出。它是腺体、激素以及调节综合适应的中脑部分共同作用的结果。科学家们进行了大量的实

[①] David Fraser, Understanding Animal Welfare, The Science in its Cultural Context, A Jhon Wiley&Sons, Ltd, Publication, 2008.

验证明身体或者精神上的应激会通过 HPA 轴发生作用。20 世纪 70 年代，免疫学家们就发现当感染病毒或者细菌时，免疫系统产生的特定细胞会释放一种叫作细胞活素的蛋白分子，这是感染引起的一种 HPA 反应。这说明，一系列科学实验已经证明了生理指标在动物情感方面的有效作用。这些生理指标主要包含：

(1) 饮食或者睡眠障碍

精神状态会导致生理障碍已经在人类身上进行了有效的验证。一个非常典型的例子就是抑郁症患者普遍呈现食欲减退症状并伴有睡眠障碍。由于动物与人类具有相类似的神经系统，因此精神的激烈不适会导致部分生理障碍已经在生物界达成共识。例如，采用不当方式断尾的羊会由于剧痛出现睡眠障碍：由于尾巴经常沾上粪便从而使喂养场所充满寄生虫，小羊经常被断尾。断尾常用的方式有手术刀或者其他断尾工具手术切除或者通过套弹簧圈阻止血液循环从而使尾部组织死亡两种方式。但是研究发现，通过使用弹簧圈断尾的羊经常遇有睡眠障碍，它们晚上总是站起来、躺下，躺下再站起来，而且会出现平时很少出现的侧卧状态。而手术断尾的羊通常没有这些问题，因此，研究者认为尽管弹簧垫圈是一种不流血的断尾方式，但是与手术断尾相比这种方式给羊造成了更大的心理痛苦。再如，狗的主人死亡后，狗多次被发现出现不吃不喝、拒绝进食的行为，科学家认为此种行为是由于狗在失去主人后极度的悲伤所导致的。

(2) 其他生理改变

生理改变指的是由于动物精神状态的变化尤其是剧烈变化导致的生理系统的变化。上述饮食和睡眠障碍是生理改变的主要体现。除此之外其他心理指标，例如，心率、激素的分泌、血液的细胞等也会随精神波动而波动。例如，心率加快是动物害怕的非常重要的指征。测指者在测量手工抓鸡和机器抓鸡两种捕捉方式对鸡的影响时，还报道了被作为交叉神经系统重要指标的鸡的心率。尽管两种抓鸡的方式都会导致鸡的心率迅速加快，但是机器捕捉鸡的心率比人工捕捉鸡的心率恢复得要快。这说明机器抓鸡比人工抓鸡造成的恐惧要小。[1] 同时西方国家越来越强调对室内环境的观察，即粪便颗粒的产出、减少的穴居、筑巢行为均被评价为不适、疼痛、

---

[1] David Fraser, Understanding Animal Welfare, The Sciencein its Cultural Context, A Jhon Wiley&Sons, Ltd, Publication, 2008, p.151.

痛苦或者疾病的指标。例如，小猪在与母亲分离后，排便会增多。再如，在进行了漫长的实验后，内分泌学家 John Mason 将动物尤其是猕猴置于一系列不愉快的体验中，包括高温、低温、强迫训练等。Mason 发现当他突然将笼子里的温度提高 20 到 30 摄氏度或者突然降低 10 摄氏度时，笼子里的动物均表现出 HPA 反应，证据就是尿液中的糖皮质激素代谢物增多。

（3）生理表征的出现

我们人类在遭受剧痛后经常会出现面部表情的变化甚至是面部扭曲。科学家们在动物身上发现了类似的痛苦或者害怕面部或身体指征。例如，很多动物在惊吓时会出现竖毛。1996 年，一些识别啮齿类动物痛苦的指导意见建议了日常使用的指标，今天这些指标与极度的痛苦相关，包含弯腰驼背的姿势、竖毛、吃力的呼吸、发声（推断为可听到的）等。今天，有越来越多的西方的著作提到更微妙的动物痛苦和福利的生理指标，就老鼠、大鼠和兔子而言，新的观察动物的方式，例如，分析动物的面部表情或者监测之前不明显的指标，例如手术后的侧面抽搐为剧痛的存在提供了有价值的见解。[①]

综上所述，生理指标在认定动物情感方面确实具有重要意义。然而尽管行为和生理指标都是客观的手段，其毕竟是间接证据，单一的行为或者生理指标在评估动物精神状态时可能发生偏差。这是因为行为或者生理变化中的很多种是动物回应环境的适应方式的一部分，而且异常兴奋的活动例如性交和猎取食物，也会导致和明显不悦的行为例如躲避天敌相类似的变化。即使在人类，也难以根据自主神经反应去判断一个人是感到气愤、恐惧还是普通的兴奋。我们永远不可能通过观看自主反应去理解动物情感。我们需要理解它们的大脑中发生了什么。而且面对不同动物福利措施的多样性，"它们其中的一些彼此是矛盾的（例如动物们并不总是选择在长久来看对它们健康是最好的），动物福利科学家采取了两种互补的方式。一种策略是将尽可能多的指标综合起来（行为、健康、生理的）并对不同的手段使用检查表，得出什么是好的福利；另一种策略关注两个问

[①] Penny Hawkins, Progress in assessing animal welfare in relation to new legislation: Opportunities for behavioural researchers, Journal of Neuroscience Methods 234 (2014) 135-138.

题：'动物健康么？'和'它们得到它们想要的了么？'"①

（三）一种评估的新思路—动物的偏好

动物的偏好又被称为"动物的优先选择"，是20世纪70年代以来西方国家评估动物福利的另一思路，其按照"动物想要什么"以及"动物得到想要的了么"来解决和评价动物福利问题。动物福利家休斯在1973年写道：动物偏好的实验"为动物福利提供了一种新思路；对动物偏好的客观评价最终会使得情感价值的判断变得多余。"② 简单说，动物得到想要的，动物福利实现。首先以我们人类来举例，给你一个苹果、一块榴梿，让你选择其中一个食用。你不假思索地取走了榴梿的选择结果说明你是喜欢榴梿的。相反你迅速推开榴梿，捂住鼻子逃跑，连苹果都不要了的选择则说明你对榴梿的厌恶程度。受人类的启发，西方科学家在动物身上开始进行偏好选择实验。例如，在鸡的居所设置两个空间，两个空间使用打开的门或者通道相连，每个空间使用的地面材料是不同的，实验者继而观察和记录鸡在不同地面的"房间"停留的时间以判断什么是鸡所想要的。今天，科学家们发现了很多方式可以"询问"动物它们想要什么以及它们是否找到了令它们愉悦或者痛苦的情形，例如，老鼠更喜欢按下可以作为奖励允许它们进入更多老鼠笼子而非空笼子的按钮，这表明需要社会伴侣是它们想要的。装在笼子里的水貂会试图推开可进入水路的门并持续这么做即使门是负重的，但是它们不会对空笼子或者装满新奇物体的门做出这样的努力，标明进入水里游泳对它们来说是重要的事情。

然而，动物的选择作为动物福利认定标准同样存在诸多问题。例如，很难客观地确定动物的喜好是什么，测试的条件和环境会对动物选择产生影响，动物的选择具有多样性等等。动物行为学家伊恩·邓肯曾对这种方式进行了激烈的批判："动物的选择仅仅代表什么是动物所习惯的，动物可能不会做出真正对它们有利的选择，动物没有选择的可能等等。对动物选择的解释以及研究方法的实质性改善引起了极大的争议。"③ 笔者认同上述观点，例如道金斯在进行一场测试肉食鸡对环境和居所喜好的实验

---

① Marian Stamp Dawkins, A user's guide to animal welfare science, RENDS in Ecology and Evolution, Vol. 21, No. 2, February 2006.

② David Fraser, Understanding Animal Welfare, The Sciencein its Cultural Context, A Jhon Wiley & Sons, Ltd, Publication, 2008, p. 192.

③ Ibid., p. 193.

时，给肉食鸡的层架式鸡笼开了一个门，可以通向一个宽敞的鸡棚，道金斯仔细地观察鸡待在鸡笼和宽敞式鸡棚的时间，结果惊奇地发现，鸡选择待在层架式鸡笼的时间和进入宽敞鸡棚的时间一样长。这和人类预期的目标相去甚远。层架式鸡笼拥挤不堪，鸡却依然选择等在其中说明其已经习惯了层架式鸡笼，但这并不意味着层架式鸡笼对鸡是真正有利的。而且动物的选择在很多情况下具有多样性，例如，鸡在休息时会选择栖木，在其余时间，栖木对鸡而言并没有太大的意义。因此，笔者认为动物的偏好是一个更复杂的问题，影响动物选择的变量包含实验者、实验的环境、实验的方法等，很难通过一种准确、客观的方式知悉对动物真正有益的是什么，也很难期待动物具有足够的智商和情商做出长远来看对其真正有利的选择。因此，目前阶段不能以动物的偏好作为动物福利评价的主要标准，除非动物的某种偏好非常强烈。

五　动物福利具体评价标准

综上所述，动物福利的评价包含对动物身体状况的评价和精神状态的评价，身体状况的评价因素包含疾病和伤害的有无，产量、存活率、生长率、繁殖率等，精神状态的评价包含行为的判断、生理指征和生理变化的认定等，同时应考虑动物明显的偏好。评价因子或者评价因素的确立为动物福利的评价奠定了基础，但是，动物福利的评价和实现还需要确立更为具体的评价标准或者细则。例如，身体健康要求保障动物能够吃饱吃好，但是对于不同的动物而言喂养什么食物？多长时间喂养一次？这需要具体的规则来说明。再如，当发现动物由于痛苦而出现饮食障碍时，我们能否认定动物的福利立即受到侵害了？如何去做才能保障动物福利不受进一步侵害？这显然不是评价因子能够解决的问题，因为评价因子只是提示或者警告动物福利已经或者即将遭受损害，至于是否已经被损害以及损害的程度和救济方式需要更为细化的评价标准和行为准则去解决。这是西方国家从19世纪就开始制定动物福利标准的重要原因。到目前为止，世界各国和国际社会已经制定有大量的动物福利法律、法规、准则或者政策、指导意见等，为动物福利的评价和实现提供具备可操作性的具体标准，而这恰恰是我国目前最为欠缺和需要的。

具体的动物福利评价标准在制定主体和名称、内容以及效力方面都存在较大的差异。例如，按照制定的主体身份可以将标准"大致分为零售商标准（例如麦当劳公司）、生产者标准（如美国 Niman Ranchg 公司）、民间标准（如美国人道关爱农场动物组织）、国际组织标准（如世界动物卫生组织）、政府标准。"[1] 按照评价标准的内容可以将标准进行多种分类，例如，按照动物的种类可以将标准分为一般动物通用标准、农场动物标准、野生动物标准、实验动物标准、伴侣动物标准和动物园动物标准，按照评价和规范的领域可以将标准分为喂养标准、居所标准、运输标准、屠宰标准、安乐死标准等。按照标准的效力可以分为国会和政府制定的法律以及政策和指导，前者主要由国会或者政府机构制定，要求必须遵循，否则要承担相应的法律责任，后者制定的主体范围较广，包含部分政府部门、国际组织、大量的动物保护组织等，仅具有指导性，建议相应主体遵循，本身并不具有法律的强制力和惩戒性，例如，《美国哺乳动物学家学会用于科研的野生哺乳动物使用指南》《在研究和教学中澳大利亚本土哺乳动物的照顾和使用指南》等。总之，西方国家和国家社会动物福利的具体评价标准已经相当细化并将继续细化。具体而详尽的动物福利法律、法规和一系列政策、指南是实现动物福利的重要保障，同时也是动物福利最为具体的评价标准。简单说，符合相应立法和政策的规定，就实现了动物福利，违反了上述规定，则对动物福利构成了损害甚至剥夺或者取消了动物福利。这样一国的动物福利立法和政策越具体，评价标准就越明确。以蛋鸡的居住空间为例进行说明，"通常，蛋鸡的占地面积是 450 平方厘米/只，3—5 只/笼；而 FAWC 要求最低标准是 600 平方厘米，欧洲委员会（EC）则主张 800 平方厘米。"[2] 这就意味着，按照 FAWC 的要求，如果蛋鸡的占地面积小于 600 平方厘米，则是损害动物福利的。也就是说最具体的动物福利评价标准见于动物福利法规和政策中。由于具体评价标准体系庞杂且国别性较强，囿于篇幅所限，本书无法在此详细阐释，本书后文在相应部分会继续进行梳理。

六 动物福利评价方法

如前所述，动物福利的出发点在动物，但是动物没有语言，人类目前尚

---

[1] 时建忠：《动物福利若干问题的思考》，《中国家禽》2008 年第 8 期。
[2] ［英］考林·斯伯丁：《动物福利》，崔卫国译，中国政法大学出版社 2005 年版，第 62 页。

未发掘与绝大多数动物进行有效交流和沟通的方式，因此，动物福利的实质是人的义务。动物福利的评价当然需要人来进行，为避免评价的人为因素，除了确立客观的评价因素和评价标准外，还应当确立一套科学的评估方法。

(一) 通过检查评估动物福利

为了确保动物福利，动物在被使用或者饲养过程中，应当经常对动物以及动物的设施进行检查。对动物的检查通常由兽医或者其他专业人员进行，包含对动物的五官、皮毛的观察，也包括对动物行为和姿势的观察，以发现动物是否生病或者受伤，有无生理障碍或者异常行为。对动物设施的检查主要通过设施或者场所的监测来完成，例如，对设施或者居所的温度、湿度、空气质量、有无噪音等进行监测，如果发现空气质量过差或者没有达到动物福利标准，应当通风、换气或者采取其他手段优化空气质量；如果发现由于周围施工导致动物居所的噪音分贝过高，应当采取措施，降低噪音等。环境或者居所条件与动物身体福利和精神福利的关系都相当密切，定期监测动物福利的评价意义重大。目前，世界各国对动物自身的检查以及动物设施或者环境的检查均作出了相应规定。例如，在美国，按照《动物福利法》《动物福利条例》以及《动物健康延伸法案》的规定，实验动物研究机构必须成立的动物管理和使用委员会 IACUC 至少每 6 个月对研究机构的动物设施包含动物研究地点进行一次审查，如发现具有不符合研究计划的降低或者损害动物福利的情况应当采取措施或者向相应机构报告，《动物福利法》的实施机构农业部的动植物检疫局（APHIS）下设的动物管理机构的监督员每年至少对所有的研究机构设施进行一次检查，如果发现缺陷，应进行后续检查。再如，欧盟的《保护农畜动物的欧洲公约》规定："动物的条件和健康状态，应当得到彻底的检查，检查的间隔应以可充分地避免不必要的痛苦，对于集约化养殖的动物，这种检查应当每天至少一次；集约化养殖场的技术设施每天至少彻底的检查一次，任何缺陷都应该毫不迟延地予以弥补……"[①] 除了定期检查外，各国动物福利立法普遍要求对动物和动物设施的日常检查，并要求每次检查形成记录并备案。

(二) 动物福利的社会评价

动物福利如果不能引起社会关注，动物福利的实现只能演变成空谈。

---

① 何力：《动物福利法律制度比较研究》，陕西人民出版社 2012 年版，第 186 页。

我国动物福利法迟迟不能出台，一个非常重要的因素就是"老百姓不买账"。什么是动物福利？动物还要福利？人的福利都得不到保障，缘何去谈动物福利问题？我国公众没有认识到动物福利受到侵害的现状及其危害，即便动物受到侵害了公众也认为不足为怪或者不以为然，同时又缺乏动物福利的理念，再加之人本主义思想根深蒂固，动物福利在中国很难获得公众认可。西方国家早期也存在类似的问题：1793年，约翰·科尼什被认定不构成残害动物罪，尽管其残忍地拽掉了一匹马的舌头，法官裁决除非有证据证明科尼什对马的主人具有恶意，否则罪名当然不成立[①]；1809年和1810年英国的厄金斯勋爵两次向议会提交反对恶意对待动物的提案时，提案在上议院通过，但是却在下议院的哄笑中被否决。1892年，亨利·索尔特所著的《动物的权利》在出版后随即被尘封在大英博物馆的图书馆里。侵害动物的行为被裁决无罪，代表普通公众的下议院哄笑并否决反对虐待动物法案，呼吁动物保护的著作被尘封……这一切的一切反映了19世纪的英国普通公众对动物福利的或"嘲笑"或"嗤之以鼻"或"漠不关心"的态度。但是伴随着动物保护和动物福利家们前仆后继的理论宣传，尤其是露丝·哈里森的《动物机器》和彼得·辛格的《动物解放》一书的出版；不断成立的反对虐待动物和动物保护组织孜孜不倦的推动以及动物福利立法雨后春笋般的诞生，20世纪80年代的西方国家终于实现了公众对动物福利的关注和认可，公众的观点也提供了一种新的动物福利的评估方式。例如，瑞士公民会因为填鸭式的喂养方式举行示威游行，这意味着公众对填鸭喂养方式的否定。

（三）自愿认证

自愿认证指的是动物的所有人或者使用人通过向权威的组织或者机构提出申请的方式，自愿接受权威组织或者专业团体以及机构的审查，权威组织或者专业团体及机构会按照法定的标准对动物所有人或者使用人有关动物的行为或者设施等进行严格检查，检查合格给予认证的评估方式。虽然没有申请并获得认证的组织或者个人对动物的使用也有可能符合动物福利，但是获得认证即意味着动物福利状态良好的认证模式也提供了一种简单的动物福利的评估方式。例如，1965年，一些著名的兽医和研究者组成了美国实验动物管理认证委员会（AAALAC）。作为民间的非营利组织

[①] 在线汉语词典，http://xh.5156edu.com/html5/z16m50j203112.html。

图 2-2　瑞士民众在街头抗议填鸭式喂鸭方式

在成立后，AAALAC 进行了大量的组织认证，将实验动物管理提上了一个新高度，在此过程中越来越多的国家参与到美国的认证中来。1996 年，美国实验动物管理认证委员会基于各国的普遍参与更名为国际实验动物评估和认证委员会，成为私人的非营利的国际认证机构，其目的是通过自愿的认证和评估计划促进科学研究中人道主义的管理动物。AAALAC 通过认证计划对在科学研究中使用动物的组织提供了评估标准。达到或者超过 AAALAC 标准的机构将被给予认可。当机构获得认证后，必须每三年进行再评估以维持其认证地位。到目前为止，超过 41 个国家的 950 所公司、大学、医院、政府机构和其他研究机构已经获得了 AAALAC 的认证，显示了它们负责任地照顾和使用动物的决心。再如"2003 年，美国开始对在符合动物福利标准条件下生产的牛奶和牛肉等产品贴上'人道养殖'动物产品的认证标签。这个项目是由一个独立的非营利组织——'养殖动物人道关爱组织'（HFAC）发起的，并得到了美国一些动物保护组织的联合支持。新的'人道养殖认证'标签是向消费者保证，提供这些肉、禽、蛋及奶类产品的机构在对待家畜方面符合文雅、公正、人道的标准。"[①] 生产企业如果认为自己符合标准，可以提出认证申请。如果获得认证，意味着这些养殖企业的动物实现了养殖动物福利。我国目前相关部门进行的有机产品 GAP 认证等对动物福利也提出了要求。

(四) 动物福利的量化评价与量化体系

为了实现尽可能客观的动物福利评价，减少人为评价带来的评价标准

[①]　王惜纯：《动物福利与食品安全》，《中国质量报》2003 年 4 月 23 日。

不一致问题，西方国家还发展出大量的动物福利量化评价方法和体系。例如，"20世纪末期，欧美发达国家针对不同的农场动物，依据不同的动物福利指标，建立了多种动物福利评价体系，主要分为四大类，分别是：动物需求指数评价体系，例如TGI-35体系，TGI-200体系；基于临床观察及生产指标的因素分析评价体系；畜禽舍饲基础设置及系统评价体系；危害分析与关键控制点评价体系。"[1] 以TGI-35体系为例，它是从奥地利发展而来的评价农场动物福利的重要体系。TGI-35动物福利评价体系已经应用于奶牛、肉牛、产蛋鸡、育肥猪、怀孕母猪。该体系从畜舍系统和管理五个方面评价福利水平，涉及30到40个指标，分别为：活动量（允许移动的程度和范围）；社会互动（群体行为互动）；地面质量（地板的类型）；光照与空气（通风、光照和噪音）；设区和管理人员的素质（人类照顾程度）。以上五种类别分别包括一些评分项目，每一个类别都被赋予1—7分，总分35分为最高值，这就是TGI-35的由来。评价结果总分越高，畜舍状况就越好，动物福利水平也就越高。该体系最新的发展更加细化，增加和降低了分值，出现负分和更高分。所有类别的分数总和就是TGI值。某一类别的不足可以通过其他好的方面来弥补，畜主可以从不同方面改善其畜舍设施来改善评价结果。密集型畜舍系统，如蛋鸡的层架式笼养方式不符合最小的空间要求标准，不适用于TGI-35，因为评分系统需要满足一定的最低标准，TGI值只有在不足的条件被排除后才有效。根据TGI分值的高低划分出六个动物福利水平，总分小于11分，福利非常不好；总分在11—16分之间，福利不好；总分在16—21分之间，福利一般；总分在21—24分之间，福利达到基本要求；总分24—28分，福利好；总分大于28分，福利非常好。奥地利法律规定，现有的有机农场的评价得分必须高于21分，新建的畜舍的评价得分必需高于24分。[2]

---

[1] 孙忠超：《国外农场动物福利评价体系概述》，《中国畜牧兽医学会动物福利与健康养殖分会成立大会首届规模化健康与福利养猪高峰学术论坛论文集》。

[2] 孙忠超：《国外农场动物福利评价体系概述》，《中国畜牧兽医学会动物福利与健康养殖分会成立大会首届规模化健康与福利养猪高峰学术论坛论文集》。

第三章

中外动物福利立法制度比较

第一节 动物福利立法概述

一 动物福利法的含义和特征

(一) 动物福利法的含义

如前所述,动物福利在西方首先是作为一种道德要求提出的,动物福利最初并且在较长的时间内也表现为动物具有道德地位和道德权利,然而道德作为一种调整和规范人类行为的准则,只能通过社会舆论、内心信念等来评价并约束人的行为。这种约束没有强制力,违反道德准则者充其量只会接受舆论谴责和名誉上的负面评价。因此,为了有效实现保障动物福利的目标,各国开始制定一系列动物福利法律、法规和政策,将动物福利上升为法律制度,形成了完备的动物福利法律体系。

从概括意义上看,动物福利法指的是确立动物福利标准、规范人类对动物的各类行为及其程序、保障和实现动物福利的一系列法律规范的总称。

(二) 动物福利法的特点

动物福利法,作为法的范畴,具有以下特征:

1. 动物福利法具有独立性

与经济法、环境法、农业法等部门法相比,动物福利法在立法理念、调整对象等方面具有独立性,属于相对独立的部门法。在立法理念上,尽管诸多学者指出动物福利的终极目的在人,但是笔者认为从西方国家动物福利思想和制度发展的历程分析,动物福利的出发点是善待动物,目标是实现动物身心健康。我们不否认动物被善待，有利于维持生态环境平衡，实现环境的协调和可持续发展；有助于降低动物发病率，从而维护人类身体健康，但是这并不意味着动物福利的目标是保护人类，而是因为动物和人类一样是大自然的重要组成部分。以单纯保护人类为出发点的动物福利制度不可能是真正的动物福利制度，因为人类中心主义之下的动物只能是人类处置的对象。

在诸多部门法中，环境资源法和动物福利法的关系最为密切，甚至有少数学者认为我国动物福利相关立法属于环境资源法的范畴。环境资源法是调整有关环境资源的开发、利用、保护、改善的社会关系的法律规范的总称，由于广义上我们通常将部分动物，最典型的就是野生动物归为环境资源的一部分，因此容易误认为野生动物保护属于环境资源保护的一部分。实际上环境资源法的立法理念很清晰就是保护和改善自然生态环境，实现人类与环境的协调发展。在环境资源法之下，动物和森林、河流、草原等无感知物具有相同的地位。而动物福利法包含野生动物福利法的立法理念是善待动物，在动物福利法之下，动物被视为具有感知力的生命体。从调整对象角度出发，如前所述动物福利法强调人类善待动物的责任和义务。而农业法、环境资源法的调整对象则围绕农业发展和环境资源保护而展开。由此可见，动物福利法应是独立的部门法，其以实现动物福利为基本目标，调整人对动物的单向义务以及在动物相关活动中的人与人之间的关系。

2. 动物福利法之下，权利与义务的形式分离

如前所述，法是以权利和义务为内容的，并且通过设置权利和义务调整人的行为和社会关系。法设置的权利和义务具有一致性，没有无权利的义务，也没有无义务的权利。在一般的法律关系中，权利和义务都是被关注的重点，且权利和义务的主体均为人，包含自然人、法人或者其他组织。但是动物福利法下的权利、义务设置具有特殊性。动物福利法的出发点是善待动物，因此如果说动物福利法之下有真正意义上的权利主体，那么这个权利主体就是动物，动物享有一系列自由和被善待的"权利"，只不过我们将动物自由称为动物福利，以和人的权利相区分。而动物福利法下的义务主体却是人。这就在动物福利法中出现了权利义务的二元主体。举个非常简单的例子，买方到宠物店买宠物，卖方对买房隐瞒宠物生病的事实，销售了一只得了重病的宠物。卖方是否应当承担违约责任，买方可

以获得哪些救济等问题不属于动物福利法规范和解决的问题，而归属于民法调整。在动物福利法之下，只关注宠物店是否具有销售宠物的资质？宠物是否得到良好的照料？宠物店是否造成了宠物不必要的痛苦和伤害？宠物店对动物疾病不及时处理应当承担哪些法律责任等问题。也就是动物福利法眼中看到的都是人的义务，以实现对动物福利的保护。动物福利法之下，动物是"权利"享有者，人是义务承担者，形式上就出现了权利义务主体的二元分离。这种二元分离与法的一般法理特点相违背，以至于大量学者否认动物具有和人类相当的主体地位，主张动物应当是客体。笔者认为，我们不必过度纠结动物是否是和人类完全平等的主体这个问题，因为我们在买卖动物和食用动物时就有了答案。但是，动物福利法保障动物福利、确立人类义务的基本目标是相当清晰的，我们在后文中将对此进行进一步梳理。

3. 动物福利法有广义和狭义之分

一般的部门法均有广义和狭义之分，动物福利法也不例外。狭义的动物福利法指的是在一国之内由立法机关通过的以动物福利或者动物保护等直接命名的统一法典。例如英国的《动物福利法》、美国的《动物福利法》、德国的《动物福利法》、奥地利的《联邦动物保护法》、澳大利亚的《联邦动物福利法》等。其特点很明显，是一部统一法典、由立法机关制定或者通过、名称直接冠以动物福利或者动物保护等相关措辞。广义上的动物福利法则包含所有的对动物福利做出规定的规范、准则、政策或者文件。其制定主体多元，包含立法机关、政府及相关部门、基金组织、科研机构或者组织、动物保护协会等动物保护的非官方组织等；名称多样、灵活，包含法、规则、规范、政策、准则、指南等；效力等级也具有多样性；数量众多。本书将稍后对此进行进一步介绍。

二 动物福利法的基本原则

动物福利（animal welfare）要求尊重动物的生命，保护动物不受不必要的虐待和伤害，照顾动物情感和感受并减少动物痛苦。为了实现动物福利，世界各国的动物福利法确立和规定了一系列保障动物福利的基本原则。所谓动物福利法的基本原则指的是贯穿动物福利法始终，对动物福利法立法、立法的实施以及对于所有从事动物相关行为人员行为的规范具有普遍指导意义的一系列准则，它体现了动物福利的特点，是各国动物福利制度构建的基础，这些基本原则主要包含：

（一）合法性原则

人人必须遵守已经通过并生效的动物福利法，就是动物福利的最低限度原则——合法原则。该原则要求对人类对各类动物的任何使用行为，包含对野生动物、实验动物、农场动物、伴侣动物、宠物等动物的获得、使用、饲养、运输、处置等行为均必须符合国会、政府相关部门和研究机构制定或通过的动物福利立法，接受科学基金组织资助或者与组织签有合作协议的单位和个人还必须遵循科学基金组织通过的动物福利政策和细则的规定。合法性原则一方面要求从事动物行为的组织和个人遵循法规、条例和政策确立的实体规则，例如饲养、设施和居所、运输、宰杀、安乐死等动物福利标准条件规则；另一方面，动物的使用行为还应遵循动物福利法之下的程序规则，例如，进行动物相关活动需获得相应的许可或者进行登记，动物活动开始前需由各国法定的审查部门和机构进行伦理审查，实验动物活动相关组织和个人对动物的使用和管理情况应当制作报告并保存合理的时间，对动物使用过程中出现的超出预期事件应当及时向管理机构和组织报告等等。无论违反实体法规则抑或违反程序法规则的行为均将承担相应的法律责任，轻微违法者可能被处以罚款或者停止资助，严重违反动物福利法者其相应的许可将被暂缓或者撤销甚至最终要承担刑事责任。

（二）合理性原则

顾名思义，合理性原则指的是所有与动物相关的行为应当做到合理、适度的原则。该原则是动物福利保护的另一项重要原则，尤其是对于实验动物而言。合理性原则能够约束动物研究或者使用者的行为，避免研究、使用不当给动物造成过度损害。目前绝大多数国家的动物福利相关立法均在总则部分或者分则的相应条款中提出了合理的明确要求。例如《澳大利亚用于科研目的动物的照顾和使用准则》第1条第1款规定："对科研动物的照顾和使用只有被证明为合理时才能实施。"美国1985年通过《健康扩展法案》中明确要求NIH的组织人员在生物医学和研究中要适当地使用动物，在这些研究中要合理地对待动物，包含合理使用镇静剂、止痛剂、麻醉剂、安乐死；在生物研究中对动物进行合理的术前和术后药物和护理。加拿大重要动物保护组织CCAC于1998年通过的《在研究、教学和实验中为动物的使用确立合理终点的指南》，在该指南中指出合理的终点指的是在给使用的动物造成不必要的痛苦和伤害之前停止对动物的使用。由此可见，所谓合理是以最大化保护动物或者尽可能给动物减轻伤害为标准的。

(三) 最小痛苦原则

人道主义者经过多年的研究发现，动物具有和人类一样的感知能力，能够感知到痛苦、喜悦及其他情感，对动物具有的感知力的普遍认同是世界各国出台动物福利法的基础。正如《澳大利亚用于科研目的动物的照顾和使用准则》中第1条第10款所规定的："尽管动物感知和对环境反应的方式与人类不同，动物也能够感知疼痛和痛苦。疼痛和痛苦在动物中是难以衡量的。然而，除非有相反证据，否则我们推定能够给人类导致疼痛和痛苦的程序和情形也会给动物造成疼痛和痛苦。"既然动物具有和人类相同的感受痛苦的能力，将动物的痛苦尽可能地减至最低就成为各国动物福利的一项重要原则。世界各国的动物福利立法对此做出了较为全面的规定。《澳大利亚用于科研目的动物的照顾和使用准则》第11款要求："在任何时间都应当采取保障动物福利的各项举措以避免或者将动物的伤害降至最低，包含给动物造成的疼痛和痛苦。"有关动物福利的国际公约中也普遍将最小痛苦原则确立下来。例如，2012年《涉及生物医学研究动物的国际指导原则》第七项指出："研究人员应当推断能够给人类造成疼痛或者痛苦的程序也会造成动物的疼痛或者痛苦，除非有相反证据。因此，基本的道德律令就是按照良好的科学或者兽医医学实践避免或者最大化地降低动物的紧张、不安、不适以及痛苦。……"

(四) 人道主义原则

动物福利本身就是文明不断进化和发展的产物。现代文明呼吁尊重动物的生命、健康和各项自由，于是人道地对待动物必然会成为世界各国动物福利立法的基本原则。有些国家在有关动物福利的立法中，名称上就明确提出了人道主义的要求，如美国的《公共卫生署关于人道主义的照顾和使用实验动物的政策》、英国通过的《人道主义处死的良好实践》等文件。更多的立法和政策则是在规定的内容上要求人道主义。以保障动物不受饥渴和生活舒适的自由为例，美国、加拿大、英国和澳大利亚及欧盟的一系列立法中均对动物住所的环境提出了在空气质量、温度、动物居所的密度等领域的一系列具体要求。对此本书后文将进行具体阐述，这些要求实际上即是要求人道地对待动物。除此以外，目前世界各国确立的对实验动物普遍适用的3R原则就是人道主义要求的结果，大量的动物安乐死政策也是为人道主义的处死动物而设置的。

上述四项基本原则相辅相成，构成了各国动物福利制度的重要基石。一方面这些基本原则已然确立于各国的动物福利立法中，它们又将不断引导各国动物福利立法和动物福利制度的进一步构建和完善；另一方面，这些基本原则倡导责任研究行为，落实了研究人员、伦理审查机构和科研单位等主体的责任，明确了资助单位在监管方面的职责，确保公共资助机构研究活动合乎伦理道德的要求，维护国家资助研究的公信力。

第二节 国外动物福利立法综述

一 国外动物福利立法概况

早在1596年，英国就通过了一项禁止纵容斗熊的法令，拉开了保护动物的立法帷幕。然而，对动物更全面的保护则始于19世纪初期的英国。1822年英国的人道主义者马丁提出禁止虐待动物，世界上第一个保护动物的法律《马丁法案》因此出台并获得通过。此后，英国不断加强和完善动物福利相关立法，1849年出台了《禁止残酷对待动物法》，1911年出台《动物保护法》，1981年国会通过《动物健康法案》，并于2002年进行了修改。在特定动物物种保护领域，英国还通过了《宠物法》《斗鸡法》《鸟类保护法》《野生动植物及乡村法案》《动物遗弃法案》《动物寄宿法案》《动物（科学程序）法》《动物运输法》等一系列法律。再如，美国于1873年就通过了反对虐待动物的第一部联邦法律《二十八小时法》，此法案对动物的运输提出要求：在运输过程中应当保障动物的温饱和休息权，每24小时休息4小时，故称作28小时法案。1966年，美国通过对动物主要是实验动物福利进行保障的最重要的一部联邦立法——《动物福利法》，并不断对其进行修改，《动物福利法》成为目前全美科研动物照顾和使用的最低限度法令，所有主体从事动物的研究、展览、运输和买卖相关活动必须受本法约束。美国在20世纪还颁布有《候鸟法案》《人道的屠宰动物法》《濒危物种法》《野马和野驴法》《海洋哺乳动物保护法》等大量的动物福利法案。除英美国家以外，欧洲大陆国家和亚洲国家也普遍通过了统一的动物福利法典及相关立法，例如，日本1973年制定《动物保护法》，瑞典1988年通过《动物福利法》，韩国1991年通过《动物保护法》，德国 1993 年颁布《动物福利法》，2005 年澳大利亚联邦议会通过了《联邦动物福利法》，同年奥地利也出台《联邦动物保护法》等。同时，伴随着动物福利理念的逐步深入，一些地区性或者全球性的国家组织也逐步通过了一系列保护动物福利的区域或者国际公约。例如，1950 年《保护鸟类的国际公约》，1973 年的《濒危野生动植物物种国际公约》，1968 年，20 多个欧洲国家在巴黎签订的《国际运输中保护动物的欧洲公约》，1976 年欧洲国家通过的《保护农畜动物的欧洲公约》，1979 年通过的《保护屠宰用动物的欧洲公约》以及 1995 年的《保护非洲—欧亚大陆迁徙水禽协定》等。

由此可见，在世界范围内，动物福利立法已经成为常态并将进一步加强。由于本书的目的在于加强完善中国的动物福利立法，因此本书后文将主要以动物福利法制已经相对健全的发达国家的立法为主要论述对象，以便为我国立法提供经验。

二 国外动物福利立法特点

由于发达国家动物福利立法体系完善，制度健全，很难通过较小的篇幅去全面阐述其动物福利的完整内容。以美国为例，美国《动物福利法》及其条例翻译成中文就多达 200 多页，而该法仅仅是美国适用于实验动物的一部法典而已，除该法以外，美国联邦领域涉及动物福利的立法多达上百部，而联邦制之下的任何一个州在动物福利领域均有独立的立法权，因此，美国的动物福利立法体系十分庞大。尽管如此，由于发达国家对动物福利法的价值理念和价值目标在相当程度上能够达成共识，总体上分析，各国动物福利立法皆表现出以下特点：

（一）动物福利法制定主体的多元性

在发达国家，能够进行动物福利立法的主体具有多重性。首先，议会作为立法机关拥有当然的立法权，且其制定的动物福利法具有正式的法律效力。例如英国的《动物福利法》，德国的《动物福利法》，澳大利亚的《联邦动物福利法》等，这些立法均属于国会立法；然而，动物福利法律仅仅是各国动物福利立法的基础，负责动物福利法实施的政府及其相关部门也是非常重要的立法主体，例如，美国农业部通过了《动物福利条例》，美国的卫生和人类服务部颁布了《公共卫生署关于人道主义的照顾和使用实验动物的政策》，英国内政部通过了《动物（科学程序）法操作指南》，澳大利亚政府通过了《澳大利亚用于科研目的动物的照顾和使用准则》等；除此以外，基金组织作为资助或者支持动物研究的重要机构在动物福利立法中占有一席之地，美国重要基金组织 NIH 制定了《NIH 动物设施安全规划》《啮齿类动物运输指南》《非啮齿类动物运输指南》，澳大利亚国家科学和医药委员会 NHMRC 与政府机构联合颁布或者自行颁布《澳大利亚用于科研目的动物的照顾和使用准则》《在研究和教学中对澳大利亚本土哺乳动物的照顾和使用》《用于科研目的动物福利促进指南》等；不仅如此，重要的动物福利组织作为动物福利的倡导者和重要推动主体在动物福利的立法中也发挥了重要作用，如美国兽医医学会 AVMA 通过了《AVMA 动物安乐死指南》、美国哺乳学家协会通过了《美国哺乳动物学家协会对用于科研的野生哺乳动物使用指南》，美国渔业协会、美国鱼类学家和爬虫学家协会、美国渔业生物学研究所共同发布的《用于科研的鱼类使用指南》等。最后，研究机构和团体内部也会通过一些内部自律性的动物管理、使用、监管等方面的文件，尽管这些文件不具有必然的法律效力，但是内部研究人员必须遵循，这对于调整动物的使用行为无疑具有重要意义。

（二）立法体系较为清晰

尽管发达国家动物福利立法主体多元，法律、法规、政策的数量众多，并且早期 18 世纪和 19 世纪的动物福利立法具有一定偶然性和随机性，但是进入 20 世纪以来，多数国家的动物福利立法已经形成合理的立法体系。

1. 存在统一的动物福利法典

动物福利立法高度发展的标志之一就是统一动物福利法典的出台。统一动物福利法典的出台意味着该国动物福利立法已经达到较高的标准。统一法典由立法机关——国会或者议会制定或通过，是一国动物福利领域的最高立法，也往往是一国动物福利领域的最低限度标准。目前，不同国家通过的动物福利法典在名称有所差异，多数国家直接以动物福利命名，例如英国的《动物福利法》、美国的《动物福利法》、德国的《动物福利法》、澳大利亚的《联邦动物福利法》、瑞典的《动物福利法》、挪威的《动物福利法》等；也有一部分国家或者地区将其命名为动物保护法，例如瑞士的《联邦动物保护法》、奥地利的《联邦动物保护法》、韩国的《动物保护法》、菲律宾的《动物保护法》、我国台湾地区的《动物保护法则》等。从内容上看，动物福利法典一般会对动物福利法的适用范围，基本概念，动物福利标准、动物福利的管理机构及其职责，动物使用的登记、许可制度，违法行为及其责任等内容做出规定，对动物使用行为进行全面规制。

2. 动物福利法规、政策分类清晰

发达国家的动物福利法律、法规、政策的数量众多，体系庞大，但是发达国家的动物福利立法一般建立在合理分类的基础之上。

（1）多数国家的动物福利立法以动物分类为基础

动物物种极为丰富，按照不同标准可以进行不同的分类，例如，按照有无脊椎，可将动物划分为脊椎动物和无脊椎动物等。为更好对动物福利作出规定，国际社会往往将动物划分为两类：一类是生活于自然界的野生动物，另一类是基于各种原因饲养的动物。基于饲养的原因，又将后者划分为：为取得食品和经济利益而饲养的"农场动物"，为实验目的饲养的"实验动物"，为个人娱乐和爱好饲养的"伴侣动物"，为协助工作饲养的"工作动物"以及为表演娱乐而饲养的"娱乐动物"。这种分类日益获得各国和国际社会的认可并成为各国进行动物福利立法的重要基础。这是因为不同种类的动物具有不同的特点，人类对这些动物的使用行为和使用目的也表现出较大的差异性。例如，英国早期立法并不以动物分类为基础，而将各类动物统一置于《马丁法案》《动物福利法》等一般立法中进行规范，但20世纪末尤其是21世纪以来，英国开始关注以动物分类为基础对不同动物进行专门福利立法，通过了《野生动物保护法》《农场动物福利法》《宠物法》以及适用于实验动物的《动物（科学程序）法》等。再如，加拿大的系列立法也关注到了不同动物物种的差异性，通过了《野生动物照顾和使用指南》《CCAC用于研究、教学和测试的农场动物照顾和使用指南》、适用于马、貂、狐狸、鹿等动物一套农场动物操作准则、《CCAC实验动物的管理和使用指南》《用于研究、教学和试验的鱼的照顾和使用指南》《CCAC海洋哺乳动物照顾和使用指南》等。根据不同动物种类的特点制定单行法已经成为动物福利立法的基本趋势，或者说动物分类已经成为各国立法普遍认可的立法思路。

（2）不同动物行为的单行立法的存在

动物福利立法的目的在于实现动物福利，为保障动物福利的实现，人类对动物的使用行为应当受到限制，因此动物福利法的核心就是规定人的义务，规制人类对动物的各类行为，包含喂养、运输、实验、屠宰、手术等行为。为了对人类的不同行为进行有效规制，在统一的动物福利法典和上述动物物种单行立法外，各国普遍出台了涉及人类不同的动物行为的单行立法。例如，各国关于动物居所、运输、屠宰、安乐死、兽医管理、伦理审查等领域和特殊环节制定了专门立法和政策，这些立法和政策通过其名称即可以判断其仅规范动物福利中某一或者某些特殊行为，例如，英国的《实验动物运输指南》《实验动物的照顾和居所实践准则》等，美国《联邦人道主义的屠宰法》、NIH 的《啮齿类动物运输指南》《非啮齿类动物运输指南》、兽医协会的《安乐死指南》等，加拿大《CCAC 科研动物安乐死指南》《CCAC 科研人员培训指南》等。

（三）实体规范与程序规范相结合

发达国家向来重视程序法的重要意义。在动物福利立法中，也不例外。各国的动物福利立法表现出实体规范和程序规范相结合的重要特点。动物福利的实体规范通常涉及动物福利的范围、动物福利的标准和条件、动物福利的管理机构及其职责以及违法者应当承担的责任等；程序性规范包含相应动物管理和使用行为应当遵循的程序步骤以及对动物使用行为进行监督和追责的相应程序等。尽管发达国家也存在单一的实体规范或者程序规范，例如，美国保障实验动物福利的重要政策《实验动物照顾和使用指南》《澳大利亚用于科研目的动物的照顾和使用准则》、加拿大《实验动物照顾和使用指南》等主要规定及实验动物使用的设施和环境条件，动物的安乐死方式，这些立法主要为实体法；涉及许可、登记以及伦理审查的一些专门政策则主要为程序性政策，例如，英国《伦理审查程序的良好实践指导原则》、美国的《动物福利法之下的许可和登记》等文件。但从总体上看，发达国家的绝大多数动物福利立法都表现出实体规则和程序规则交织、重视动物福利的程序审查的特点。以美国《动物福利条例》为例，其在第二部分"规章"中规定的"许可""登记""记录材料"等内容基本上都是涉及动物福利的程序规范；第三部分"标准"则对不同动物，包含犬和猫类、鼠类、家兔、非人灵长类动物、海洋哺乳动物的居所设施条件、喂养条件等福利标准条件做出规定，这些涉及动物福利标准的条款主要是实体性条款，提出了各类动物的具体福利标准。再如，英国《动物福利法》既包含动物福利的内容等实体性条款，也包含许可和登记以及违法行为的控诉等程序性条款。不仅如此，程序规范或者单独的程序立法在发达国家的动物福利法中占有重要地位，一般设置专章做出规定。这是因为尽管确立动物福利的实体标准，例如各类动物的喂养、居所、运输、宰杀、处死的条件和标准无疑对满足动物需求、保障动物基本生存和生活水平、降低动物疼痛和痛苦具有重要意义，但是这些实体标准需要强有力的程序保障。举个非常简单的例子，如何判断一个实验机构满足了动物福利法规定的动物的居所条件？首先，实验机构应当具有相应的资质，这就需要实验机构进行登记和注册；其次，政府相关部门或者实验机构内部应对实验机构的条件、设施等进行定期检查和监督；再次，违背居所条件规定，应按照一定程序进行调查和追责等。由此可见，必要的程序规制对于实现动物福利无疑具有重要价值。

第三节　我国动物福利相关立法现状

我国目前尚未制定动物福利的统一立法，无论是全国人大及其常委会还是国务院均没有出台过以动物福利或者动物保护命名的统一法律或者行政法规。和动物福利相关的立法在我国数量众多，但是较为分散和混乱。我们在此按照立法的主体和效力等级对目前我国相关立法进行如下梳理。

一　动物福利相关法律

涉及动物和动物福利的法律，即全国人大及其常委会制定或者通过的法律目前主要有：

1. 《中华人民共和国野生动物保护法》

1988年11月8日通过，2016年7月2日最后修改。该法中涉及野生动物栖息地的保护，禁止猎杀国家重点保护的野生动物，规定猎捕者的资质，禁止出售、购买、利用国家重点保护野生动物及其制品，禁止为野生动物的销售、捕猎工具的销售提供服务或者平台以及野生动物违法行为及其责任等条文构成了对野生动物的保护。

2. 《中华人民共和国渔业法》

该法于1986年1月20日通过、2013年12月28日最后修改。该法中涉及从事养殖生产不得使用含有毒有害物质的饵料、饲料，国家实行捕捞限额制度和捕捞许可证制度，建立水产种质资源保护区以及规定违规捕捞的法律责任等条文保护渔业资源。

3. 《中华人民共和国畜牧法》

该法于2005年12月29日通过，2015年4月24日最后修改。该法中涉及加强畜牧业基础设施建设、建立畜禽遗传资源保护制度；对原产我国的珍贵、稀有、濒危的畜禽遗传资源实行重点保护的规定；种畜禽生产经营许可证制度；畜禽养殖场和小区的条件的规定；进行交易的畜禽必须符合国家技术规范的强制性要求的规定；运输畜禽必须符合的国家条件的规定以及违法者法律责任等条款实现对畜禽类的保护。

4. 《中华人民共和国动物防疫法》

该法于1997年7月3日通过，2013年6月29日最新修改。该法规定涉及兽医主管部门应当制定国家动物疫病监测计划、发布动物疫情预警；从事动物饲养、屠宰、经营、隔离、运输以及动物产品生产、经营、加工、贮藏等活动的单位和个人，应当做好免疫、消毒等动物疫病预防工作；动物饲养场（养殖小区）和隔离场所，动物屠宰加工场所，以及动物和动物产品无害化处理场所，应当符合动物防疫条件；动物、动物产品的运载工具、垫料、包装物、容器等应当符合国务院兽医主管部门规定的动物防疫要求；废物处理应符合规定；动物疫情的报告、通报和公布；动物疫情控制、动物和动物产品检疫、动物诊疗、监督管理以及法律责任等条款实现动物的保护。

5. 其他法律

包含1993年7月2日通过、2012年12月28日最新修改的《中华人民共和国农业法》，1984年9月20日通过、1998年4月29日修改的《中华人民共和国森林法》，1985年6月18日通过、2013年6月29日最后修改的《中华人民共和国草原法》，1989年12月26日通过、2014年4月24日最后修改的《中华人民共和国环境保护法》，1999年12月25日通过、2017年11月5日最新修改的《中华人民共和国海洋环境保护法》以及2009年2月28日通过的《中华人民共和国食品安全法》等。这些立法中对动物也做出了某项侧面和零星的保护性规定。例如《农业法》第25条规定："农药、兽药、饲料和饲料添加剂、肥料、种子、农业机械等可能危害人畜安全的农业生产资料的生产经营，依照相关法律、行政法规的规定实行登记或者许可制度。"这对动物的身体健康和生命安全具有保障作用。再如，《森林法》第八条规定了国家对森林资源实行的保护性措施，这对于保护动物尤其是野生动物栖息地和生活环境具有一定意义等。但从总体上看，这些立法的基本目标和主要内容与动物福利的关系并不明显。

二 行政法规和规章

包含国务院的行政法规、其他规定和措施以及国务院各部委通过的规章和规定。这些立法主要包含国务院通过的《中华人民共和国陆生野生动物实施条例》，农业部通过、国务院批准的《中华人民共和国水生野生动物保护实施条例》，国务院的《野生动物收容救护管理办法》《野生动物及其制品价值评估办法》《陆生野生动物疫源疫病监测防控管理办法》、国务院的《中华人民共和国渔业法实施细则》、农业部《中华人民共和国渔业船员管理办法》、国务院《生猪屠宰管理条例》《饲料和饲料添加剂管理条例》《畜禽养殖污染防治管理办法》《兽药管理条例》《中华人民共和国森林法实施条例》等。目前，国务院及其各部委在动物福利领域进行的最有价值的立法主要集中于实验动物的保护，这些立法弥补了法律层次上我国实验动物保护的立法空白。相应的立法包含：《实验动物管理条例》《实验动物质量管理办法》《农业系统实验动物管理办法》《实验动物许可证管理办法》《国家实验动物种子中心管理办法》《医学实验动物管理实施细则》《关于善待实验动物的指导性意见》以及《关于加快推进国家食品、药品监督管理局保健食品化妆品重点实验室建设的指导意见》等。在上述立法中，对西方国家立法借鉴较大的是科学技术部2006年9月通过的《关于善待实验动物的指导性意见》，该意见在立法目的中明确将"维护动物福利"作为立法目的之一，并确立了实验动物的喂养、居所、运输条件等福利内容，是我国在动物福利立法上的一大飞跃。

三 地方立法

地方立法指的是地方立法机关包含人大及其常委会和地方政府通过的地方法规和地方规章。我国是单一制国家，地方立法权只能在《立法法》的框架下实施，但是只要符合宪法和《立法法》的立法权限，地方动物福利相关立法对动物保护作出适合本区域的具体规定，显然有助于动物福利理念的深入。目前涉及动物福利的地方立法数量众多，例如，在《野生动物保护法》颁布后，各省市通过了本地区的相应办法，如《山东省实施〈中华人民共和国野生动物保护法〉办法》《北京市实施〈中华人民共和国野生动物保护法〉办法》《黑龙江省野生动物保护条例》《江苏省野生动物保护条例》《浙江省陆生野生动物保护条例》等。再如，在实验动物福利领域，《实验动物管理条例》出台后，各省市人大大及其常委会通过了地方的实验动物管理地方性法规，例如1996年10月17日北京市人大常委会通过的《北京市实验动物管理条例》、2005年7月29日湖北省人大常委会通过的《湖北省实验动物管理条例》、2010年6月2日广东省人大常委会通过的《广东省实验动物管理条例》等。在宠物的管理领域，我国各地通过的《长沙市养犬管理规定》《拉萨市城镇养犬规定》《北京市养犬管理规定》《上海市养犬管理条例》等。地方的上述动物福利相关立法及其实施对于基层动物福利理念的确立和动物保护具有重要意义。

除了上述法律、行政法规、规章和地方性法规以外，我国还通过了大量的保护动物的国家标准、地方标准、行业标准和团体标准，本书将在后文中进行梳理和介绍。

第四节　中外动物福利立法目的和立法体系比较

一　中外动物福利立法目标和理念比较

（一）国外动物福利法立法目标

伴随着动物福利理念的逐步深入，发达国家在动物福利立法的基本价值目标上日趋达成共识，实现动物福利、避免给动物造成不必要的疼痛和痛苦成为各国动物福利法的基本价值目标。例如，英国2006年《动物福利法》在序言部分明确规定："本法案为了动物福利和相关目的而制定。"德国《动物福利法》第1条也开门见山地指出："基于人类对其生物伙伴的特殊责任，本法旨在保护动物的生命和福利。无正当理由，任何人不得导致动物的疼痛、痛苦或者伤害。"奥地利2005年《联邦动物保护法》第1条规定："基于人类作为动物同类伙伴的特殊责任，本联邦法案旨在保护动物的生命和福祉。"2009年挪威《动物福利法》第1条规定："本法的目的是促进良好的动物福利和实现对动物的尊重。"澳大利亚2005年出台的《联邦动物福利法》在导言中也明确指出："为了促进对家畜、家禽、野生动物和实验动物人道主义的、负责任的、合理的照顾、保护以及使用的目的，并确立实现上述目的的标准和其他相关目的，制定本法案."同时在《联邦动物福利法》第1章第3条又再次对"立法目的"做出规定,包含:"促进对动物负责任的照顾和使用;规定照顾和使用动物的标准;保护动物免受不正当、不必要和不合理的疼痛;确保对用于科研目的动物的使用是正当的、公开的和负责任的。"①

由此可见,当代各国动物福利立法日益关注动物生命体的独立价值,并将保障和实现动物福利作为动物福利法的基本目标。该价值目标显然是建立在非人类中心主义的基础上,是为了动物而保护动物。德国和奥地利动物福利法中对"人类作为动物同伴"的规定以及挪威动物福利法对"尊重动物"的规定,都赋予动物相当高的法律地位。

(二) 我国动物福利法的立法目标

我国目前没有动物福利的统一立法,所谓的动物福利法指的是我国的一系列有关动物保护的分散立法的总和。本文在之前已经进行了列举和介绍。在我国涉及动物福利的相关立法中,对于立法目的也有明确规定。例如《渔业法》第1条规定:"为了加强渔业资源的保护、增殖、开发和合理利用,发展人工养殖,保障渔业生产者的合法权益,促进渔业生产的发展,适应社会主义建设和人民生活的需要,特制定本法。"《畜牧法》第1条规定:"为了规范畜牧业生产经营行为,保障畜禽产品质量安全,保护和合理利用畜禽遗传资源,维护畜牧业生产经营者的合法权益,促进畜牧业持续健康发展,制定本法。"国务院《实验动物管理条例》第1条规定:"为了加强实验动物的管理工作,保证实验动物质量,适应科学研究、经济建设和社会发展的需要,制定本条例"等。很显然,我国上述有关动物福利相关立法的制定目的主要在于保护自然资源、促进经济发展,而并非为了保护动物。例如,《渔业法》中将鱼类描述为"渔业资源",《畜牧法》中将家畜描述为"畜禽遗传资源",《实验动物管理条例》的立法目的中不强调保护实验动物,却使用了"保障实验动物质量"的措辞。与西方国家促进动物福利、善待动物、尊重动物的态度相比,我国动物福利相关立法的主要目的显然不在于保护动物。

目前,我国只有少数立法在立法目的中对"保护动物"有所规定。例如,《野生动物保护法》第1条规定:"为了保护野生动物,拯救珍

---

① 见澳大利亚《联邦动物福利法》第3条。

贵、濒危野生动物，维护生物多样性和生态平衡，推进生态文明建设，制定本法。"《关于善待实验动物的指导性意见》中也将立法目的描述为："为了提高实验动物管理工作质量和水平，维护动物福利，促进人与自然和谐发展，适应科学研究、经济建设和对外开放的需要……"这两部法与前述系列立法相比，对保护动物有所重视，但是与西方国家鲜明的动物福利目标比，尚有差距。因为"保护动物""维护动物福利"仅仅是这两部法的立法目的之一，维护生态平衡等公共利益才是这两部法的核心目标。

综上所述，西方国家的动物福利立法是为了保障动物福利而立，而我国的动物福利相关立法则是为了保护经济、环境等公共利益和人的健康生命权而立。2020年，新冠肺炎疫情暴发后，十三届全国人大常委会第十六次会议审议通过了《关于全面禁止非法野生动物交易、革除滥食野生动物陋习、切实保障人民群众生命健康安全的决定》，《决定》虽然落实了保护野生动物的系列要求，但是立法核心目的同样在于保障"人民群众生命健康安全"。因此，严格意义上讲，我国目前尚不存在真正的动物福利法。我国还停留在"人类中心主义"的保护动物阶段。

二 中外动物福利立法体系比较

如前所述，国外发达国家已经建立了相对完备的动物福利法律体系，多数国家制定有统一的动物福利法典，在动物福利法典之外，又存在以动物分类和动物行为为基础的大量单行立法，形成了国会、政府、第三组织立法在内的多效力、全方位的动物福利法律、法规、政策和准则体系。与西方国家相比，我国目前尚无完善的动物福利法律体系，甚至可以讲我国没有真正意义上的动物福利法律、法规，这表现在：

（一）无统一法典

目前世界上绝大多数发达国家均已经制定有关于动物福利的统一法典，例如，英国的《动物福利法案》、澳大利亚的《联邦动物福利法》、瑞典的《动物福利法》、德国的《动物福利法》等，对此，前文已经进行论述。然而我国大陆地区一直没有一部以动物福利或者动物保护命名的统一立法。为推动动物福利理念，2010年，常纪文教授联合多位法学家向全国人大递交了我国首部《动物保护法》的专家建议稿，该建议稿对野生动物、经济动物、宠物、实验动物和其他动物的法律保护做出规定，同时对动物保护的一些专门问题,例如动物运输、屠宰等提出建议,但是该建议稿仍游离在全国人大正式立法计划之外。

(二) 已有立法无章可循

如前所述,在动物福利法典之外,发达国家形成了以动物分类为基础的动物福利单行立法,针对实验动物、野生动物、农场动物、伴侣动物等动物的不同特点,对这些动物的福利标准做出进一步规定。例如,前文提到英国在动物福利立法过程中,逐步出台了《野生动物保护法》《农场动物福利法》《宠物法》《动物(科学程序)法》等,且在农场动物福利法之下,英国的环境、食品和乡村事务部又通过了《家禽福利条例》《孵化的鸡福利条例》《猪福利条例》《绵羊和山羊福利条例》《牛福利条例》和《鹿福利条例》等诸多专门立法,对农场动物的保护建立起了完善和缜密的体系,并提出了相当具体的福利要求。与此相比,我国以动物分类为基础的单行立法仅涉及野生动物立法和实验动物立法,前者的集中代表就是《中华人民共和国野生动物保护法》和国务院的《水生陆生野生动物保护实施条例》,同时包含系列地方立法如《山东省实施〈中华人民共和国野生动物保护法〉办法》《北京市实施〈中华人民共和国野生动物保护法〉办法》《黑龙江省野生动物保护条例》《江苏省野生动物保护条例》等地方条例;后者的主要基础为国务院《实验动物管理条例》,同时包含以实验动物命名的系列规章,例如《实验动物质量管理办法》《实验动物许可证管理办法》《国家实验动物种子中心管理办法》、卫生部的《医学实验动物管理实施细则》等和部分地方法规,如《北京市实验动物管理条例》《湖北省实验动物管理条例》《广东省实验动物管理条例》等。伴侣动物和农场动物等动物在我国尚未建立有效的动物福利立法体系,而散见于《中华人民共和国畜牧法》《中华人民共和国动物防疫法》《中华人民共和国农业法》《中华人民共和国食品卫生法》《兽药管理条例》《兽药注册办法》等法律和规章中,但是上述立法,从名称上看与动物福利根本没有任何关联,从内容上分析,每部法中涉及动物福利的条文数量极少。这说明我国没有以动物分类为基础的动物福利立法体系,相关动物福利立法之间无章可循,又散又乱。因此,严格意义上讲,我国目前确实没有真正意义上的动物福利法,只有动物福利相关立法而已。

第四章

中外动物福利标准条件制度比较

第一节 国外动物福利标准条件制度

一 动物福利标准条件制度概述

动物福利法，顾名思义，是规定动物福利的法律、法规的总和，因此确立动物福利的内容，规定动物福利的标准和条件并明确人类因此应当承担的义务便成为动物福利立法的基本制度之一，且这一部分制度构成了动物福利法实体规范的主体。

所谓动物福利的标准和条件指的是通过动物福利法赋予动物的一系列自由以及人类应当为动物提供的满足动物自由的一系列标准或者条件。如前所述，在动物福利发展过程中，西方学者提出的最为重要的动物福利标准就是动物的五大自由，即免受饥渴的自由，免受身体不适的自由，免受疼痛、伤害和疾病的自由，行为表达的自由以及免受恐惧和焦虑的自由，这五项自由已经获得世界各国的普遍认可并已然成为衡量动物福利的重要标准。我国在2018年2月新通过的国家标准（GB/T 35892—2018）《实验动物福利伦理审查指南》中首次明确规定了动物的五大基本自由。为实现动物的五大基本自由，人类就应当承担特定的义务，提供满足动物基本自由的一系列条件，或者人类行为应达到满足动物自由的一系列标准。对此，我国在新颁布的国家标准《实验动物福利伦理审查指南》中，很显然已经提出了总体要求。例如，3.10（a）规定动物享有免于饥渴的自由，因此要"保障有新鲜的饮水和食物，以维持健康和活力"。而所谓保障有新鲜的饮水和食物指的就是应当满足相应的喂养标准和条件；3.10（b）规定动物享有免于不适的自由，应当提供舒适的环境，所谓提供舒适的环境显然指的是动物的居所环境应当达到舒适的标准,其涉及动物居所标准制度;3.10(c)规定动物享有免于痛苦、伤害和疾病的自由,因此动物享有预防和快速的诊治权,所谓预防和快速的诊治必然涉及人类为动物提供的照顾标准问题;3.10(d)规定动物享有表达主要天性的自由,应提供足够的空间、适当的设施和同类的社交伙伴,这必然涉及动物设施标准;3.10(e)规定动物享有免于恐惧和焦虑的自由,应保障良好的条件和处置,不造成动物精神压抑和痛苦,这就需要构建完善的动物管理和处置标准。

由此可见,动物的每一项自由都对应着人类应当提供或者人类行为应当满足的一系列标准或者条件,包含动物喂养标准和条件、动物居所和设施标准、动物的照顾和管理标准、动物运输标准、动物宰杀和安乐死标准等。动物福利各项标准和条件制度的构建程度直接影响着动物福利的实现程度。

二 国外动物福利标准条件制度概况

正是由于动物福利标准和条件制度是实现动物福利的基本制度,因此,发达国家在自己的一系列动物福利及相关立法中,普遍规定了动物的喂养、居所、设施等一系列标准以及人类实施动物运输、实验、宰杀、处死等动物行为应当满足的条件。例如,美国的《动物福利法》《动物福利条例》《实验动物的照顾和使用指南》,英国的《动物福利法》《动物保护法》《动物(科学程序)法》,《澳大利亚用于科研目的动物的照顾和使用准则》《促进实验动物福利指南》,加拿大的《实验动物照顾和使用指南》《海洋哺乳动物照顾和使用指南》,《科研动物安乐死指南》等立法和文件,德国、瑞典、奥地利、瑞士等国的动物福利法典均确立了动物的具体福利标准,包含动物的饲养标准和条件、居所和设施标准及条件、运输条件、动物操作及管理的标准和条件、运输标准和条件、宰杀或者屠杀的标准和条件、安乐死标准等,以促进动物福利的实现。以美国《动物福利条例》为例,美国的《动物福利条例》第三部分的标题就叫作"标准",该部分之下包含六大章内容,分别为犬和猫类、豚鼠和仓鼠、家兔、非人类灵长类动物、海洋哺乳动物以及除上述动物以外的各类温血动物的操作处理、照顾、处置和运输,而且在每一章每一种动物的条件标准之下都对综合性设施、室内设施、室外设施、饲养、卫生处理、饲料和饮水、运输工具、运输时的照料、终末设施以及操作管理等内容做出了详尽规定。整个标准条件制度部分占据了美国《动物福利条例》内容的近三分之二。再如，加拿大 CCAC 通过的《实验动物管理和使用指南》一共十四章，除了第一章规定"实验动物照顾和使用的责任"，第八章规定了"工作场所的健康和安全"之外，剩余十二章均为对实验动物福利标准和条件的规定，它们分别为："实验动物设施""环境""农场的设施和环境""实验动物的照顾""实验动物的社会和行为要求""特殊实践""动物手术标准""在研究、教学和试验中对动物疼痛的控制""麻醉""安乐死""将动物用于心理学"和"动物用于神经生物学指南"。由此可见，发达国家的动物福利标准条件制度在动物福利立法中的重要地位。

国际社会动物福利相应立法中，同样关注动物福利的标准和条件制度。例如，在世界范围内领导动物福利的世界卫生组织（OIE）这些年为了尽可能统一各国动物福利标准和条件，一直致力于一系列动物福利标准条件制度的制定，目前已经通过了四项关于动物福利的详尽标准，分别为陆地运输标准、海洋运输标准、人道主义的宰杀标准和控制动物的捕杀标准。欧盟的动物福利标准则代表着目前国际社会动物福利标准的最高水平。早在 1978 年，欧盟通过的《欧洲使用动物保护公约》中就规定了动物福利行为及相关行为人应当遵循的最低标准，包含动物饲养、动物屠宰以及运输的标准。1986 年，欧盟通过的《用于实验和其他科学目的的脊椎动物保护国际公约》也在附件 A 中对动物设施、环境等条件做出了明确规定。此外，欧盟的《保护农畜动物的欧洲公约》《关于保护农畜动物的理事会指令》《关于农场饲养设施检查的最低要求的委员会决定》《国际运输中保护动物的欧洲公约》《关于运输中保护动物的理事会指令》《关于运输途中保护动物的理事会决议》等立法和文件中规定了非常完备的动物福利饲养、设施以及运输等行为的标准和条件。

三 国外动物福利标准条件制度的特点

如前所述，西方国家动物福利法中动物福利的标准条件制度占有重要地位，构成了发达国家动物福利立法的基础。发达国家对动物福利标准条件的规定表现出以下特点：

（一）对动物物种差异性的关怀

如前所述，发达国家的动物福利法高度关注动物的分类，这是因为不同种类的动物在身体自然特征、生活习性、居住环境要求、饮食、压力承受度等方面存在诸多差异。举个非常简单的例子，大多数动物喜欢群居，但也有少量动物例如老虎、豹等猫科动物喜欢独居。因此在统一提出动物的基本自由并要求相关人员保障所有动物基本自由的基础上，针对不同动物的福利标准或者条件作出专门或者特殊规定便成为各国动物福利立法的基本做法，这种做法体现了对不同动物物种的人文关怀。相反，如果对动物的福利标准笼统地做出规定，在可操作性以及具体动物保护方面必然会大打折扣。于是，发达国家在对动物福利标准条件作出一般规定的基础上，会针对不同动物规定具体的动物福利标准和条件。依然以美国《动物福利条例》为例，美国的《动物福利条例》第三部分为动物福利的"标准条件"，该部分之下包含的六大章内容分别为"犬和猫类的管理、照顾、处置和运输""对豚鼠和仓鼠的操作管理、照顾、处置和运输""对家兔的管理、照顾和运输""对非人类灵长类动物的操作管理、照顾、处置和运输""对海洋哺乳动物的管理、照顾、处置和运输""除犬、猫、家兔、仓鼠、豚鼠、非人类灵长类动物和海洋哺乳动物以外的各类温血动物的操作处理、照顾、处置和运输"，很显然对不同动物物种的具体动物福利标准是分别做出规定的。再如，前述的加拿大CCAC《实验动物照顾和使用指南》中，也对传统实验动物、农场动物的各类条件分章介绍，并将喂养、居所和环境条件、操作管理条件分在不同的章节做出规定。

另一方面，由于关注对不同物种的保护，发达国家在统一的动物福利法典之外，本身就制定有保护不同动物的专门立法，如英国在《动物福利法》之外还制定了《野生动物保护法》《农场动物法》《宠物法》以及保护实验动物的《动物（科学程序）法》等。加拿大也根据不同的动物种类，通过了《野生动物照顾和使用指南》《CCAC用于研究、教学和测试的农场动物照顾和使用指南》《CCAC实验动物的管理和使用指南》《用于研究、教学和测试的鱼的照顾和使用指南》《CCAC海洋哺乳动物照顾和使用指南》等。在特定动物物种的动物福利立法中，针对不同类别的动物福利标准和条件均有规定。

同时考虑到所有动物的平等地位，在同一类别动物种类内，发达国家还周到地通过了针对不同具体动物物种的福利标准。在这一领域，较典型的国家有英国、澳大利亚和加拿大。上述国家均制定有统一的动物福利法典，也制定有保护农场动物的专门立法，但是在此基础上，他们又通过了针对具体动物物种的福利标准专门立法。以澳大利亚为例，澳大利亚2005年开始实施动物福利战略AAWS，致力于实现动物福利，为实施该战略，曾通过了一系列动物福利示范行为守则，包含《牛福利示范守则》《猪福利示范守则》《羊福利示范守则》《家禽福利示范守则》《马的陆地运输福利示范守则》《牛的陆地运输福利示范守则》《猪的陆地运输福利示范守则》等14套动物福利示范守则，对马、牛、猪、家禽等不同动物的福利标准做出了差异性的细化规定。这些年来，澳大利亚卫生部在农业部委托下，已经开始将上述一系列行为守则转化为动物福利标准和指南，已经出台了《澳大利亚动物福利标准和指南—绵羊》《澳大利亚动物福利标准和指南—山羊》《澳大利亚动物福利标准和指南—牛》《澳大利亚动物福利标准和指南—家禽》。这些立法在名称上就被称为"动物福利标准和指南"，并将同属农场动物类别的具体动物物种绵羊、山羊、牛、家禽的福利标准分别予以细化，从而实现不同动物的动物福利。再如，英国对不同农场动物物种的动物福利标准也做出了非常完备的规定。英国早在1981年颁布的《动物健康法案》就对特定农场动物物种，例如猪、牛、马、羊以及各类家禽的一些特定疾病的控制要求作出了规定。英国在农场动物福利领域还通过了专门的《农场动物福利法》，并不断对其进行修改。依据《农场动物福利法》的规定，英国的环境、食品和乡村事务部通过了《家禽福利条例》，适用于鸡、火鸡、鸭、鹅、山鹑、鹌鹑、野鸡、鸽子、鸵鸟等各类家禽；该部还通过了《孵化的鸡福利条例》《猪福利条例》《绵羊和山羊福利条例》《牛福利条例》和《鹿福利条例》等诸多专门立法，对农场动物的保护建立起了完善和缜密的体系，并提出了相当具体的福利标准和要求。国际公约中，也包含有涉及不同动物物种福利标准的专门规定，比较典型的就是欧盟系列公约。欧盟在一般保护公约外针对不同的动物，确立了大量针对性极强的动物福利标准立法，例如1991年的《关于拟定保护小牛的最低标准的理事会指令》《关于拟定保护猪的最低标准的理事会指令》，1999年的《关于拟定保护蛋鸡的最低标准的理事会指令》等，分别对小牛、猪和蛋鸡的喂养、居所、运输等标准具体做出了规定。

综上所述，在一般立法之外，对不同的动物类别和动物物种，进行福利标准的专门规定已经成为动物福利立法发达国家的基本做法，并已经成为动物福利标准条件立法的一个基本趋势。我们可以预期，伴随着动物福利理念的进一步深入，福利标准必然会根据动物类别和种群进行进一步细化。

（二）动物福利专门标准立法和制度的存在

发达国家动物福利立法非常完备，为了切实实现动物福利，而不是将动物福利视为口号，这些国家在动物福利法典和针对不同动物的福利立法外，还确立了大量涉及不同领域和不同行为的动物福利标准或者条件。例如，针对动物的喂养行为，有关于动物饲养条件和设施条件的专门立法和规定，针对动物运输行为，制定有运输标准规范和政策，针对动物的宰杀和屠杀，存在专门的宰杀标准立法或者文件等。各国确立的标准和条件专门立法涉及的领域主要包含：

1. 设施标准专门立法及标准

设施标准专门立法，指的是针对农场动物、实验动物、娱乐动物等动物的喂养、居所等条件和标准作出专门规定的立法。当然，在动物福利法典或者针对不同动物物种的单行动物福利立法中，必然也包含对饲养条件和居所条件的规定。但是考虑到动物日常饮食居住是动物福利的基础因素，因此不少国家和国际组织出台了针对动物饮食居住的专门立法。例如，欧盟通过的所有欧盟成员国都必须遵循的《实验动物住所和照顾指南》，加拿大 CCAC 通过的《实验动物设施——特点、设计和完善指南》、英国内政部 1986 年颁布的《实验动物居所和照顾实践准则》等，他们都是专门针对动物设施标准的立法。

2. 动物运输专门立法及标准

动物的运输是动物使用过程中经常发生的行为，例如，将实验动物从指定供货商运输到实验机构和团体，将捕获的野生动物从捕获地运输到实验机构和研究机构等。被运输频率最高的莫过于农场动物，农场动物在饲养、销售、宰杀的过程中涉及大量的运输。在运输途中，如果运输工具不适当、运输喂养不及时、运输时间过长、运输人员能力不足等都可能会给动物造成身体伤害或者精神上的痛苦和焦虑。部分国家的动物福利立法对此作出了直接规定：如澳大利亚基金组织 NHMRC 通过的《促进科研动物福利指南》中第 442 条指出："用于实验活动动物的运输会因过量的噪音、移动和不熟悉的环境及人员而对动物造成痛苦。动物痛苦的程度取决于它的物种、性别、年龄、健康和妊娠期、一同运输的动物的数量和社会关系。痛苦还可能受到运输的时间和环境因素的影响以及在整个运输途中管理的水平和质量。"因此动物运输标准是各国动物福利标准的重要内容。在动物福利法中一般包含对运输标准的规定。例如，美国的《动物福利法》和《动物福利条例》详细规定了动物运输的基本要求，英国《动物（科学程序）法》及其操作指南均规定：动物运输的条件要符合动物的健康和福利。加拿大《联邦动物健康法》提出要以人道主义的方式运输动物。

与此同时，考虑到运输对动物福利的重要影响，各国或者国际组织还制定有专门的动物运输福利立法。美国第一部与动物福利相关的联邦立法《二十八小时法》就是针对动物运输制定的法律，要求运输大型家畜超过28小时，必须为运输的动物提供充足的休息、饮食和相关照料。英国实验动物科学协会LASA通过的《实验动物运输指南》明确指出上述运输过程中的很多方面会对动物福利产生直接影响，包含"路径和旅途的规划、容器设计、车辆设计、司机以及其他参与运输人员的能力和态度，运输的时间以及运输供应的食物和水分的质量"[①]，并对上述内容均提出了严格的标准。美国国家研究理事会（NRC）2006年出版的《科研动物人道主义的运输指南》，美国重要的基金组织NIH颁布的《啮齿类动物运输指南》《非啮齿类动物运输指南》以及《对特定动物的运输、买卖和处理》等文件对特定动物运输做出规定。澳大利亚在最新的动物福利标准和指南中，也出台了《澳大利亚动物福利标准和指南——家畜陆地运输》，来保障运输过程中动物免受不必要的痛苦和不安。而欧盟早在1968年就通过了《国际运输中保护动物的欧洲公约》对多种动物的跨境运输条件提出要求。此外，欧盟还分别于1991年和2001年通过了《关于运输途中保护动物的理事会指令》和《关于运输途中保护动物的理事会决议》对运输动物的喂食、运输工具、垫料、环境条件等问题做出规定。

3. 处死动物的标准和条件

处死动物简单讲就是杀死动物，但是用"杀死"似乎意味着人类的主体地位和动物的低阶性。因此，比较符合伦理原则的称谓是"处死"。本书此处所谓处死是广义上的处死，包含屠杀、宰杀农场动物以及对各类动物尤其是实验动物实施安乐死等。无论哪种处死，都意味着动物生命的终结。尽管动物最后的命运是生命终结，但是在生命终结前，动物尚具有意识和

---

① 见《实验动物运输指南》第一部分"总体考虑"中概述部分的规定。

感知力，因此处死动物的手段、方式不当或者操作人员能力不足必然导致动物过度的痛苦和焦虑，因此动物宰杀和安乐死标准同样是各国动物福利标准不可或缺的重要部分。各国动物福利法中均涉及宰杀和安乐死等处死动物的相关规定。例如，德国《动物福利法》专列一章，即第三章对处死动物做出规定，第三部分的标题就是"处死"（killing），该章对处死动物的一般原则、方式、程序、操作人员的能力条件等问题做出规定，要求动物的处死应当在麻醉或者无痛状态下实现。挪威《动物福利法》第12条也专门规定了"动物的处死"，要求处死动物应该考虑动物福利因素。

除了在动物福利的一般立法和单行立法中提出处死动物的要求和条件，各国还通过了涉及不同动物、不同领域的处死动物的专门立法。例如，在屠宰动物方面，欧盟通过了《关于屠宰或者宰杀时保护动物的理事会指令》，英国1995年通过了《动物福利法（屠宰）》，美国通过了《人道的屠宰动物法》等。在动物安乐死领域，美国兽医医学会AVMA通过了《AVMA动物安乐死指南》，美国国立卫生院NIH通过了《啮齿类动物使用二氧化碳安乐死指南》和《啮齿类胎儿和新生儿安乐死指南》等；加拿大实验动物管理委员会通过了《CCAC实验动物安乐死指南》等。上述专门立法对处死动物的标准和条件作出了专门规定。

（三）动物福利标准条件具体而详尽

世界各国和国际组织不仅通过完备的立法体系对动物福利标准和条件做出了规定，而且这些规定构成了动物福利的基本内容，对动物福利的实现具有核心意义。动物福利标准条件制度的细致程度反映了一国动物福利的发展程度。动物福利发展程度越高，对动物福利标准条件的规定越是细致，动物福利实现度就越高。发达国家对动物福利标准和条件规定得相当具体。例如，对实验动物的饮食，西方国家不仅要求研究机构和团体为实验动物提供充足的食物，饮食的次数、食物充足性等方面都应符合要求，而且实验动物的食物还应当有相当的质量保证，各国立法一般对食物可口性、食物的营养以及食物的免受污染等方面提出要求。例如，加拿大《实验动物照顾和使用指南》第五章第三部分对食物存储同样作出了详尽规定："在任何有可能时，应当从信誉良好的供应商获取经巴氏灭菌或者消毒的食物。食物适当的储存会最大化降低污染、变质或者腐烂。脱水实验室动物的食物应当在冷却、脱水、良好通风的条件下使用，有效期为6个月。经放射线杀菌的食物在同等条件下保存期差不多加倍。灵长类和豚鼠的食物应当在生产日期的 3 个月内食用,除非添加了维生素 C。为避免过保质期,装运货物的生产日期应当从供应商处获得(这通常以代码印在包装上)。包装袋上应当标明,印在塑料或者金属的货牌或者平台上使它们保持离开地面,并且以生产日期最早的食物先用来存储。如果储存地点的温度小于 16 摄氏度(608 华氏度)保质期将会被明显提高。罐装食物在长时间内能够被安全储存。适合人类食用的洁净绿色蔬菜将提高饮食质量,然而蔬菜废弃物会造成感染源应当被避免。用于微生物控制环境的食物经常经高压蒸汽处理。高压蒸汽降低了某些维生素和抗氧化剂的浓度。然而当高压蒸汽食物包含高浓度非耐热性成分弥补加热灭菌的不足时,可以使用高压蒸汽食物。保质期会被缩短,但如果处理得当则不必缩短保质期。伽马辐射同样被用于食物的灭菌,不能将大量食物储存于动物居住的房屋。少量的、够吃一两天的食物可以装在有盖、防虫蛀的器皿中放在动物居住的房间内。"[①] 通过对加拿大立法中对动物存储条件的介绍,我们不难得出结论,西方国家动物福利标准和条件规定得确实非常细致,并尽可能实现标准的量化。

除了饲养标准和条件外,各国对其他标准的规定也是一样。例如,对动物居所的规定,各国会根据不同动物物种的生活习性和特点,详尽规定居所的温度、湿度、光照、噪音、气流及风速、空气洁净度、药物、病原微生物和寄生虫处理等标准,设定垫料、墙面、屋顶等设施条件,并对动物的心理社会环境例如居住条件、饲养密度、个体间的关系、种群间的冲突、与人的关系等提出明确要求。以欧盟《关于拟定保护猪的最低标准的理事会指令》中对猪的饲养空间问题的规定为例,指令第 3 条要求:"在集体饲养的情况下,每只断奶的幼猪和养殖猪,如果重量为 10 公斤及 10 公斤以下,它占有的无障碍空间至少为 0.15 平方米;如果猪的重量为 10 公斤至 20 公斤之间,它占有的无障碍空间至少为 0.2 平方米;如果猪的重量为 20 公斤至 30 公斤之间,它占有的无障碍空间至少为 0.3 平方米;如果猪的重量为 30 公斤至 50 公斤之间,它占有的无障碍空间至少为 0.4 平方米;如果猪的重量为 50 公斤至 85 公斤之间,它占有的无障碍空间至少为 0.55 平方米;如果猪的重量为 85 公斤至 110 公斤之间,它占有

[①] 见加拿大《实验动物照顾和使用指南》第五章"实验动物的照顾"C"实验动物照顾"中 1 (a) 的规定。

的无障碍空间至少为 0.65 平方米；如果猪的重量超过 110 公斤，它占有的无障碍空间至少为 1 平方米，这个标准不适用于大母猪和已配种的小母猪。"① 显然，发达国家动物福利标准条件已经基本实现了量化。

再如，对动物的运输，各国动物福利立法会涉及运输的工具及其设计、运输容器和环境、运输食物和水的供应、运输群体和容纳密度条件、运输时间要求、运输方式、运输人员的态度和能力等一系列具体标准和条件。例如，对于仅针对运输工具的设备问题，英国的《实验动物运输指南》就提出了下列明确要求："运输实验动物的车辆应当适合该目的。它们应当是隔热的并且配有制暖、制冷和通风设备。通风设备应当能够独立于车辆主发动机运作。应安装警报器以在发生特定变化例如温度、湿度或者风扇运作超出预先设定的限度时向司机发出警告。装货区内部应当进行便于彻底清洁和消毒的设计。装货区应当为装货或者不定期检查安装电灯。装货区通风百叶窗或者通风口应当准许均匀地布风以防止滞气、气流和冷点。容器也应当免受恶劣天气条件例如温度畸高畸低、日晒、噪音或者气流的影响。地面和墙面应当有系绳点以使容器在运输过程中保持牢固并防止它们倾倒。在车辆地面铺设防滑垫将阻止包装良好的容器剧烈运动，这种运动会造成动物不安。所有的用于运输活体动物的车辆应当具有：与主发动机分离的备用的温度控制设备；记录装货区温度的设备；移动电话或者汽车电话；应急指南；汽车损害时的备用设备；移交操作指南；以安全稳固的方式适当地装卸和排列；运输箱的地面固定点；内部照明；在装货区环境指标设备的记录；安全的内部网孔门；从司机座位能够看到所运动物的视野；运输非人类灵长类动物和接受狂犬病检疫的动物时应有安全隔栏以及双锁门设备。"② 上述对运输条件的要求可谓是考虑巨细，力求实现运输控制标准的 360 度无死角。

第二节 我国动物福利标准条件制度

与发达国家相比，我国动物福利立法尚不完善，作为动物福利法主体的动物福利标准条件制度也不可能健全。在我国动物福利相关立法中，对

---

① 常纪文：《动物福利法——中国与欧盟之比较》，中国环境出版社 2006 年版。
② 见《实验动物运输指南》第一部分第 5 条的规定。

动物福利标准和条件的规定不成体系，在此，我们尚且参照西方国家对动物的分类梳理我国动物福利标准条件的相关规定。

一　我国实验动物福利标准条件制度

（一）实验动物福利相关法律、法规的规定

如前所述，在动物福利相关立法中，我国目前制定的最为成功的便是有关实验动物福利的系列立法。我国实验动物福利相关立法主要集中在国务院的系列立法中，以国务院的《实验动物管理条例》为首，包含国务院各部委制定的《农业系统实验动物管理办法》《医学实验动物管理实施细则》《实验动物质量管理办法》《实验动物许可证管理办法》以及《关于善待实验动物的指导性意见》，同时包含大量相关地方立法，例如《北京市实验动物管理条例》《湖北省实验动物管理条例》《广东省实验动物管理条例》《云南省实验动物管理条例》《黑龙江省实验动物管理条例》等。上述立法中对动物福利标准条件的规定情况如下：

1.《实验动物管理条例》及其规定

该条例作为国务院颁布的一部行政法规，是我国实验动物立法中目前效力等级最高的立法，也是我国对实验动物管理作出全面规定的一部立法。该法中对实验动物福利标准和条件的规定，主要集中在第二章"实验动物的饲养管理"中，该章对实验动物的饲养和居所标准提出了一些总体要求。例如，第13条要求饲喂实验动物的饲料必须合格[1]，第14条规定实验动物饮水应当符合标准[2]，第15条要求实验动物垫料应当满足动物需要[3]，第21条要求实验动物的运输要有专人负责，且运输工具应当安全、可靠。[4]《条例》第三章"实验动物的检疫和传染病控

---

[1] 《实验动物管理条例》第13条规定："实验动物必须饲喂质量合格的全价饲料。霉烂、变质、虫蛀、污染的饲料，不得用于饲喂实验动物。直接用作饲料的蔬菜、水果等，要经过清洗消毒，并保持新鲜。"

[2] 第14条规定："一级实验动物的饮水，应当符合城市生活饮水的卫生标准。二、三、四级实验动物的饮水，应当符合城市生活饮水的卫生标准并经灭菌处理。"

[3] 第15条规定："实验动物的垫料应当按照不同等级实验动物的需要，进行相应处理，达到清洁、干燥、吸水、无毒、无虫、无感染源、无污染。"

[4] 第21条规定："实验动物的运输工作应当有专人负责。实验动物的装运工具应当安全、可靠。不得将不同品种、品系或者不同等级的实验动物混合装运。"

制"中对实验动物的疾病护理和运输条件也提出了一定要求。但是《条例》其他章节基本不涉及动物福利标准问题，而且整部条例只有35条，条文规定的基本特点就是简洁、概括，缺乏对喂养、居所以及运输标准的细化规定。

2. 《关于善待动物的指导性意见》及其规定

在我国已经通过的实验动物福利相关立法中与西方国家动物福利立法精神最为接近的便是科学技术部2006年9月30日通过的《关于善待动物的指导性意见》（后文简称《意见》），该《意见》是目前中国唯一一部包含"动物福利"概念的中央立法，也是对动物福利标准和条件作出最为明确和集中规定的立法（除专门的国家标准以外）。《意见》一共六章，34条。第一章"总则"，第二章"饲养管理过程中善待实验动物的指导性意见"，第三章"应用过程中善待实验动物的指导性意见"，第四章"运输过程中善待实验动物的指导性意见"，第五章"善待实验动物的相关措施"，第六章"附则"。其中，第二、三、四章尽管在名称上叫作指导性意见，从内容分析，实际上分别规定了实验动物的喂养条件、操作标准和运输标准。在内容上属于较典型的动物福利标准条件制度。例如，第三章饲养过程中善待实验动物的指导性意见第7条要求实验动物的生产、经营单位应为实验动物提供清洁、舒适、安全的生活环境；第8条规定："实验动物笼具、垫料质量应符合国家标准。笼具应定期清洗、消毒；垫料应灭菌、除尘，定期更换，保持清洁、干爽。"第9条规定："各类动物所占笼具最小面积应符合国家标准，保证笼具内每只动物都能实现自然行为，包括转身、站立、伸腿、躺卧、舔梳等。笼具内应放置供实验动物活动和嬉戏的物品。孕、产期实验动物所占用笼具面积，至少应达到该种动物所占笼具最小面积的110%以上。"但是整部《意见》只有34条，决定了其不可能对各项标准条件作出详尽规定。

3. 国务院部委的其他规定

除了上述立法外，我国颁布的实验动物立法中，对实验动物福利标准或者条件只有零星和分散的规定，例如，卫生部《医学实验动物管理实施细则》第15条规定："运输医学实验动物的器具应当安全可靠，符合微生物控制的等级要求，不得将不同品系、不同等级的动物混装。"第16条规定："进行各种动物实验时，应当按动物实验技术要求进行。要善待动物，手术时进行必要的无痛麻醉。"农业部《农业系统实验动物管理办法》第 5 条总体要求："从事实验动物工作的单位和个人，必须根据有关遗传、微生物、饲料、环境设施方面的标准，对实验动物进行饲养管理。"第 10 条要求实验动物饲料和设施的生产、供应单位，所提供的实验动物饲料和设施，应符合有关质量标准。第 11 条要求实验动物的运输器具要安全可靠以及进行必要分类，同时要求运输过程中要保证实验动物的健康和安全等。《实验动物质量管理办法》（后文简称《办法》）对动物福利标准条件只做出了侧面规定，未从正面提出具体要求。例如《办法》第 10 条规定了从事实验动物繁育和商业性经营的单位取得生产许可证当具备的条件。

（二）实验动物福利国家标准

综上所述，我国在实验动物福利相关立法，主要包含有关行政法规、行政规章和地方性法规中，包含有动物福利标准和条件制度的内容，涉及饲养条件、设施条件、运输条件等，但是这些规定较为概括、笼统，而且极其分散，不成体系。与动物福利相关的系列国家标准和行业标准的出台，有效弥补了我国在此领域的重大不足。

我国 1988 年就通过了《中华人民共和国标准化法》，2017 年对本法进行了修订。按照标准化法第 2 条的规定：标准，"是指农业、工业、服务业以及社会事业等领域需要统一的技术要求。标准包括国家标准、行业标准、地方标准和团体标准、企业标准。国家标准分为强制性标准、推荐性标准，行业标准、地方标准是推荐性标准。强制性标准必须执行。国家鼓励采用推荐性标准。"按照《标准化法》《中华人民共和国标准化法实施条例》以及国家技术监督局《农业标准化管理办法》的规定，我国从 80 年代开始，在动物饲料、实验动物设施、动物屠宰、动物等级及检测等领域开始出台相应的国家标准。

国家标准"是指由国家标准化主管机构批准发布，对全国经济、技术发展有重大意义，且在全国范围内统一的标准。国家标准是在全国范围内统一的技术要求，由国务院标准化行政主管部门编制计划，协调项目分工，组织制定（含修订），统一审批、编号、发布。"[1] 国家标准分为强制性标准和推荐性标准，其代号有 GB 和 GB/T 两种，GB 代表全部条文为强制性的国家标准，否则用代号 GB/T。

---

[1] 见 https://zhidaobaiducom/question/31797041html。访问日期 2018 年 8 月 2 日。

我国现行的与实验动物福利相关的国家标准主要有：

1. 通用性标准

我国于 2018 年 2 月 6 日公布了两项实验动物国家标准，一项为（GB/T 35823—2018）《实验动物 动物实验通用要求》，另一项为（GB/T 35823—2018）《实验动物 福利伦理审查指南》，这两项标准已经于 2018 年 9 月 1 日开始实施，是我国在实验动物领域通过的最新国家标准。《实验动物 福利伦理审查指南》主要规定了实验动物伦理审查的组织和审查内容，确立了动物福利的五大自由和 3R 原则，但是并没有具体规定动物福利标准或者条件。本书将在伦理审查部分进行梳理介绍。而《实验动物 动物实验通用要求》（后文简称《通用要求》）则集中对实验动物的一系列标准和条件做出规定，涉及实验动物审查、动物实验室管理、实验条件、实验动物质量、基本技术操作规范、实验记录与档案管理等，其中第 6 条"实验条件"规定了环境设施、饲养笼具、仪器设备、饲料、垫料、饮水和安全防护的标准和条件，第 7 条规定了"实验动物质量"条件，第 8 条规定了基本操作规范标准，具体包含动物获取、动物运输、隔离检疫、动物保定、动物麻醉和镇痛、术后护理、安死术以及废弃物处理的标准和条件。尽管其条文相对简洁，但是条文中几乎引出了目前我国实验动物福利的主要标准。

除了上述两项以实验动物命名的通用标准外，我国还在其他国家标准中对动物福利提出总体要求的国家标准，比较典型的就是（GB/T 168862—2011）《医疗器械生物学评价 第 2 部分：动物福利要求》，其用于委托、设计和进行试验或评价动物实验数据，以对医疗器械用材料生物相容性进行评价的过程，其提出了建议和指南，以利于进一步减少和控制动物总体数量、优化实验方法以减轻或者消除动物的疼痛和痛苦，以及采用其他不需要动物实验的科学有效的方法替代动物实验。

2. 动物福利环境与设施标准

我国在实验动物福利标准领域，规定的较为具体的便是实验动物环境与设施系列标准，其中最主要的是（GB/T 14925—2010）《实验动物环境与设施》。该标准是我国目前对实验动物福利设施和居所条件规定最全面、最详尽的一部国家标准，其涉及动物福利标准条件的条文是第 4 条至第 9 条，分别对实验动物的设施标准、环境标准、工艺布局条件、污水、废弃物及动物尸体处理标准，笼具、垫料、饮水标准和动物运输标准做出规定。其中第 4 条规定的是实验动物设施标准,其明确了设施的分类,提出了设施的选址要求,建筑卫生要求和建筑设施的一般要求;第 5 条规定了环境标准,明确了环境的分类,以表格方式较详细地阐述了实验动物生产间、实验间和屏障环境设施的辅助用房的技术指标;第 6 条对工艺布局做出规定,对区域布局、其他设施和设备标准做出规定;第 7 条规定了污水、废弃物及动物尸体处理标准;第 8 条较为具体地提出了笼具、垫料、饮水标准;第 9 条通过提出运输笼具和运输工具的标准明确了实验动物运输的标准和条件。我国目前出台的涉及动物的国家标准绝大多数属于推荐性标准,而该标准是目前我国国家标准中强制性条款数量最多的一部国家标准,在国家标准平台网上其被列入强制性标准。

除此以外,我国通过的实验动物环境和设施标准还包含:

(1)(GB/T 19489—2008)《实验室生物安全通用要求》,该标准主要规定了对不同生物安全防护级别实验室的设施、设备和安全管理的基本要求,其第 5 条和第 6 条规定了生物安全实验室的基础要求,需要时,适用于更高防护水平的生物安全实验室以及动物生物安全实验室。针对与感染动物饲养相关的实验室,标准规定了实验室内动物饲养设施和环境的基本要求;

(2)(GB/T 27401—2017)《实验室质量控制规范 动物检疫》,该标准主要规定了动物检疫实验室质量控制的管理要求、技术要求、过程控制要求和结果质量控制要求,其第 5 条第 53 项对动物检疫实验室的环境和设施条件提出了要求;

(3)GB 50346《生物安全实验室建筑技术规范》、GB 50447《实验动物设施建筑技术规范》等,也对实验动物实验室和设施的建筑提出了标准和要求。

3. 实验动物喂养标准规范

指的是规定实验动物喂养条件的一套国家标准,其主要包含(GB/T 149241—2001)《实验动物配合饲料通用质量标准》,该标准规定了实验动物配合饲养的要求总原则、饲料质量要求、检验规则、包装、标签、贮存、运输等标准和条件,适用于实验动物小鼠、大鼠、兔、豚鼠、地鼠、犬和猴的配合饲料,该标准原来为强制性标准,自 2017 年 3 月转为推荐性标准。标准要求"配合饲料应当混合均匀(均匀度大于 10%)、新鲜、无杂质、无异味、无霉变、无发酵、无虫蛀及鼠咬"[1]等，为实验动物配合饲料确立了明确标准；(GB/T 149243—2010)《实验动物 配合饲料营养成分》，该标准规定了实验动物饲料的营养成分指标，其中有两款营养成分指标为强制性的，其余指标和标准为推荐性的标准，是一部强制性加推荐性标准的结合体；(GB/T 149242—2001)《实验动物 配合饲料卫生标准》，该标准规定了实验动物配合饲料的卫生要求和检验方法，适用于实验动物小鼠、大鼠、兔、豚鼠、地鼠、犬和猴的配合饲料。该标准原来为强制性标准，自2017年3月转为推荐性标准。

除上述主要的喂养标准以外，(GB/T 34240—2017)《实验动物 饲料生产》、(GB/T 149249—2001)《实验动物 配合饲料常规 营养成分的测定》、(GB/T 1492410—2008)《实验动物 配合饲料 氨基酸的测定》、(GB/T 1492411—2001)《实验动物 配合饲料 维生素的测定》、(GB/T 1492412—2001)《实验动物 配合饲料 矿物质和微量元素的测定》等标准也属于实验动物喂养标准系列组成部分。

4. 实验动物相关疾病和物质监测标准

主要包含 (GB/T 149222—2011)《实验动物 微生物学等级及监测》，该标准规定了实验动物微生物学等级及监测标准，适用于豚鼠、地鼠、兔、犬和猴，清洁级及以上小鼠、大鼠；(GB/T 149221—2001)《实验动物 寄生虫学等级及监测》，规定了实验动物寄生虫等级及监测，包括实验动物寄生虫学的等级分类、监测顺序、检测要求、检测规则、结果判定和报告等，适用于豚鼠、地鼠、兔、犬和猴，清洁级及以上小鼠、大鼠。这两部标准中多项条款为强制性条款，尽管也包含部分推荐性条款，但在国家标准网信息平台上被整体归入强制性标准。

除上述两部标准外，我国还通过了 (GB/T 1492610—2008)《实验动物 泰泽病原体检验方法》、(GB/T 1492646—2008)《实验动物 钩端螺旋体检测方法》、(GB/T 1492647—2008)《实验动物 志贺菌检测方法》、(GB/T 1492657—2008)《实验动物 犬细小病毒检测方法》、(GB/T 1492658—2008)《实验动物 传染性犬肝炎病毒体检测方法》、(GB/T 184482—2008)《实验动物 弓形虫检测方法》以及实验动物的各类菌例

---

[1] 贺争鸣、李根平、陈振文、王禄曾主编：《实验动物福利与动物实验科学》，科学出版社2011年版，第273页。

如沙门菌、皮肤病原真菌等菌类的检测方法和犬恶丝虫、疟原虫等实验动物虫的检测方法标准，在此不再一一列举。

5. 其他标准

我国在实验动物福利标准领域，还颁布了（GB/T 34791—2017）《实验动物　质量控制要求》，该标准规定了实验动物机构、人员、设施、设备条件、种源、繁殖与生产、质量检测、包装与运输、防疫与治疗、使用、福利伦理等质量控制要求；（GB/T 27416—2014）《实验动物机构质量和能力的通用要求》，该标准规定了实验动物机构的设施、管理和运行在质量、安全、动物福利、职业健康等方面应达到的基本要求；以及（GB/T 14923—2010）《实验动物　哺乳类实验动物的遗传质量控制》等大量标准，为实现实验动物福利提供了基础。

我国目前出台的以实验动物命名的国家标准就多达 104 部，涉及的领域较为广泛，由此可见，国家出台的一系列动物标准成为我国目前最主要的实验动物福利标准条件制度依据。

（三）实验动物福利的行业标准

行业标准一般指的是对在相关领域没有国家标准时，对需要在全国某个行业范围内统一的技术要求所制定的标准。行业标准不能与已经通过的国家标准相冲突。"行业标准由行业标准归口部门统一管理。行业标准的归口部门及其所管理的行业标准范围，由国务院有关行政主管部门提出申请报告，国务院标准化行政主管部门审查确定，并公布该行业的行业标准代号。"[1]

目前我国与实验动物相关的行业标准数量并不多，主要有：

1. （LN/T 1784—2008）《猕猴属实验动物人工饲养技术及管理标准》

这是由国家林业局颁布的国家林业行业标准，由国家林业局野生动物保护司提出并归口。该标准规定了猕猴属实验动物人工饲养繁殖、设施环境及质量控制的技术要求，适用于猕猴属实验动物的人工饲养繁殖和科研实验。其从第 5 条开始，对猕猴属实验动物的系列条件做出规定。其中第 5 条为"环境与设施"，对饲养繁殖场的选址、区域布局、建筑设施要求、环境条件分类和技术设施要求及笼舍做出了规定；第 6 条"饲养管理"对猕猴属实验动物操作规程、饲料、饮水、用具和卫生防疫做出规定；第

---

[1] 见 https://baikebaiducom/item/%E8%A1%8C%E4%B8%9A%E6%A0%87%E5%87%86。

7条"质量要求"对健康状况、遗传质量要求、微生物质量要求和出口动物质量要求做出规定；第8条"微生物学、寄生虫学检测程序和要求"，对检测程序和不同等级猕猴属实验动物检测要求做出规定；第9条"检疫要求"，第10条规定了废弃物及动物尸体处理。

2. （SN/T 3992—2014）《进境非人灵长类实验动物指定隔离场建设规范》和（SN/T 2366—2009）《进出境实验动物现场检疫监管规程》。

这两部标准均由国家质量监督检验检疫总局发布，由国家认证认可监督管理委员会提出并归口。其中（SN/T 3992—2014）《进境非人灵长类实验动物指定隔离场建设规范》规定了进境非人灵长类实验动物指定隔离场建设的要求，适用于进境非人灵长类实验动物指定隔离场建设。其对隔离场的选址、设施要求和管理制度要求做出了规定，对设施要求规定得较为详尽和具体。（SN/T 2366—2009）《进出境实验动物现场检疫监管规程》规定了进出境实验动物现场检疫监管的内容和措施，适用于进出境实验动物现场检疫监管工作。其主要内容为进境和出境实验动物现场检疫监管工作提出了要求。对进出境实验动物福利条件也有所涉及。例如，第743项规定："运输动物的车辆状况良好，具有相对密闭和防撒漏设施。"

（四）实验动物福利地方标准

顾名思义，地方标准是由地方标准化主管机构或专业主管部门批准、发布的在某一地区范围内统一适用的标准。地方标准由各地方结合本地实地制定，更适合地方实际。为了规范地方标准，我国在1990年9月6日就颁布了《地方标准管理办法》，办法第2条规定："对没有国家标准和行业标准而又需要在省、自治区、直辖市范围内统一的下列要求，可以制定地方标准（含标准样品的制作）：（一）工业产品的安全、卫生要求；（二）药品、兽药、食品卫生、环境保护、节约能源、种子等法律、法规规定的要求；（三）其他法律、法规规定的要求。制定地方标准的项目，由省、自治区、直辖市人民政府标准化行政主管部门确定。"第4条规定："地方标准由省、自治区、直辖市标准化行政主管部门统一编制计划、组织制定、审批、编号和发布。"

1. 实验动物福利地方标准立法概况

目前在实验动物福利地方标准领域，北京、黑龙江和江苏走在全国的前列，出台的地方标准数量最多。

（1）北京的规定

北京市通过的标准主要有（DB11/T 1457—2017）《实验动物运输规范》，（DB11/T 1458—2017）《实验动物生产与实验安全管理技术规范》，（DB11/T 14621—2017）《实验动物病理学诊断规范第 1 部分　实验用猪》、（DB11/T 14622—2017）《实验动物病理学诊断规范第 2 部分　实验用牛》、（DB11/T 14623—2017）《实验动物病理学诊断规范第 3 部分　实验用羊》，（DB11/T 147631—2017）《实验动物配合饲料第 1 部分　实验用猪》、（DB11/T 14632—2017）《实验动物配合饲料第 2 部分　实验用牛》、（DB11/T 14633—2017）《实验动物配合饲料第 3 部分　实验用羊》，（DB11/T 14641—2017）《实验动物环境条件第 1 部分　实验用猪》、（DB11/T 14642—2017）《实验动物环境条件第 2 部分　实验用牛》、（DB11/T 14643—2017）《实验动物环境条件第 3 部分　实验用羊》，（DB11/T 1126—2014）《实验动物　垫料》和（DB11/T 1125—2014）《实验动物　笼器具》。上述标准涉及实验动物的饲养、设施和疾病诊断，比国家标准更为细化。

（2）黑龙江的规定

黑龙江通过的地方标准包含（DB23/T 20573—2017）《实验动物　牛寄生虫学等级及监测》、（DB23/T 20574—2017）《实验动物　猫寄生虫学等级及监测》、（DB23/T 20577—2017）《实验动物　羊寄生虫学等级及监测》、（DB23/T 20579—2017）《实验动物　猪寄生虫学等级及监测》，（DB23/T 20572—2017）《实验动物　猫微生物学等级及监测》、（DB23/T 20575—2017）《实验动物　牛微生物学等级及监测》、（DB23/T 205710—2017）《实验动物　羊微生物学等级及监测》，（DB23/T 20571—2017）《实验动物　生物安全型小鼠、大鼠独立通风笼具通用技术要求》、（DB23/T 20576—2017）《实验动物　鸭饲养隔离器通用技术要求》、（DB23/T 20578—2017）《实验动物　运输隔离器通用技术要求》。涉及的领域主要包含实验动物环境与设施、实验动物运输以及实验动物寄生虫学和微生物学等级和监测。

（3）江苏的地方标准

江苏的规定主要集中在实验动物设施标准方面，出台了（DB32/T 969—2006）《实验动物笼器具　笼架》、（DB32/T 971—2006）《实验动物笼器具　饮水瓶》、（DB32/T 967—2006）《实验动物笼器具　塑料笼箱》、(DB32/T 972—2006)《实验动物笼器具 独立通气笼盒（IVC）系统》、(DB32/T 968—2006)《实验动物笼器具 金属笼箱》、(DB32/T 970—2006)《实验动物笼器具 层流架》、(DB32/T 1215—2008)《实验动物笼器具 代谢笼》、(DB32/T 1216—2008)《实验动物笼器具 隔离器》、(DB32/T 2129—2012)《实验动物 垫料》、(DB32/T 2730—2015)《实验动物笼器具集中排风通气笼盒系统》、(DB32/T 2910—2016)《实验动物设施运行管理规范》、(DB32/T 2911—2016)《实验动物 福利伦理工作规范》等。

除了北京、黑龙江、江苏以外，云南、海南、广西和河北也通过了有关实验动物福利标准的地方标准。例如，河北颁布了（DB13/T 2411—2016)《实验动物 猫的饲养与管理》、(DB13/T 2547—2017)《实验动物 垫料》，云南颁布了（DB53/T 2931—2009)《实验动物 病理学检测 第1部分：实验动物处死方法》等。

2. 实验动物福利地方标准的特点

截止到2018年11月，我国以实验动物命名的实验动物福利地方标准总共有45部。总体上看，实验动物地方标准具有以下两个突出特点：

首先，实验动物地方标准主要集中在以下几个领域：实验动物喂养标准、实验动物设施与环境标准、实验动物运输标准和实验动物相关物质监测标准。通过上述一系列标准的名称可以清晰地辨别出每一标准的种类。

其次，地方标准比国家标准更为细化。一方面，地方标准开始关注动物物种的差异性，针对不同的动物分别确立相应标准，例如，北京在通用饲料标准中，区分牛、猪、羊的不同喂养要求，分别做出规定，再如海南的系列地方标准针对的都是一种动物——五指山猪。另一方面，更注重标准的可操作性。例如，河北省《实验动物 垫料》6.12规定："垫料的含水量应该在6%—12%"，6.13规定了垫料的吸水率，要求："垫料的48小时吸水率应不少于150%"。再如，北京市《实验动物 运输规范》以表格的方式规定了常用实验动物运输笼最小空间。表4-1和表4-2规定了常用实验动物的运输笼最小空间，其中表4-1规定了实验小鼠、大鼠、豚鼠的运输笼最小空间，表4-2规定了实验猪、犬、猴、兔的运输笼最小空间。

表 4-1　　　　　　实验小鼠、大鼠、豚鼠的运输笼最小空间

动物种类	小鼠		大鼠		豚鼠	
体重（g）	<20	≥21	<150	≥151	<300	≥301
笼内最小高度（m）	0.10		0.15		0.15	
每只动物底板最小面积（m²）	0.0067	0.0092	0.0224	0.048	0.0352	0.0416

注：最小底面积为夏季运输面积，冬季运输动物数量可适当增加，但不应超过50%。

表 4-2　　　　　　实验猪、犬、猴、兔的运输笼最小空间

动物种类	猪			犬			猴		兔	
体重（g）	≤20	21—50	≥51	≤10	11—20	≥21	≤3	>4	<20	≥21
笼内最小高度（m）	0.53	0.62	0.71	0.44	0.53	0.62	0.51	0.70	0.15	0.18
每只动物底板最小面积（m²）	0.42	0.48	0.63	0.29	0.39	0.48	0.11	0.13	0.06	0.09

西方国家的动物福利标准在制定时尽可能地将标准具体化，如果有可能，将其化为量化指标。这是因为标准越细，可操作性越强，越有利于实现动物福利。我国在地方标准制定时，已经更加注重标准的可操作性。[①]

（五）实验动物福利团体标准

团体标准顾名思义指的是由团体自主制定、社会自愿采纳的标准。与前述标准不同，它属于市场主导性标准。实验动物福利团体标准是由实验动物团体与协会制定的标准。目前我国最重要的全国性实验动物团体与组织是中国实验动物学会，它是由中国实验动物科学技术工作者自愿组成的学术性、全国性、非营利性的社会组织。地方建立有大量的地方实验动物学会，例如北京市实验动物学会、上海市实验动物学会、江苏省实验动物学会、山东省实验动物学会等。

中国实验动物学会以及部分地方实验动物学会近年来通过了大量的实验动物福利标准，涉及实验动物设施标准、实验动物喂养标准、实验动物细菌和病毒监测标准等。例如，在实验动物喂养领域，中国实验动物学会颁布了（T/CALAS 12—2017）《实验动物　树鼩配合饲料》、（T/CALAS 15—2017）《实验动物 SPF 鸡配合饲料》、（T/CALAS 17—2017）《实验动物 SPF 鸭配合饲料》、（T/CALAS 58—2017）《实验动

---

① 见中国实验动物学会官网 http：//www．calas．orgcn 学会简介部分。

物 长爪沙鼠配合饲料》、(T/CALAS 36—2017)《实验动物 猪饲养管理指南》、(T/CALAS 38—2017)《实验动物 SPF 鸡和 SPF 鸭饲养管理指南》、(T/CALAS 62—2018)《实验动物 猕猴属动物饲养繁育规范》等标准和规范;在设施和环境标准方面,中国实验动物学会通过了(T/CALAS 7—2017)《实验动物 动物实验生物安全通用要求》、(T/CALAS 10—2017)《实验动物 树鼩环境及设施》、(T/CALAS 58—2018)《实验动物 长爪沙鼠环境及设施》等专门对环境标准做出规定的标准。前述《实验动物 猪饲养管理指南》《实验动物 SPF 鸡和 SPF 鸭饲养管理指南》《实验动物 猕猴属动物饲养繁育规范》等规范也对实验动物的环境设施标准做出了规定,也属于设施环境标准中的组成部分。除此以外,实验动物学会还颁布了大量的有关实验动物各类细菌、病毒和疾病检测的实验动物健康标准规范,例如(T/CALAS 3—2017)《实验动物 健康监测总则》、(T/CALAS 24—2017)《实验动物 螺杆菌 PCR 检测方法》、(T/CALAS 22—2017)《实验动物 小鼠诺如病毒检测方法》、(T/CALAS 9—2017)《实验动物 树鼩寄生虫学等级及监测》、(T/CALAS 8—2017)《实验动物 树鼩微生物学等级及监测》等。

截至 2018 年 11 月,中国实验动物学会颁布的以实验动物命名的动物福利标准规范多达 63 项,地方实验动物学会主要是江苏省实验动物学会颁布了 3 项团体标准,实验动物的团体标准总共 66 项。这些标准均高于国家标准,对于弥补国家立法的不足、确立实验动物福利高标准、实现实验动物福利发挥了重要作用。

(六) 实验动物福利的企业标准

"企业标准是在企业范围内需要协调、统一的技术要求、管理要求和工作要求所制定的标准,是企业组织生产、经营活动的依据。国家鼓励企业自行制定严于国家标准或者行业标准的企业标准。企业标准由企业制定,由企业法人代表或法人代表授权的主管领导批准、发布。企业标准一般以'Q'标准的开头。"[①] 企业标准和团体标准一样,属于典型的市场主导标准。

---

① 引自百度百科 https://baikebaiducom/item/%E4%BC%81%E4%B8%9A%E6%A0%87%E5%87%86/10401946?fr=aladdin,访问日期,2018 年 8 月 20 日。

按照全国标准信息公共服务平台提供的数据，目前我国由相关企业通过的实验动物福利标准主要有 15 项，见表 4-3。

表 4-3　　截止到 2018 年底我国通过的实验动物福利企业标准

企业名称	标准名称	发布时间
苏州市冯氏实验动物设备有限公司	Q/320507 HBA15—2017《新型实验动物笼框系统》	2017/04/25
苏州猴皇动物实验设备科技有限公司	Q/320507 YDM01—2016《实验动物笼具不锈钢笼箱》	2016/11/29
苏州猴皇动物实验设备科技有限公司	Q/YDM—2015《实验动物笼具　旋转式中央排气通风笼具（EVC）系统》	2015/10/21
江苏省协同医药生物工程有限责任公司	Q/3201 XT04—2015《实验动物配合饲料》	2015/07/24
上海仕林生物科技有限公司	Q31/0120000099C001《实验动物配合饲料》	2017/07/19
江西赣星生态食品有限公司	Q/JGX001—2018《实验动物配合饲料》	2018/05/16
江苏省协同医药生物工程有限责任公司	Q/3201 XT04—2018《实验动物配合饲料》	2018/07/20
南通特洛菲饲料科技有限公司	Q/TLF001—2018《实验动物配合饲料》	2018/08/17
江苏省协同医药生物工程有限责任公司	Q/3201 XT04—2018《实验动物配合饲料》	2018/07/26
北京科澳协力饲料有限公司	Q/CYKAF001—2016《实验动物 蛋鸡配合饲料》	2016/05/18
北京科澳协力饲料有限公司	Q/CYKAF001—2016《实验动物 蛋鸡配合饲料》	2017/11/24
凌云博际（北京）科技有限公司	Q/013 2017—0501—2017《实验动物饮水机》	2017/12/07
凌云博际（北京）科技有限公司	Q/013 2017—0501—2017《实验动物饮水机》	2017/12/21
凌云博际（北京）科技有限公司	Q/013 2017—0501—2017《实验动物饮水机》	2017/12/14
山东新华医疗器械股份有限公司	Q/0303SXH177—2014《实验动物独立通气笼盒系统》	2015/01/05

二　我国农场动物福利标准条件制度

（一）农场动物相关立法的规定

我国没有针对农场动物福利的专门立法，但是有和农场动物福利相关的系列立法。这些立法包含全国人大及其常委会制定的和农场动物有关的法律、国务院颁布的系列行政法规、国务院各部委制定的和农场动物福利相关的规章以及地方对应上述中央立法制定的地方法规和规章。

1. 法律中对农场动物福利标准条件的规定

如前所述，农场动物在我国并不具有独立的地位，与实验动物不同，我国也没有一部以"农场动物"命名的立法，无论是中央立法还是地方立法。现行与农场动物相关的法律以《中华人民共和国畜牧法》为主，包含《中华人民共和国动物防疫法》《中华人民共和国食品卫生法》《中华人民共和国农业法》等。不需要看内容，单从这些立法的名称上看就可以得出以下结论：其根本不以也不可能以保护动物为重点。因此上述一系列法律中均没有对动物福利的集中规定，更不可能有涉及动物福利标准的完备条文了。我国在农场动物福利的相关法律中，涉及农场动物福利标准和条件的立法主要就是《中华人民共和国畜牧法》和《中华人民共和国动物防疫法》，其他法律保护动物的条款很少，动物福利标准基本没有论及。

(1)《中华人民共和国畜牧法》的规定

《畜牧法》的内容一共八章，分别为总则、畜禽遗传资源保护、种畜禽品种选育与生产经营、畜禽养殖、畜禽交易与运输、质量安全保障、法律责任和附则，该法的主要内容为畜禽生产、经营的规范和管理，只有少量条款和动物福利相关。如第39条规定畜禽养殖场、养殖小区应当具备的条件时要求：养殖场和小区应当有与其饲养规模相适应的生产场所和配套的生产设施；有为其服务的畜牧兽医技术人员；适当的防疫条件等；再如，第53条要求运输畜禽，应当符合动物防疫条件，保护畜禽安全，并为运输的畜禽提供必要的空间和饲喂饮水条件等。

(2)《中华人民共和国动物防疫法》的规定

《动物防疫法》的主要内容为动物疾病和疫情的预防、控制和处理，由于该法以动物疾病管理为核心，必然包含一些保护动物的条文，但是其主要目的是通过控制动物疾病保障人类健康，所以其对动物的保护只是边缘性和工具性的。该法共十章，分别为总则，动物疫病的预防，动物疫情的报告，通报和公布动物疫病的控制和扑灭，动物和动物产品的检疫，动物诊疗，监督管理，保障措施，法律责任和附则，显然不包含对动物福利的集中性规定。但该法中也涉及部分动物福利标准和条件的条文，比较典型的是第 19 条，该条对动物设施、场所的条件提出概括要求，其要求动物饲养场（养殖小区）和隔离场所，动物屠宰加工场所，以及动物和动物产品无害化处理场所，应当符合动物防疫的一系列条件；第 50 条要求：从事动物诊疗活动的机构，应当具备相应的场所、兽医和设备等。

综上所述，我国在全国人大及其常委会制定的农场动物相关法律中，对动物福利标准和条件没有集中和具体的规定，而且工具性目的较强。

2. 国务院有关农场动物福利相关立法的规定

此处国务院有关农场动物福利的相关规定，既包含国务院制定的《生猪屠宰管理条例》《饲料和饲料添加剂管理条例》《兽药管理条例》《畜禽养殖污染防治管理办法》等行政法规，也包含国务院各部委颁布的《动物源性饲料产品安全卫生管理办法》《生猪屠宰管理条例实施办法》《兽药管理条例实施细则》《动物检疫管理办法》《商务部关于加强牛羊屠宰管理工作的指导意见》等规章和文件。与农场动物相关的法律相比，国务院及其部委制定的上述有关农场动物福利的行政法规和规章与动物福利的联系性更密切一些。上述立法在名称上一般包含动物及其相关饲料和用药，不管立法目的如何，这些行政法规和规章属于针对动物的立法。因此，这些立法中涉及包含部分有关动物福利标准和条件的条款。

（1）农场动物喂养标准

国务院立法中比较重要的动物福利标准就是喂养标准。例如，《饲料和饲料添加剂管理条例》对饲料、饲料添加剂的生产以及经营企业应当满足的条件做出了规定，《兽药管理条例》及其实施细则规定了兽药的生产厂家和经营者应当满足的条件等，尽管这些规定属于许可管理规定，但是严格确立许可条件对动物福利的保障也具有一定意义。同时上述立法中也涉及零星分散的有关动物福利标准的内容，例如，《饲料和饲料添加剂管理条例》第 20 条要求出厂销售的饲料、饲料添加剂应当包装且包装应符合国家规定，还要求运输的饲料罐装车应当符合国家有关安全、卫生的规定等。

（2）农场动物相关设施或环境标准

此处设施或者环境标准，指的是从事农场动物相关活动或行为的人或者单位应当满足的设施或者环境标准。国务院相关立法对这部分标准也有所规定。例如，2004 年农业部《动物源性饲料产品安全卫生管理办法》

第 5 条对动物源性饲料产品生产企业的厂房设施和生产工艺设备和生产环境等方面提出了要求。例如，该条第 5 款"生产环境"规定："企业所在地远离动物饲养场地，最小距离 1000 米。如靠近屠宰场所，需有必要的隔离措施；厂区内禁止饲养动物；生产厂区布局合理，原料整理、生产加工、成品储存等区域分开，保证成品和原料单独存放，防止交叉污染。"

（3）农场动物屠宰标准

这部分标准主要见于国务院通过的《生猪屠宰管理条例》和商务部根据该条例制定的《生猪屠宰管理条例实施办法》中。这两部规定对最常见的农场动物——猪的屠宰行为进行规制。尽管这两部法中明确规定，规制的目的是规范生猪屠宰行为，保证生猪产品质量安全和保障人民身体健康安全，但是其对屠宰的条件、方法做出了明确规定，有利于降低猪的疼痛和痛苦，广义上也属于动物福利标准的范畴。其中涉及农场动物福利标准的部分主要集中屠宰标准和条件上。如《生猪屠宰管理条例》第 8 条要求生猪定点屠宰厂（场）应当具备适合屠宰的基本设施和技术人员。《生猪屠宰管理条例实施办法》第 7 条对上述条件进一步加以明确和具体化，例如，不仅要满足基本水源条件，而且要求水源应充足，水质符合国家规定的城乡生活饮用水卫生标准；生猪定点屠宰厂（场）不仅应当设有待宰间、屠宰间、急宰间，其建筑和布局，而且设计应符合《猪屠宰与分割车间设计规范》的规定以及生猪定点屠宰厂（场）的污染物处理设施，应当达到排放的废水、废气、废物和噪声等符合国家环保规定的要求等。实施办法第 13 条还要求屠宰应当按照国家规定的相应标准进行，明确规定："生猪定点屠宰厂（场）应当按照国家规定的操作规程和技术要求屠宰生猪，宰前停食静养不少于 12 小时，实施淋浴、致晕、放血、脱毛或者剥皮、开膛净腔（整理副产品）、劈半、整修等基本工艺流程。鼓励生猪定点屠宰厂（场）按照国家有关标准规定，实施人道屠宰。"

2004 年，商务部颁布了《关于加强牛羊屠宰管理工作的指导性意见》，意见指出根据我国现行法规，牛羊的定点屠宰由省级人民政府参照《生猪屠宰管理条例》确定管理办法。但是牛、羊的屠宰与猪的屠宰在诸多方面存在差异性，因此，意见对常见农场动物牛羊的屠宰提出要求，在第二条（二）中，指出我国应当抓紧制定牛羊屠宰厂（场）行业准入标准，其提出了商务部建议的牛羊屠宰厂（场）行业准入的基本条件，包含基本的设施和人员条件,这些条件的规定对于降低家畜屠宰的痛苦有一定辅助作用。

3. 地方法规和规章的规定

目前,我国地方人大及其常委会以及地方政府在上述法律、行政法规和规章的基础上,制定有涉及农场动物福利的地方立法,如《广东省动物防疫条例》《甘肃省动物防疫条例》《贵州省动物防疫条例》《山东省畜禽养殖管理办法》《上海市畜禽养殖管理办法》《江西省畜禽养殖管理办法》《黑龙江省畜禽屠宰管理条例》《山西省畜禽屠宰管理条例》《辽宁省畜禽屠宰管理条例》《山东省生猪屠宰管理办法》《浙江省实施〈生猪屠宰管理条例〉办法》《安徽省〈饲料和饲料添加剂管理条例〉实施办法》等,这些地方立法数量众多。由于这些地方立法是依据上位法制定的,其对农场动物福利标准的规定与上位法的规定基本一致,即只存在零星和分散的福利标准和条件的条文。例如,在2011年山东省通过的《山东省畜禽养殖管理办法》中,第20条规定:"畜禽养殖者应当为其饲养的畜禽提供适当的繁殖条件和生存、生长环境,提倡动物福利。禁止使用食品加工过程中产生的动物制品废弃物饲喂畜禽。"第21条:"畜禽养殖者应当严格按照国家规定的安全使用规范,科学、合理使用兽药、饲料和饲料添加剂。禁止使用假、劣兽药和国家明令禁止的兽药、饲料和饲料添加剂以及其他投入品。"上述规定确立了畜禽喂养标准。

(二) 农场动物福利专门标准

与实验动物福利标准一样,我国在农场动物福利领域也制定有相关的国家标准、行业标准、地方标准和企业标准。这些专门标准弥补了国家立法在农场动物福利标准领域过于分散和概括的不足,对我国农场动物福利保护具有重要意义。

1. 国家标准

目前我国通过的与农场动物福利标准相关的国家标准包含

(1) (GB/T 36117—2018)《畜禽品种标准编制导则 家禽》和 (GB/T 36189—2018)《畜禽品种标准编制导则 猪》

这两部标准都是由农业部提出的,由全国畜牧业标准化技术委员会归口管理,于2018年5月由国家市场监督管理总局和中国国家标准化管理委员会发布。两部标准没有对家禽和猪的具体福利标准,例如喂养或者设施标准等作出任何规定，只是适用于家禽和猪的品种和配套系标准的编制。但是两部标准中均有关于品种来源和特性、体型外貌特征和种用基本要求的等问题规定，这些规定对于农场动物家禽和猪的保护具有积极意义，对于细化标准的制定也具有参考价值。

（2）良好农业规范

农场动物领域通过的最集中的福利规范和标准见于（GB/T 20014—2015）《良好农业规范》中。《良好农业规范》规定了农作物、畜禽、水产生产等良好农业规范的基础要求，主要涉及农作物、水果、蔬菜种植，畜禽养殖，牛羊养殖，生猪养殖，家禽养殖，畜禽公路运输等农业产业。其总共包含27部分。其中涉及农场动物福利标准的部分主要有（GB/T 20014.1)《良好农业规范 第1部分 术语》、（GB/T 20014.2)《良好农业规范 第2部分 农场基础控制点与符合性规范》、（GB/T 20014.6)《良好农业规范 第6部分 畜禽基础控制点与符合性规范》、（GB/T 20014.7)《良好农业规范 第7部分 牛羊控制点与符合性规范》、（GB/T 20014.8)《良好农业规范 第8部分 奶牛控制点与符合性规范》、（GB/T 20014.9)《良好农业规范 第9部分 生猪控制点与符合性规范》、（GB/T 20014.10)《良好农业规范 第10部分 家禽控制点与符合性规范》以及（GB/T 20014.11)《良好农业规范 第11部分 畜禽公路运输控制点与符合性规范》。

在《良好农业规范 第1部分 术语》中，对涉及农业动物福利的基本概念进行了解释，为具体标准的理解奠定了基础。例如2.8.9明确解释了动物福利的含义，规定："对待农场动物，要在饲养、运输过程中给予良好的照顾，避免动物造成惊吓、痛苦或者伤害，宰杀时要用人道方式进行。"上述概念对我国农场动物福利提出了总的基本要求。术语中还解释了"人道屠宰""垫料"等与农场动物福利标准相关的重要概念。

《良好农业规范 第2部分 农场基础控制点与符合性规范》由中华人民共和国国家质量监督检验检疫总局、中国国家标准化管理委员会于2013年12月发布。该部分适用于作物、畜禽、水产生产良好农业规范基本要求的符合性判定。其在前言部分指出：良好的规范的第2部分提出了动物福利的要求，并将内容条款的控制点划分为3个等级，并遵循表4-4的原则。

表 4-4　　　　　　　　　　　控制点级别划分原则①

等级	级别内容
1 级	基于危害分析与关键控制点（HACCP）和与食品安全直接相关的动物福利的所有食品安全要求
2 级	基于 1 级控制点要求的环境保护、员工福利、动物福利的基本要求
3 级	基于 1 级和 2 级控制点要求的环境保护、员工福利、动物福利的持续改善措施要求

良好农业规范第 6 部分到第 10 部分均由中华人民共和国国家质量监督检验检疫总局、中国国家标准化管理委员会于 2013 年 12 月颁布。它们分别对畜禽、牛羊、奶牛、生猪以及家禽的养殖条件和环境、饲料、兽医卫生、运输等提出了基本要求。

《良好农业规范 第 11 部分 畜禽公路运输控制点与符合性规范》规定了畜禽公路运输良好农业规范的基本要求。其将畜禽运输的基本要求、标识与追溯、司机、驾驶、装卸、畜禽运输车辆、畜禽装运密度、分群隔离、垫料、畜禽运输适宜性、畜禽清洁、通风、公路检查、运输工具操作程序以及运输过程中家禽运输的附加标准等重要的农场动物福利运输标准明确化。

（3）（GB/T 32148—2015）《家禽健康养殖规范》

《家禽健康养殖规范》是由中华人民共和国国家质量监督检验检疫总局和中国国家标准化管理委员会于 2015 年 10 月颁布的一部涉及农场动物福利标准的重要国家标准。其主管部门为农业部，归口单位为全国畜牧标准化委员会。标准规定了家禽健康养殖过程中场址选择与布局、饲养工艺和设备设施、饲养管理、投入品使用、生物安全、种群和运输、废弃物处理等内容，适用于家禽的健康养殖。其对家禽养殖的环境和设施标准、喂养标准、运输标准等重要农场福利标准做出规定。

（4）农场动物屠宰系列国家标准

如前所述，我国在农场动物福利标准制度中规定的相对完善的是农场动物的屠宰标准，这一点同样体现在农场动物的国家标准上。我国已经出台的农场动物屠宰国家标准主要有：2004 年颁布的（GB/T 19479—2004）《生猪屠宰良好操作规范》、（GB/T 19477—2004）《牛屠宰操作规程》和（GB/T 19478—2004）《肉鸡屠宰操作规程》，2008 年颁布的（GB/T

---

① 见《良好农业规范 第 2 部分 农场基础控制点与符合性规范》前言 0.4 的规定。

22569—2008)《生猪人道屠宰技术规范》、(GB/T 17236—2008)《生猪屠宰操作规程》和(GB/T 17237—2008)《畜类屠宰加工通用技术条件》以及2014年颁布的(GB/T 30958—2014)《生猪屠宰成套设备技术条件》。这些标准分别对生猪、牛和肉鸡的屠宰标准和条件做出了较为具体和详尽的规定。

(5) SPF鸡微生物学监测系列标准

2008年颁布的GB/T 17999系列标准对SPF鸡的微生物监测标准做出规定，这一系列标准主要有10部分，分别为《SPF鸡　微生物学监测　第1部分：SPF鸡　微生物监测总评》、《SPF鸡　微生物学监测　第2部分：SPF鸡　红细胞凝集抑制试验》、《SPF鸡　微生物学监测　第3部分：SPF鸡　血清中和试验》、《SPF鸡　微生物学监测　第4部分：SPF鸡　血清平板凝集试验》、《SPF鸡　微生物学监测　第5部分：SPF鸡　琼脂扩散试验》、《SPF鸡　微生物学监测　第6部分：SPF鸡　酶联免疫吸附试验》、《SPF鸡　微生物学监测　第7部分：SPF鸡　胚敏感试验》、《SPF鸡　微生物学监测　第8部分：SPF鸡　鸡白痢沙门氏菌试验》、《SPF鸡　微生物学监测　第9部分：SPF鸡　试管凝集试验》、《SPF鸡　微生物学监测　第10部分：SPF鸡　间接免疫荧光试验》。对鸡的微生物监测提出明确要求。

(6) 其他国家标准

除了上述重要标准以外，我国还通过了(GB/T 22468—2008)《家禽及禽肉兽医卫生监控技术规范》、(GB 18393—2001)《牛羊屠宰产品品质检验规程》、(GB/T 27534.9—2011)《畜禽遗传资源调查技术规范　第9部分：家禽》、(GB/T 27534.2—2011)《畜禽遗传资源调查技术规范　第2部分：猪》、(GB/T 21104—2007)《动物源性饲料中反刍动物源性成分(牛、羊、鹿)定性检测方法PCR方法》、(GB/T 21103—2007)《动物源性饲料中哺乳动物源性成分定性检测方法　实时荧光PCR方法》、(GB/T 32759—2016)《瘦肉型猪活体质量评定》、(GB/T 21101—2007)《动物源性饲料中猪源性成分定性检测方法PCP方法》等国家标准，对农场动物设施环境、健康质量以及喂养等标准提出了部分要求。

2. 农场动物福利行业标准

农场动物福利的行业标准数量众多，这些标准主要被归入进出境检验检疫标准、农业标准和林业标准中。我国现行的与农场动物福利相关的行业标准多达几百项。其中重要的农场动物福利行业标准包含：

（1）农场动物的饲养相关标准

农场动物的饲养状况与农场动物福利息息相关，因此饲养标准是农场动物福利中最主要的标准，我国目前通过的农场动物饲养行业标准近100部，涉及农场动物喂养标准、饲养设施与环境标准以及农场动物饲养过程的照顾和使用标准等。其中主要的农场动物喂养标准见表4-5，农场动物饲养设施标准和管理标准见表4-6。

表4-5　　　　　　　　　农场动物喂养标准

标准号	标准名称	发布日期	实施日期	所属行业
LS/T 3401—1992	后备母猪、妊娠猪、哺乳母猪、种公猪配合饲料	1992-08-14	1992-12-01	LS 粮食
LS/T 3402—1992	瘦肉型生长肥猪配合饲料	1992-08-14	1992-12-01	LS 粮食
LS/T 3403—1992	水貂配合饲料	1992-08-14	1992-12-01	LS 粮食
LS/T 3404—1992	长毛兔配合饲料	1992-08-14	1992-12-01	LS 粮食
LS/T 3408—1995	肉兔配合饲料	1995-02-15	1995-10-01	LS 粮食
LS/T 3410—1996	生长鸭、产蛋鸭、肉用仔鸭配合饲料	1996-04-19	1996-10-01	LS 粮食
NY 5032—2001	无公害食品　生猪饲养饲料使用准则	2001-09-03	2001-10-01	NY 农业
NY 5037-2001	无公害食品　肉鸡饲养饲料使用准则	2001-09-03	2001-10-01	NY 农业
NY 5042—2001	无公害食品　蛋鸡饲养饲料使用准则	2001-09-03	2001-10-01	NY 农业
NY 5048—2001	无公害食品　奶牛饲养饲料使用准则	2001-09-03	2001-10-01	NY 农业
NY 5127—2002	无公害食品　肉牛饲养饲料使用准则	2002-07-25	2002-09-01	NY 农业
NY 5132—2002	无公害食品　肉兔饲养饲料使用准则	2002-07-25	2002-09-01	NY 农业
NY 5132—2002	无公害食品　肉羊饲养饲料使用准则	2002-07-25	2002-09-01	NY 农业

表4-6　　　　　　　农场动物饲养环境设施及管理标准

标准号	标准名称	发布日期	实施日期	所属行业
NY 5033—2001	无公害食品　生猪饲养管理准则	2001-09-03	2001-10-01	NY 农业
NY 5038—2001	无公害食品　肉鸡饲养管理准则	2001-09-03	2001-10-01	NY 农业
NY 5043—2001	无公害食品　蛋鸡饲养管理准则	2001-09-03	2001-10-01	NY 农业
NY 5049—2001	无公害食品　奶牛饲养管理准则	2001-09-03	2001-10-01	NY 农业
NY 5128—2002	无公害食品　肉牛饲养管理准则	2002-07-25	2002-09-01	NY 农业
NY 5133—2002	无公害食品　肉兔饲养管理准则	2002-07-25	2002-09-01	NY 农业
NY 5139—2002	无公害食品　蜜蜂饲养管理准则	2002-07-25	2002-09-01	NY 农业

续表

标准号	标准名称	发布日期	实施日期	所属行业
NY 5151—2002	无公害食品　肉羊饲养管理准则	2002-07-25	2002-09-01	NY 农业
SN/T 3774—2014	牛的饲养、运输、屠宰动物福利规范	2014-01-13	2014-08-01	SN 出入境检验检疫
SN/T 4102—2014	马的饲养、运输、屠宰动物福利规范	2015-02-09	2015-09-01	SN 出入境检验检疫
NY 5030—2001	无公害食品　生猪饲养兽药使用准则	2001-09-03	2001-10-01	NY 农业
NY 5035—2001	无公害食品　肉鸡饲养兽药使用准则	2001-09-03	2001-10-01	NY 农业
NY 5040—2001	无公害食品　蛋鸡饲养兽药使用准则	2001-09-03	2001-10-01	NY 农业
NY 5046—2001	无公害食品　奶牛饲养兽药使用准则	2001-09-03	2001-10-01	NY 农业
NY 5125—2002	无公害食品　肉牛饲养兽药使用准则	2002-07-25	2002-09-01	NY 农业
NY 5130—2002	无公害食品　肉兔饲养兽药使用准则	2002-07-25	2002-09-01	NY 农业
NY 5138—2002	无公害食品　蜜蜂饲养兽药使用准则	2002-07-25	2002-09-01	NY 农业
NY 5148—2002	无公害食品　肉羊饲养兽药使用准则	2002-07-25	2002-09-01	NY 农业
NY 5031—2001	无公害食品　生猪饲养兽医防疫准则	2001-09-03	2001-10-01	NY 农业
NY 5036—2001	无公害食品　肉鸡饲养兽医防疫准则	2001-09-03	2001-10-01	NY 农业
NY 5041—2001	无公害食品　蛋鸡饲养兽医防疫准则	2001-09-03	2001-10-01	NY 农业
NY 5047—2001	无公害食品　奶牛饲养兽医防疫准则	2001-09-03	2001-10-01	NY 农业
NY 5126—2002	无公害食品　肉牛饲养兽医防疫准则	2002-07-25	2002-09-01	NY 农业
NY 5131—2002	无公害食品　肉兔饲养兽医防疫准则	2002-07-25	2002-09-01	NY 农业
NY 5139—2002	无公害食品　蜜蜂饲养兽医防疫准则	2002-07-25	2002-09-01	NY 农业
NY 5149—2002	无公害食品　肉羊饲养兽医防疫准则	2002-07-25	2002-09-01	NY 农业

（2）农场动物运输相关标准

农场动物在运输过程中，如果出现运输工具不当、运输喂养不及时、运输工具环境条件不适宜、运输人员能力不足等问题时，便可能出现身体不适或者精神紧张焦虑，从而造成农场动物福利难以实现。因此西方国家非常重视农场动物运输条件和标准严格性，不符合运输标准的农场动物将会在贸易往来中被购买方或者进口国家拒绝。我国长久以来对农场动物的运输没有给予足够的重视，在国家法律、法规中对农场动物运输条件的规定非常简单、概括，这与西方国家以及国际标准间形成了较大差距。为此，这些年来，我国在相关行业中，出台了部分有关农场动物运输标准的文件。这些文件主要见表4-7。

表 4-7　　　　　　　　我国主要农场动物运输行业标准

标准号	标准名称	发布日期	实施日期	所属行业
SN/T 3774—2014	牛的饲养、运输、屠宰动物福利规范	2014-01-13	2014-08-01	SN 出入境检验检疫
SN/T 4102—2014	马的饲养、运输、屠宰动物福利规范	2015-02-09	2015-09-01	SN 出入境检验检疫
MH/T 1013—2004	航空运输活体动物装载	2004-03-03	2004-08-01	MH 民用航空
MH/T 1014—2004	活体动物航空运输包装	2004-0319	2004-08-01	MH 民用航空
MH/T 1013—2004	航空运输活体动物逃逸应急处置规范	2014-10-22	2014-12-01	MH 民用航空

（3）农场动物屠宰标准

农场动物的屠宰行为如果实施不当，必然造成农场动物过度的疼痛、痛苦和紧张焦虑。因此农场动物的屠宰标准在国际上属于农场动物福利标准的重要组成部分。屠宰的工具、手段、屠宰人员的能力和经验、必要的麻醉等均属于国外屠宰条件关注的重点内容。如前所述，尽管我国通过了系列有关农场动物屠宰的专门立法，例如《生猪屠宰管理条例》和商务部根据该条例制定的《生猪屠宰管理条例实施办法》以及地方关于猪和牛羊的屠宰条例，但是和发达国家相比，我国立法中确立的条件相对概括，因此，在国家立法和国家标准基础上，通过适当的行业标准无疑对农场动物的保护意义重大。目前我国通过的和农场动物屠宰相关的行业标准主要是 2014 年通过的《牛的饲养、运输、屠宰动物福利规范》和《马的饲养、运输、屠宰动物福利规范》，2012 年通过的《屠宰冷藏加工人员技能要求》以及 2008 年通过的《畜禽屠宰加工设备通用技术条件》。除此以外，畜禽屠宰加工设备系列标准对农场动物的屠宰和加工设备也提出了要求，这些标准包含《畜禽屠宰加工设备　猪脱毛机》《畜禽屠宰加工设备　洗猪机》《畜禽屠宰加工设备　猪剥皮机》《家禽立式脱毛机》《家禽浸烫机》等。

（4）农场动物疾病诊断和检测标准

农场动物疾病的诊断和及时处理，有利于保护农场动物身心健康、控制疾病蔓延，同时可以保护人类的健康安全。近年来，我国通过了大量有关农场动物疾病诊断和监测的相关行业标准，这些标准有 2002 年通过的《猪放线杆菌胸膜肺炎诊断技术》《猪痢疾诊断技术》，2005 年通过的

《猪戊型肝炎检疫技术规范》，2011年通过的《猪痢疾检疫技术规范》《猪水泡病检疫技术规范》《猪流行性腹泻诊断技术》《猪巴氏杆菌病诊断技术》《猪萎缩性鼻炎诊断技术猪囊尾蚴血清抗体胶体金斑点检测方法》《猪传染性胸膜肺炎检疫技术规范》以及《猪萎缩性鼻炎检疫技术规范》等，为农场动物疾病的诊治和及时处理提供了技术标准。

据悉我国首部农场动物福利行业标准——《动物福利评价通则》（以下简称"通则"）通过全国畜牧业标准化技术委员会的专家审查。《通则》主要涵盖了动物福利的评价范围、方式、基本原则和要求等，具体量化指标并不包含在内。中国兽医协会动物福利分会秘书长、预防兽医学博士孙忠超介绍具体量化指标将在分禽畜种类的标准里体现，目前正陆续提交农业部审查。[①]

3. 农场动物福利地方标准

农场动物福利相关的地方标准数量更多，主要集中于农场动物饲养、运输、疾病诊断以及屠宰领域。例如，在农场动物喂养领域，青海1999年通过的《牛羊配合饲料》，江苏2004年颁布的《禽用配合饲料技术规范》《猪用配合饲料技术规范》，宁夏2017年通过的《家禽养殖环节饲料安全使用规范》等确立了农场动物的喂养标准；在农场动物设施和管理领域，北京2002年颁布的《奶牛饲养管理技术规范》、青海2008年颁布的《牛羊规模养殖场（小区）饲养管理技术规范》、2011年颁布的《无公害放牧牛羊产地环境要求》、山西2008年颁布的《牛羊规模化养殖场环境质量要求》等明确了部分农场动物的设施环境要求；在农场动物屠宰领域，北京2005年颁布的《牛羊屠宰检疫技术规范》、2010年颁布的《家禽屠宰检疫技术规范》、青海2007年颁布的《家禽屠宰检疫技术规范》、吉林2017年颁布的《马属动物屠宰动物卫生检验规范》等规定了农场动物的屠宰条件和标准；在农场动物运输领域，辽宁2014年颁布的《动物及动物产品运输防疫技术规范》、青海2018年颁布的《畜禽运输卫生规范》等对农场动物的运输提出了要求。

4. 农场动物福利的团体标准

目前我国在农场动物福利标准领域，我国的标准化协会通过了几项具有重要价值的团体标准，分别为2016年5月公布的《农场动物福利要求

---

① 参见 https：//www.thepaper.cn/newsDetail_ forward_ 1853162。

肉牛》和《农场动物福利要求　猪》，对肉牛和猪的福利养殖、运输、屠宰及加工要求做出了规定；2017年11月公布的《农场动物福利要求　肉鸡》和《农场动物福利要求　蛋鸡》，对肉鸡和蛋鸡福利的术语和定义、雏鸡、饲喂和饮水、养殖环境、饲养管理、健康计划、运输、屠宰以及记录与可追溯等问题做出规定，适用于肉鸡和蛋鸡养殖、运输、屠宰全过程；2018年公布了《农场动物福利要求　肉用羊》，其规定了肉用羊的福利养殖、剪毛（绒）、运输、屠宰及加工要求。这五部标准直接以农场动物福利命名，标明我国在团体领域已经初步认可农场动物的独立性并确立了动物福利理念。

除了上述五部直接以动物福利命名的统一团体标准外，我国还通过了上百项农场动物福利标准的行业标准，例如，中国产学研合作促进会2017年8月通过了（T/CAB 2005—2017）《无抗生素奶牛生产及牛奶品质要求》，规定了无抗生素奶牛生产的术语和定义、场址选择、场区布局和设施设备、奶牛来源、饲养管理、卫生防疫、运输、无抗生素牛奶产品检测指标和生产记录等要求。中国饲料工业协会2018年11月公布了（T/CFIAS 001—2018）《仔猪、生长育肥猪配合饲料》和（T/CFIAS 002—2018）《蛋鸡、肉鸡配合饲料》。前者规定了仔猪、生长肥育猪配合饲料的技术要求、采样、试验方法、检验规则以及标签、包装、运输和贮存要求，适用于瘦肉型仔猪、生长肥育猪配合饲料。后者规定了蛋鸡、肉鸡配合饲料的技术要求、采样、试验方法、检验规则以及标签、包装、运输和贮存要求，适用于蛋鸡、肉鸡配合饲料。中国畜产品加工研究会2018年3月通过了（T/CAAPP 00004—2018）《生猪屠宰企业质量管理规范》和（T/CAAPP 00001—2018）《生猪运输和宰前管理操作规程》。前者规定了生猪屠宰企业机构与人员，布局，设施，屠宰设备，生猪采购与宰前管理，生猪屠宰，检验检疫，清洁、消毒、卫生、安全，产品追溯，投诉处理，产品召回，质量管理关键控制，适用于生猪屠宰企业；后者规定了生猪运输和宰前管理的术语和定义，以及生猪装载、运输、卸载、待宰静养、驱赶等的要求，适用于各类生猪屠宰企业和生猪运输企业。

上述团体标准对各类农场动物的饲养、环境设施、管理、运输和屠宰提出了具体和明确的要求，属于典型的农场动物福利标准制度的重要组成部分。

5. 农场动物福利企业标准

按照全国标准信息公共服务平台提供的数据，截至 2018 年 11 月底，我国通过的涉及农场动物的企业标准见表 4-8。①

表 4-8　　　　　　　我国通过的农场动物相关企业标准

序号	企业名称	标准名称	发布时间
1	莘县天源畜禽有限公司	Q/STY002—2015《畜禽浓缩饲料标准》	2015/08/17 18：15：39
2	莘县天源畜禽有限公司	Q/STY003—2015《畜禽配合饲料》	2015/08/17 16：01：54
3	叶县广联畜禽有限公司	Q/YXGL 001—2017《畜禽浓缩饲料》	2017/06/30 11：04：40
4	叶县广联畜禽有限公司	Q/YXGL 002—2017《畜禽配合饲料》	2017/06/30 11：07：31
5	叶县广联畜禽有限公司	Q/YXGL 002—2017《畜禽配合饲料》	2017/09/11 16：12：39
6	郑州广联畜禽有限公司	Q/ZGL001—2017《畜禽浓缩饲料》	2017/09/09 16：42：28
7	郑州广联畜禽有限公司	Q/ZGL002—2017《畜禽配合饲料》	2017/09/09 16：46：35
8	郑州广联畜禽有限公司	Q/ZGL002—2017《畜禽配合饲料》	2017/09/11 09：28：36
9	郑州广联畜禽有限公司	Q/ZGL001—2017《畜禽浓缩饲料》	2017/09/11 09：32：45
10	郑州广联畜禽有限公司	Q/ZGL002—2017《畜禽配合饲料》	2017/09/19 15：57：36
11	山西广联畜禽有限公司	Q/170110GL002—2017《畜禽配合饲料》	2017/11/13 10：29：20
12	山西广联畜禽有限公司	Q/170110GL002—2017《畜禽配合饲料》	2017/11/10 10：00：09
13	山西广联畜禽有限公司	Q/170110GL002—2017《畜禽配合饲料》	2017/11/30 09：58：11
14	山西广联畜禽有限公司	Q/170110GL001—2017《畜禽浓缩饲料》	2017/11/13 10：30：23

① 见 http：//www.cpbz.gov.cn/standardProduct/toResult.do，访问日期 2018 年 8 月 20 日。

续表

序号	企业名称	标准名称	发布时间
15	山西广联畜禽有限公司	Q/170110GL001—2017《畜禽浓缩饲料》	2017/11/10 09：35：58

三 我国野生动物福利标准制度

野生动物生存在野外或者说在自然条件状态时，不需要我们人类去衡量野生动物福利标准，例如，野生羚羊是否经常处于饥饿状态、野生森林的植物是否适合羚羊食用等。这是因为自然界和动物有自己的法则和规律，适者生存。人类需要做的就是不去破坏或者改变野生动物的生存环境，不得捕杀野生动物或者干扰野生动物生活。因此自然状态下野生动物福利标准主要是人类的特殊行为标准，例如野外监测标准，涉及人类研究监测动物必须距离动物多远？监测的最长时间为多少天？摄像镜头的安装应当符合哪些要求等。除上述特殊行为标准外，野生动物福利标准条件指的一般是用于实验或者娱乐或者饲养状态时野生动物的福利标准问题。这样野生动物福利标准和实验动物福利、农场动物等动物的福利标准会有所交叉，例如，用于实验的野生动物也应当遵循实验动物的福利标准。此处野生动物的福利标准指的是针对野生动物的特殊性颁布的专门适用于野生动物喂养、环境与设施、管理特殊要求等方面的福利标准或者条件制度。

（一）野生动物福利立法的规定

在我国，野生动物具有相对独立的地位。我国于1988年11月8日就通过了《中华人民共和国野生动物保护法》，该法分别于2004年、2009年、2016年和2018年进行了4次修改，是我国保护野生动物的最主要的法律依据。该法分为五章，主要为"总则""野生动物及其栖息地保护""野生动物管理""法律责任"和"附则"，其主要从国家管理的角度实现对野生动物的保护，对野生动物的保护主要通过野生动物栖息地保护、明确野生动物相关的禁止行为以及确立禁止行为和违法行为法律责任的角度来实现。只有少量条款对野生动物福利标准和条件做出规定。例如，第11条第2款规定涉及评定野生动物福利的相关因素，但是并没有明确相关因素的指标，该条规定了对野生动物及其栖息地状况的调查、监测和评估的范围包含：野生动物野外分布区域、种群数量及结构；野生动物栖息地的面积、生态状况；以及野生动物及其栖息地的主要威胁因素等；第26条规定："人工繁育国家重点保护野生动物应当有利于物种保护及其科学研究，不得破坏野外种群资源，并根据野生动物习性确保其具有必要的活动空间和生息繁衍、卫生健康条件，具备与其繁育目的、种类、发展规模相适应的场所、设施、技术，符合有关技术标准和防疫要求，不得虐待野生动物。"而且，我国《野生动物保护法》并非保护所有的野生动物，其仅保护珍贵、濒危的陆生、水生野生动物和具有重要生态、科学、社会价值的野生动物。一般的野生动物的保护适用《中华人民共和国渔业法》等法律的规定。尽管《渔业法》中有零星和分散的关于动物福利标准的条文，例如，第19条规定："从事养殖生产不得使用含有毒有害物质的饵料、饲料。"第20条规定："从事养殖生产应当保护水域生态环境，科学确定养殖密度，合理投饵、施肥、使用药物，不得造成水域的环境污染。"但是这些规定概括性有余、细致性不足。

除此以外，与野生动物保护相关的立法《中华人民共和国环境法》《中华人民共和国森林法》及其实施条例等主要从保护环境、资源和栖息地角度实现对野生动物的保护，本身就不属于野生动物福利的专门立法，只有少数条文涉及野生动物保护，但没有提及动物福利标准问题。国务院根据《野生动物保护法》制定的《中华人民共和国水生野生动物保护实施条例》和《中华人民共和国陆生野生动物保护实施条例》主要通过明确野生动物禁止行为及其责任以及野生动物许可制度实现野生动物的保护。地方根据《野生动物保护法》和国务院相关条例通过的野生动物地方立法，例如《浙江省野生动物保护条例》《山东省实施〈中华人民共和国野生动物保护法〉办法》《上海实施〈中华人民共和国野生动物保护法〉办法》《江苏省野生动物保护条例》《黑龙江省野生动物保护条例》《广东省野生动物保护条例》等的规定也是类似的，均主要从野生动物栖息地保护、明确野生动物及其制品的禁止行为及其法律责任角度实现野生动物的保护，也就是说我国在野生动物保护专门立法领域，没有涉及野生动物福利标准条件的集中规定。

（二）野生动物福利专门标准

我国在野生动物福利标准领域，也通过了系列国家标准、地方标准、行业标准和企业标准，弥补了我国在立法中野生动物福利标准的立法空白。

1. 野生动物福利标准国家标准

目前我国通过的野生动物福利专门国家标准主要有两项，一项为2017年11月1日颁布、2018年5月1日实施的《野生动物饲养管理技术规程 蓝狐》，另一部为2018年9月17日颁布，2019年4月1日实施的《野生动物饲养管理技术规程 黑熊》。两部标准的主管单位均为林业局。其中《野生动物饲养管理技术规程 蓝狐》规定了蓝狐饲养场建设、蓝狐的饲料、饲养管理、防疫和卫生管理等内容。其对饲养场的场所设施条件（例如笼舍、垫料）、喂养条件（饲料、维生素、饲料添加剂等）、管理条件（管理的一般要求、产仔哺乳期饲养管理条件、育成期饲养管理要求等）、繁育要求（选种配种要求等）以及卫生防疫标准（卫生要求和防疫管理标准）做出了规定。《野生动物饲养管理技术规程 黑熊》规定了人工繁育黑熊饲养场的厂址选择与功能区划、饲养投入品、饲养管理、繁殖管理、饲养场人员要求、安全管理、卫生防疫、档案管理的技术要求和标准。上述两部标准均为推荐性国家标准。

2. 野生动物福利地方标准

目前我国通过的地方野生动物福利标准有10余项，涉及野生动物的养殖标准、野生动物疫源疫病监测标准以及野生动物监测标准等领域。例如，湖南省1999年12月颁布了《陆生野生动物-兽类人工养殖技术规程》、2012年4月9日颁布了《陆生野生动物疫源疫病监测技术规程》，四川2016年12月颁布了《野生动物红外相机监测技术规程》，福建2008年6月颁布了《野生动物标本制作技术规范》，湖北2014年4月颁布了《陆生野生动物疫源疫病监测及技术规范》，河南省于2010年9月颁布了《陆生野生动物疫源疫病监测技术规范》、2015年8月颁布了《陆生野生动物收容救护技术规范》，广东省于2015年12月颁布了《自然保护区陆生野生脊椎动物物种多样性调查与监测技术规范》等。上述地方标准对野生动物福利提出了较为具体和明确的条件和标准，例如，四川省《野生动物红外相机监测技术规程》中对野生动物的基本监测规范提出了下列要求："监测样区：根据每个监测样区的具体情况，确定2—3个60平方公里（公顷）的监测样方，样方之间间隔至少10公里或有天然隔离带（如河流）。监测样区的选择考虑植被类型、海拔梯度和人类活动干扰梯度等；相机布设：按60平方公里（公顷）30台相机进行布设，2—3个相机组，相机布设密度为1台/2km^{2}或1台/2公顷。布设前对整个监测样方通过 GIS 进行布点（即做成 1 平方公里/公顷的网格），打印在地图上，确定相机布设的路径，然后通过 GPS 导航找到预设相机位点，并寻找合适相机安放位置，对相机位点进行确认，重新记录相机位点的 GPS 信息；监测时间：最好为每年的旱季，每个监测样方（相机组）为期 30 天，30 天后轮换到下一个监测样方；样带补充调查：每个监测样方各设置 3 条 5 公里的样带，在红外相机监测结束后，立即通过样带痕迹对样区兽类种类和密度进行补充调查。"① 上述标准对野生动物的保护具有重要意义。

3. 野生动物福利行业标准

野生动物福利行业标准数量比较多，主要涉及野生动物饲养管理标准和野生动物运输标准。主要野生动物饲养管理行业标准见表 4-9，规定了较为具体的野生动物饲养场和几类特定野生动物饲养的一般要求、喂养标准、环境设施标准和管理标准。主要野生动物运输行业标准见表 4-10，规定了野生动物运输的一般要求和几类野生动物运输的特殊要求。

表 4-9　　目前我国主要的野生动物饲养管理行业标准

标准号	标准名称	发布日期	实施日期	所属行业
LY/T 1563—1999	陆生野生动物（兽类）饲养场通用技术条件	1999-08-16	1999-12-01	LY 林业
LY/T 1564—1999	陆生野生动物（鸟类）饲养场通用技术条件	1999-08-16	1999-12-01	LY 林业
LY/T 1918—2010	野生动物饲养管理技术规程　野猪	2010-02-09	2010-06-01	LY 林业
LY/T 2016—2012	陆生野生动物廊道设计技术规程	2012-02-23	2012-07-01	LY 林业
LY/T 2018—2012	野生动物饲养管理技术规程　食蟹猴	2012-02-23	2012-07-01	LY 林业
LY/T 2194—2013	野生动物饲养管理技术规程　美国鹧鸪	2013-10-17	2014-01-01	LY 林业
LY/T 2195—2013	野生动物饲养管理技术规程　水貂	2013-10-17	2014-01-01	LY 林业
LY/T 2196—2013	野生动物饲养管理技术规程　非洲鸵鸟	2013-10-17	2014-01-01	LY 林业
LY/T 2197—2013	野生动物饲养管理技术规程　貉	2013-10-17	2014-01-01	LY 林业

---

① 见 http://blog.sina.com.cn/s/blog_187b249820102xqxz.html，访问日期 2018 年 8 月 21 日。

续表

标准号	标准名称	发布日期	实施日期	所属行业
LY/T 2198—2013	野生动物饲养管理技术规程 东北林蛙	2013-10-17	2014-01-01	LY 林业
LY/T 2199—2013	野生动物饲养管理技术规程 东北虎	2013-10-17	2014-01-01	LY 林业
LY/T 2279—2014	中国森林认证 生产经营性珍贵濒危野生动物 饲养管理	2014-08-21	2014-12-10	LY 林业
LY/T 2361—2014	野生动物饲养管理技术规程 银狐	2014-08-12	2014-12-01	LY 林业
LY/T 2362—2014	野生动物饲养管理技术规程 绿头鸭	2014-08-12	2014-12-01	LY 林业
LY/T 2363—2014	野生动物饲养管理技术规程 白鹇	2014-08-12	2014-12-01	LY 林业
LY/T 2364—2014	野生动物饲养管理技术规程 黄腹角雉	2014-08-12	2014-12-01	LY 林业
LY/T 1565—2015	陆生野生动物饲养场通用技术条件	2015-10-19	2016-01-01	LY 林业
LY/T 2499—2015	野生动物饲养场总体设计规范	2015-10-19	2016-01-01	LY 林业
LY/T 2504—2015	野生动物饲养管理技术规程 蟒蛇	2015-10-19	2016-01-01	LY 林业
LY/T 2505—2015	野生动物饲养管理技术规程 眼镜蛇	2015-10-19	2016-01-01	LY 林业
LY/T 2506—2015	野生动物饲养管理技术规程 棕熊	2015-10-19	2016-01-01	LY 林业
LY/T 2806—2017	野生动物饲养 从业人员要求	2017-06-15	2017-09-01	LY 林业
LY/T 2807—2017	野生动物饲养管理规程 雁类	2017-06-15	2017-09-01	LY 林业
LY/T 2808—2017	野生动物饲养场建设和管理规范 鸵鸟场	2017-06-15	2017-09-01	LY 林业
LY/T 2978—2018	野生动物饲养管理技术规程 丹顶鹤	2018-02-07	2018-06-01	LY 林业
LY/T 2980—2015	野生动物饲养管理技术规程 狍	2018-02-07	2018-06-01	LY 林业
LY/T 2981—2015	野生动物饲养管理技术规程 东方白鹳	2018-02-07	2018-06-01	LY 林业

表 4-10　　目前我国主要的野生动物运输行业标准

标准号	标准名称	发布日期	实施日期	所属行业
LY/T 1291—1998	活体野生动物运输要求	1998-09-22	1998-12-01	LY 林业
LY/T 2500.1—2015	活体野生动物运输容器第1部分 术语	2015-10-19	2016-01-01	LY 林业
LY/T 2500.2—2015	活体野生动物运输容器第2部分 标签与标识	2015-10-19	2016-01-01	LY 林业

续表

标准号	标准名称	发布日期	实施日期	所属行业
LY/T 2500.3—2015	活体野生动物运输容器第3部分 通则	2015-10-19	2016-01-01	LY 林业
LY/T 2500.4—2015	活体野生动物运输容器第4部分 箱类容器一般性检验	2015-10-19	2016-01-01	LY 林业
LY/T 2500.5—2015	活体野生动物运输容器第5部分 大型食肉动物钢木运输箱	2015-10-19	2016-01-01	LY 林业
LY/T 2500.6—2015	活体野生动物运输容器第6部分 鳄类动物钢木运输箱	2015-10-19	2016-01-01	LY 林业

除了野生动物饲养标准和运输标准以外，在野生动物福利标准领域，还通过了涉及野生动物疾病监测和野生动物分类等方面的其他标准，例如2011年6月颁布的《陆生野生动物疫病分类与代码》，2011年7月颁布的《进出境野生动物现场检疫监管规程》，2014年12月颁布的《陆生野生动物疫源疫病监测技术规范》等。

4. 野生动物福利的企业标准

由于法律一般禁止野生动物买卖，完全禁止珍贵濒危野生动物交易，因此企业一般不参与野生动物福利标准的制定。目前我国涉及野生动物的企业专门标准只有一部，即长沙三珍林业科技开发有限公司出台的（LY/T 2199—2013）《野生动物饲养管理技术规程 东北虎》，其对野生动物东北虎的饲养管理条件和标准提出了要求。

四 我国其他动物福利标准制度

除了实验动物、农场动物和野生动物外，按照国际社会的通行分类，动物还包含伴侣动物和娱乐动物。伴侣动物和娱乐动物在我国没有独立的地位，我国不存在保护这两类动物的专门立法，但是我国制定有与这两类动物福利相关的立法。例如在伴侣动物领域，我国地方出台了一系列养犬规定。例如《上海市养犬管理条例》《北京市养犬管理规定》《辽宁省养犬管理规定（修订）》《洛阳市养犬管理办法》《重庆市养犬管理暂行办法》《长沙市养犬管理规定》《青岛市养犬管理办法》《厦门市养犬管理办法》等，这些规定的主要目的为规范养犬行为，而非保护犬类，因此其主要内容为规定养犬者的条件和养犬者的行为，动物福利标准和条件基本空白。

在专门标准领域，我国也尚未出台涉及这两类动物的国家标准、地方标准和团体标准，只出台了少量和伴侣动物福利相关的行业标准，例如，2003年7月公布的（NY/T 683—2003）《犬传染性肝炎诊断技术》，以及2014年颁布的（SN/T 3984—2014）《犬细小病毒实时荧光PCR检疫技术规范》，2013年3月颁布的（SN/T 3505—2013）《犬恶丝虫病检疫技术规范》等。上述规范主要涉及犬的疾病诊断和检疫标准。

第三节 我国动物福利标准条件制度的问题

通过梳理中外动物福利标准和条件的基本规定及其内容，我们不难发现，高标准、细规定，尽可能实现量化和关注标准的可操作性是发达国家动物福利标准条件制度的基本特点。而我国尽管也在实验动物福利相关立法和系列国家标准中对动物福利的标准和条件也作出了规定，但是和发达国家相比，我国尚存在较大不足。

一 统一法典缺失

如前所述，在动物福利领域，绝大多数发达国家和部分发展中国家都已经通过了统一的动物福利法典。动物福利的标准和条件制度作为动物福利法律制度的核心首先被确立于一国的动物福利法典或者直接根据法典制定的条例中。例如，美国根据《动物福利法》制定的《动物福利条例》第三部分的标题就是"标准"，在这一部分之下又分成六章对六类不同动物的喂养标准、设施标准、照顾和管理标准等做出了详尽规定；再如，2010年修正的德国《动物福利法》第2条就规定了任何照顾、照料和需要照料动物的人必须满足的要求，其中第1项要求就是"必须为动物提供适合动物物种、要求和行为的食物、照料和居所"，第3部分具体规定了处死动物的标准和条件，第4部分规定了"动物手术的标准和条件"，第5部分规定了"动物实验的标准和要求"，第8部分集中规定了动物的喂养条件和设施标准。尽管部分国家动物福利法典中对动物福利标准和条件的规定不如美国和德国那么集中和具体，但是法典中通常都包含动物福利标准和条件的规定。例如，在奥地利《联邦动物保护法》中就没有专章集中规定动物福利的标准，但是其在第二章第1部分"一般条款"第17条中规定了动物的饮食和饮水标准，第18条中规定了动物的居所和设施标准,在第二章第 2 部分"特殊条款"第 32 条中规定了动物的屠宰和处死的标准和要求。

动物福利法典是一国动物福利法律体系中效力等级最高的立法,其由国会制定,所有的从事动物相关行为的人员、机关和组织都必须遵循,具有法律的强制力,违法者必须承担相应的法律责任,因此将动物福利标准条件写入动物福利法典,一方面表明了动物福利标准和条件在动物福利法中的重要地位,另一方面也能保障动物福利标准条件条款的落实和实施。目前世界各国一般规定统一动物福利法典中的动物福利标准为动物福利最低标准。

然而,我国从未出台过一部统一的动物福利法典或者法规,造成这种现象的根本原因在于动物福利理念尚未在我国确立,民间对动物福利依然比较陌生甚至嗤之以鼻,动物福利在我国根本就没有被接受。在动物福利理念未确立、统一的动物福利法典缺失的情况下,如何去确立并实施动物福利标准或者条件显然是一个非常棘手的问题。即便我国出台了比较细化的一系列动物福利的国家标准、行业标准、地方标准或者企业标准,这些标准都难以获得有效的实施。笔者认为在动物福利这样比较特殊的领域,采用单行立法先行或者指导性立法先行的方式效果不明显,要在中国实现动物福利,首先需要出台统一的动物福利法典,即便统一法典的条文相对简单和宽松,统一法典的出台和最低标准条件的确立也是有必要的。换句话说,动物福利理念需要在我国自上而下的强制性推行确立,而统一法典的强制性推行效果必然是最好也是最快的。

二 强制性标准的高度概括

(一) 标准的分类

动物福利的标准和条件制度按照是否具有必然的法律效力,可以分为两类。一类为强制性标准,主要由国家机关——包含立法机关议会或者政府及其部门制定,这类标准具有强制力,任何组织和个人实施动物相关活动时都必须遵循,否则必须承担法律责任,名称上一般被称为法案、法规、法令等;另一类为指导性标准,一般由政府部门、国家基金组织或者保护动物的社会组织,例如反对虐待动物协会等制定或者颁布。国家提倡遵循指导性标准,但是除非法律有明确规定,否则条款没有必然的法律效力,名称上一般被称作指南、意见等。这两类标准的关系一般为:强制性标准为最低标准,指导性标准在强制性标准的基础上制定,但是在动物福利要求上会更为严格和具体。国外的动物福利标准和条件制度中既包含强制性标准也包含指导性标准，二者有效结合。例如，美国《动物福利条例》规定的动物福利标准为强制性标准，而由美国卫生院、美国农业部、卫生与人类服务部、国际实验动物评估和认证委员会、实验动物科学委员会等机构和团体资助的对实验动物福利作出规定的重要指南《实验动物照顾和使用指南》中确立的动物的喂养、居所和照顾标准则为指导性标准；再如，加拿大通过的《联邦动物健康法》为强制性标准规范，而由动物管理委员会 CCAC 通过的《实验动物照顾和使用指南》《科研动物安乐死指南》等确立的相关动物福利标准则属于指导性标准。尽管指导性标准在国外不具有必然的法律效力，但是在动物福利理念已经深入的发达国家，指导性规范一般能获得动物活动或者研究机构或者研究人员的良好遵从。

我国在动物福利标准相关立法也划分为强制性标准和指导性标准。在我国，全国人大通过的法律中确立的标准当然是强制性标准，例如《畜牧法》中规定的居所和运输标准，国务院行政法规、国务院各部委通过的规章、地方性法规和地方规章确立的动物福利标准基本为强制性标准。国务院各部委颁布的少量立法确立的标准为指导性标准，比较典型的是国家科技委颁布的《关于善待实验动物的指导性意见》和商务部《关于加强牛羊屠宰管理工作的指导意见》。

（二）我国标准的问题所在

如前所述，尽管在动物福利相关立法中，我国对动物福利的标准和条件也有所规定，但是立法中规定的标准和条件简单、概括，目前我国动物福利标准制度主要见于专门通过的动物福利系列标准，即国家标准、行业标准、地方标准、团体标准和企业标准中。按照我国《标准化法》第 2 条第 2 款的规定"标准包括国家标准、行业标准、地方标准和团体标准、企业标准。国家标准分为强制性标准、推荐性标准，行业标准、地方标准是推荐性标准。"第 2 条第 3 款规定"强制性标准必须执行。国家鼓励采用推荐性标准。"这样来分析，动物福利专门标准中只有国家标准中包含强制性标准，其余在数量上占据主导地位的行标、团标、地标和企标均为推荐性，实际上也就是指导性标准。但是目前在动物福利国家标准领域，我国的强制性标准数量极少。以实验动物福利国家标准为例进行说明，我国现行的涉及实验动物福利的国家标准有百余部，但是被列入强制性标准的只有 5 部，分别为《实验动物　环境及设施》《实验动物　配合饲料营养成分》《实验动物　寄生虫学等级及监测》《实验动物　微生物学等级及监测》和《实验动物　哺乳类动物的遗传质量控制》。其余所有的国家标准包含最新的《实验动物　动物实验通用要求》和《实验动物　福利伦理审查指南》均为推荐性也就是指导性标准。不仅如此，仅有的 5 部强制性标准也并非全部条款均属于强制性条款，只有部分条款为强制性条款，目前我国没有一部全部条款为强制性条款的国家标准。例如，最重要的实验动物福利标准《实验动物　环境与设施》在前言中规定，"本标准的 4.2.4，4.4.1，4.4.6，4.5.4，5.2.1，5.2.2，5.2.3，6.1.2.4，6.2.3，7.2，7.3，7.4，8.2.2，8.3.2，9.1，9.2.3 为强制性，其余为推荐性。"其余 4 部国家标准中推荐性条款数量更少，例如，《实验动物配合饲料营养成分》在前言中规定：标准中"3.2.1 中饲料常规营养成分指标及 3.2.2 中饲料氨基酸指标中赖氨酸，蛋氨酸+胱氨酸指标为强制性，其余为推荐性的。"《实验动物配合饲料通用质量标准》和《实验动物配合饲料卫生标准》原来属于强制性标准，但 2017 年 3 月份开始转为推荐性标准。

而如前所述，我国在强制性立法中，对实验动物、农场动物以及野生动物的福利标准和条件有所规定，但是规定过于分散、条文较为简洁和概括。我国目前最主要的动物福利标准 确立于动物福利的国家标准、行业标准、地方标准和团体标准中。而这些标准基本上全为指导性标准，本身并不具有必然的法律约束力，违反者也无须承担任何法律责任，这势必造成动物福利标准的不遵守。在动物福利理念虚无和动物福利统一法典缺失的我国，软的动物福利标准难以发挥有效的作用，即便国家鼓励遵循，效果也不会明显。于是，结果就是强制性标准过于简单，推荐性标准难以实施。动物福利标准规定在我国难以获得有效遵从。

三　动物福利标准操作性较差

首先，我国没有针对不同的动物物种的动物福利标准和条件。尽管我国在《实验动物环境和设施》国家标准中，有对于特定动物的特殊条件规定，例如，在《实验动物环境和设施》中对环境技术指标作出规定时，以表格的方式，对小鼠、大鼠，豚鼠、地鼠，犬、猴、猫、狗、小型猪和鸡的温度、湿度、通风、噪音等条件分别做出规定，但是这样的规定仅见于少量条文中,整部标准是以标准作为分类基础的,分别规定了环境标准,设施标准,工艺布局,污水、废弃物和动物尸体处理,笼具、垫料和水,动物运输和检测标准,而不是像美国和多数国家一样以动物分类为大标准,对不同的动物再去细化喂养、环境、设施、运输和处理等标准,只有在农场动物领域例外。

其次,已有内容过于单薄。以《关于善待实验动物的指导意见》为例进行说明,尽管《意见》通过第二章"饲养管理过程中善待实验动物的指导性意见"、第三章"应用过程中善待实验动物的指导性意见"和第四章"运输过程中善待实验动物的指导性意见"三章的内容去规定实验动物福利标准,但是每章之下实际只有简单的6条到7条,整部《意见》一共才34条,我们可以想象其对标准和条件规定的概括性有多强。《意见》中多次规定,具体适用国家标准。这样来看,我国最集中和细化的福利标准也只能是系列国家标准了。但是目前我国出台的系列国家标准与西方国家动物福利立法的规定相比内容依然过于简单。以《实验动物环境及设施》(GB 14925)的国家标准为例进行说明,整部标准只有10条,每条的规定都较为概括,例如,运输条件只规定了运输笼具和运输工具,而美国《动物福利条例》中,涉及设施条件的规定多达上百条,欧盟单一项《实验动物运输指南》就包含30多页。加拿大除了在《实验动物管理和使用》指南中用了12章的内容对动物行为标准和条件做出规定外,针对动物设施条件,还专门出台了《实验动物设施——特点、设计和发展指南》,指南中对实验动物设施的规定多达80多页。我国不足6页规定的《实验动物环境及设施》与西方国家多达百页的规定相比,差距之大一目了然。

最后,动物福利的标准要求过低。国外对动物福利标准的规定不仅内容丰富,而且内容详尽,并通过详尽的规定确立了较高的(部分国家为极高的)动物福利标准。以喂养标准中对喂养食物的储存为例,为保证动物食物的清洁、可口和富有营养,各国普遍对食物和饮用水的储存、灭菌等问题提出了明确要求。例如,美国《实验动物照顾和使用指南》同时要求:"动物群体管理人在购买、运输、储存和处理食物时应当审慎以最大化地降低疾病、寄生虫和潜在的疾病传播媒介(例如昆虫和其他害虫)的产生。鼓励购买者考虑生产商和供应商的保存措施和行为(例如存储、害虫控制和处理)以保护和确保食物的质量。管理机构应当督促食品供应商定期从实验室的喂养分析中提供重点营养报告。使用者应当知悉食品的生产日期和影响食品保存期限的其他因素。过期食物以及运输和保存不当的食物会使营养流失。收到食物时应当检查食物包装以确保包装是完整的未破损的从而帮助确定食物没有被潜在暴露于害虫危险下，未被渗水或者被污染。应当仔细检查每次装运的数量并且依次储存以便于生产日期长的食物先被使用。"[1]《指南》还规定处理和保存食物及食物成分的地点应当被保持清洁和封闭以防止害虫进入。"储存应当以便于卫生清洁的方式存放在平台、支架或者推车表面层。已经打开包装的食物应当储存在防虫蛀的容器中以最大化地降低污染和避免潜在病菌的传播。储存室温度过高、湿度过大和不卫生的条件以及暴露于昆虫和其他害虫下会加速食物的变质。自然成分食物温度应当储存在21摄氏度（70华氏度）以下，建议相对湿度不超过50%。如果喂养易腐食品例如肉类、水果、蔬菜和某些特殊食品（例如药物或者高脂肪饮食）应当采取预防措施，这是因为储存条件会导致食物质量的变化。……"[2]与国外相比，我国大量立法对动物福利标准的要求则要低得多。我国只规定了最基本的喂养标准，例如，《实验动物管理条例》第13条规定："实验动物必须饲喂质量合格的全价饲料。霉烂、变质、虫蛀、污染的饲料，不得用于饲喂实验动物。直接用作饲料的蔬菜、水果等，要经过清洗消毒，并保持新鲜。"《关于善待实验动物的指导性意见》第12条第1款规定："饲养人员应根据动物食性和营养需要，给予动物足够的饲料和清洁的饮水。其营养成分、微生物控制等指标必须符合国家标准。"两部规定均没有关于食物储存方面的任何规定。《实验动物配合饲料通用质量标准》作为比国家立法更细化的专门动物福利国家标准尽管在9.1中对实验动物食物的贮存提出了要求，但是要求只有一句话，即："配合饲料产品应放在通风、清洁、干燥的专用仓库内，严禁与有毒、有害物品同库存放。配合饲料产品在常温下的保质期为三个月（梅雨季节为两个月）。"此标准和国外标准相比显然要低得多。在动物福利的绝大多数标准上，我国的标准均低于国外基本标准。这也从一定层面上反映了我国动物福利制度的不完善。

---

[1] 见美国《实验动物照顾和使用指南》第三章对实验动物"环境、居所和管理"部分的相关规定。

[2] 见美国《实验动物照顾和使用指南》第三章"环境、居所和管理"中"陆生动物的管理"中"陆生动物的照顾"部分的相关规定。

第五章

中外动物福利登记和许可制度比较

第一节 动物福利登记许可制度概述

一 动物福利登记、许可的含义及种类

(一) 登记和许可的含义

动物福利的相关登记指的是为了确保动物福利的实现，动物相关人员包含动物的饲养人、供销商、使用人、运输商等按照动物福利法律法规要求，到相应主管机关就动物信息、相关人员信息以及许可信息等动物相关信息进行登记和备案的活动。动物福利的许可指的是动物相关人员在从事动物相关活动或者相关行业前，按照动物福利法律法规的要求，向动物福利主管机构或者部门提出申请，主管部门对申请和申请人的条件进行审查，并作出是否准许决定的活动。

动物福利下的登记和许可制度是动物福利程序制度的重要内容。发达国家动物福利相关立法中普遍对登记（registration）和许可（licensing or approval）做出了规定。多数国家将登记和许可置于动物福利法的同一部分作出规定。例如，美国《动物福利条例》在第二部分"规章"中对许可和登记作出规定，第一节规定了申请许可证，第二节规定了登记。英国《动物福利法》在第四章许可和登记中对许可和登记做出规定，澳大利亚《联邦动物福利法》在第八部分"用于实验目的的动物中"第 101 条规定了许可，第 112 条规定了登记。上述立法说明一方面登记和许可具有共性，二者均为动物福利的程序制度，均要求动物相关事项或者行为进行前置或者后续性记载和认可，从而实现对动物行为的监督和管理；但另一方面，许可和登记又有所差异，因此，尽管在同一章或者同一部分做出规

定,但各国一般将其分别提出要求。登记和许可的区别在于登记仅仅是形式上在相应法定机构或者部门进行书面记载,以便法定部门或者机构了解动物、动物行为或者动物相关行业的存在,并能够对上述系列记载事项进行检查和监督;而许可则意味着动物行为实施者(包含个人和组织)或者动物相关行业必须满足一定的条件并向相应机构提出申请,在相应机构批准,发放许可证的条件下方可实施动物行为或者从事动物相关行业,其意味着对动物行为和动物相关行业从业者的实质审查。

(二) 登记和许可的种类

各国动物福利法对登记和许可种类和范围的规定有所差异,但是从总体上看,各国普遍确立了以下几种不同类别的登记和许可制度。

1. 登记的种类

各国动物福利法中并没有明确规定登记的种类或者类别,只是规定了登记的要求和登记事项范围,根据各国动物福利法律、法规的规定,学者们一般将登记分为以下三种:

(1) 动物的登记

动物的登记,是指通过给动物佩戴铭牌、在动物特定部位制作文身等特定标识或者采用无痛方式在动物体内置入芯片等方式,将动物明确身份并将具备特定身份动物的基本信息予以记录、存档的活动。

动物的登记制度适用于各类动物,比较典型的是伴侣动物的登记。例如,宠物饲养者在获得宠物后,应当将其饲养的动物向管理机关进行登记,管理机关会对饲养人和被饲养动物的基本情况予以记载。英国、德国、葡萄牙、瑞典、丹麦等国家的动物福利法对伴侣动物的登记提出了明确要求。例如,"丹麦1991年的《动物福利法》规定,1993年1月1日以后出生的狗必须到丹麦狗类登记中心进行登记,并且进行文身或者在其体内植入芯片。"再如,"在加拿大养宠物要到市政厅登记注册,领取牌照。一般一岁内的猫狗注册费为10加元(1加元约合人民币5.6元),超过一岁的注册费为15加元至25加元;已绝育的宠物注册费为15加元,未做绝育的25加元。注册后,主人可拿到有关豢养宠物的资料和规定。……在法国,宠物狗和宠物猫都必须登记、建档、办理健康卡。和人一样,犬也有身份号码,并由兽医文在犬身上。犬一旦走失或发生意外,有关部门可通过电脑储存的资料通知主人。"①

实验动物的登记是动物登记制度中另一常见登记类型。动物实验活动在进行前必须就研究实验接受伦理审查,动物实验活动确有必要时方可实施。在伦理审查过程中,实验动物的种类、数量是否恰当、实验会给实验动物可能造成的疼痛、痛苦以及对疼痛和痛苦的处理等会成为伦理审查的重点。这样一项动物实验需要使用多少动物?这些动物因为动物实验发生了哪些生理或者心理上的变化?动物是否因实验而死亡?死亡的动物如何处理的?上述动物信息对动物实验是否应当获得批准以及批准后的动物实验是否合法、适当的评价具有重要衡量价值。因此在获得实验许可后,一般需要实验机构或者实验者将用于实验的动物的基本情况制作记录并且予以保存,这些记录需要提交至监督机构、资助机构或者动物福利委员会。从广义上看,对动物情况进行记载并提交保存,也属于登记的范畴。

除伴侣动物和实验动物以外,农场动物的特定行为例如屠宰也需要进行登记。例如"阿根廷2010年底146号决议(即关于马科动物屠宰监管规定的框架法规)规定,从2010年4月1日起,马匹屠宰企业需要将待屠宰马匹个体进行注册登记……"②

(2) 动物活动相关人员的登记

这里动物活动相关人员是在广义上使用的,指的是从事所有的动物活动和动物行为的人,既包含个人,也包含法人和其他组织,例如宠物的饲养人、实验动物的研究人员、娱乐动物的展览人员、动物的运输人员等。各国对动物行为相关人员的管理规定了两种不同的制度,一种是此处的登记,另一种是许可。许可这种管理方式较为严格,要求动物活动相关人员必须具备或者达到法定的资质条件,符合条件者颁发动物行为许可证或者资质证书,获得证书后方可实施许可证下允许的动物行为,对此本书稍后将进行介绍。登记要求比较简单,只需要动物活动或者动物行为相关人员到法定机构或者组织进行登记备案即可。例如,美国《动物福利条例》第二章"规章制度""注册登记"一节中第1条规定:"据本法规的本章第三节以及第一部分各段落所规定,凡是不要求持有许可证的每个运送人员和中介商,以及每个展示人员,都应当完整地执行由动物照顾地区主管

---

① 《各国宠物立法扫描》,引自 http://blog.sina.com.cn/s/blog_4da7948501000kr4.html。
② 何力:《动物福利法律制度比较研究》,陕西人民出版社2012年版,第87页。

部门根据请求提供的表格,向政府部长注册登记,且将该注册表格交付对于该注册登记人收存申请人的主要业务资料的本州的动物照料地区主管部门存档"①。再如,澳大利亚《联邦动物福利法》第八部分第 112 条和第 113 条对登记细节做出规定,其中第 112 条要求,动物福利当局应当保有登记有实验动物使用人信息的登记册,当局可以以适当的方式例如电子登记册的方式保存。第 113 条第 1 款进一步规定了登记的细节要求,即"登记册中必须记载每一个登记人员的下列信息:(a)被登记人的姓名、地址和许可证号;(b)如果被登记人不是个人——应登记被登记组织的主要行政负责人;以及(c)法规要求的任何其他信息。"

(3) 特定动物行业的登记

实践中存在大量的与动物相关的行业,包含与动物买卖、销售相关的行业,如宠物销售机构,农场动物供应和繁殖机构,动物饲料、兽药的供应机构,动物运输商,动物屠宰场以及动物医疗机构等。这些机构的共性就是他们从事的都是和动物相关的行业,也正是由于其从业范围和动物密切相关,因此这些行业机构的资质、设备、人员条件等必将对动物福利产生重要影响。于是国外普遍对动物行业加强管理。管理方式亦分为两种,一种为许可,例如饲料和兽药供应商必须具有饲料和兽药生产经营许可证,另一种为登记。登记分为两种,一种是对已经获得许可的动物行业的登记,另一种是不需要经过许可,但是需要相关机构知悉的登记注册。例如,按照美国《动物福利法》的要求,农业部颁布了《动物福利法下的许可和登记—经销商、展览者、运输者和研究者指南》,其对动物运输人的登记和许可提出下列要求:如果你商业经营的一部分涉及以任何一种方式运输受保护的动物时,你应当作为经销商获得许可或者作为中间经营商或承运人进行登记。当与动植物健康检验局 APHIS 联系后,明确你应当作为私营承运人申请许可还是作为中间经销商或者公共运输商进行登记。……

2. 许可的种类

许可是动物福利法下一项前置性管理制度,其意味着没有政府法定部门的审核和批准,不符合法定的条件和资质,任何人不得实施任何动物相

---

① 陈筱霞译,刘瑞三、高诚校:《美国动物福利法规汇编》,上海科学技术出版社 2006 年版。

关行为或者从事动物相关行业。该项制度能够最大限度地保障动物行为人和动物相关行业切实满足动物福利法规定的动物福利标准和要求，从而实现动物福利。因此许可制度成为各国动物福利法普遍确立的重点制度。各国对许可分类的规定并不一致，部分国家也没有在动物福利法中明确规定许可的种类，仅仅是规定了许可的事项、许可管理机关、许可条件以及许可的撤销和变更等内容。结合多数国家动物福利法律法规的规定，我们可以将许可划分为以下三类：

（1）特定动物行为人的许可

该许可指的是从事动物相关活动的相关人员在从事动物活动前应当满足的许可，例如动物饲养人、实验动物研究人员、运输人员、兽医等应当获得的许可。动物行为人的许可的意义在于明确自然人或者法人是否具有实施某项特定动物行为的资格或者资质，从而确保每一项动物的使用活动例如动物繁殖、供应、运输、屠宰等均由适格人员和专业人员完成。例如美国《动物福利条例》第二章"规章"第一节"许可"第1条规定："除了按照本节中的第3段落所述的豁免许可证要求的各类人员之外，所有人员，例如当前从事或者拟从事经销商、展示人员或者拍卖行经营人员，都必须持有有效许可证。"

（2）研究项目或者研究计划许可

这类许可主要存在于动物实验或者科研中，指的是当研究项目或者研究计划涉及动物的使用时，在研究计划或者项目开始前需要向相关部门或者组织提出申请，相关部门经审查认为动物研究行为不至于过度损害动物福利的前提下予以批准研究计划的许可。例如，按照《澳大利亚用于科研目的的动物的照顾和使用准则》的规定："涉及用于科研目的的动物照顾和使用的所有活动，包含研究计划必须（i）接受 AEC 的伦理审查、批准和监督；（ii）只有在 AEC 批准后才能实施；（iii）活动的实施必须与 AEC 批准的相一致；（iv）如果 AEC 的批准被暂缓或者撤销，活动应当停止。"①

（3）动物相关行业许可

动物相关行业许可指的是专门从事动物活动的特定行业应该满足的许可。这类许可与其他许可最大的区别在于该许可不是关于人员是否合格或

---

① 见澳大利亚《用于科研目的的动物的照顾和使用指南》1.32 的规定。

者设施是否满足条件的问题，尽管在许可审查过程中也会重点考查人员和设施条件，而在于是否具备特定的行业资质问题。行业资质目前在各国只有专门的政府部门才能审查并给予专门认证。这些许可包含动物饲料、兽药生产经营许可，动物繁殖许可、宠物店营业许可等。例如，美国《联邦法典》第七编第 54 章（该章规定了动物福利相关问题，被称为《动物福利法》）第 2134 条规定销售商和参展商之间不得买卖或者拟买卖、运输或者拟运输动物，除非具有当局颁发的许可证，且许可证未被暂停或者注销。

二 动物福利登记和许可制度的作用

各国动物福利法以及国际公约普遍确立动物福利相关登记和许可制度，是因为这项制度能够有效约束动物活动相关人员或者动物相关行业的行为，确保动物福利的实现，能够确立违法责任人并有效落实违法行为的责任。具体而言，登记和许可制度的作用有：

（一）保障动物福利的实现

这是国外确立登记和许可制度确立的首要功能。通过对动物、动物行为者和动物相关行业进行登记，国家特定部门或者机构就能够有效知悉动物和动物相关活动的存在，随时或者按照法律规定的频率对动物活动进行相应的监督和检查，一旦发现侵害或者涉嫌侵害动物福利的行为，可以采取有效措施。许可在保障动物福利方面的作用就更为明显了。这是因为动物福利领域许可制度设置的目的就是要求所有的动物行为在实施前或者动物行业在从业前，必须满足保障动物福利的一系列基本要求。如果不符合基本的动物福利标准条件，包含设施条件、喂养条件、人员条件等，就不得实施动物行为或者从事动物行业。例如，澳大利亚《联邦动物福利法》第 101 条第 3 款规定，只有在申请人能够提供所有满足反虐待动物条款下适当照顾和管理动物的所有圈栏、笼子、场地、工具、设施、建筑物和膳食材料条件时动物福利局才会授予研究单位运营许可。第 101 条第 4 款规定只有满足下列条件才能获得动物供应许可："（a）有可证明的照顾和管理动物的经验；（b）具有法律要求的能够在动物场所适当照顾动物所需要的所有圈栏、笼子、场地、工具、设施、建筑物和膳食材料；（c）具有随时能到繁殖或者看护场地照顾和常规检查动物的兽医。"上述两条规定意味着所有的动物行业和动物行为只有在满足动物福利标准和要求的基础上才能开始。同时该法第 101 条第 2 款规定"当局不会授予任何人许可除非该人书面承诺本人会遵守国家健康和医学研究理事会通过的《澳大利亚用于科研目的动物的照顾和使用指南》"。

不仅如此，动物福利相关许可证上都会明确许可的基本要求、范围和期限，任何申请人在获得许可后，只能按照许可批准的条件实施动物行为或者开展动物活动。在行为和活动实施过程中，还要接受相关部门和内部动物福利委员会的监督。如果动物行为人或者动物行业从业者违反了许可的条件和规定，会导致许可被撤销。这对动物福利的保障具有重要价值。登记和许可都能够有效地约束动物行为人或者动物相关行业严格按照动物福利法和动物福利许可证的要求实施动物活动，从而确保动物福利的实现。

(二) 实现国家对动物行为的有效管理

"徒法不足以自行"，动物福利法律、法规只有获得有效执行才能实现立法目的，而法的执行权主要在行政。行政机关对动物福利进行监管的方式很多，例如，对动物福利相关行为进行监督检查，对动物福利违法者进行追责等。而要实现上述监管，一个基本前提就是政府知悉动物行为人和动物行为的存在。通过实施登记制度，动物福利的主管机关能够有效知悉动物的基本信息，知悉动物设施和场所的存在、知悉动物行业的数量和规模、知悉动物行为许可证的基本状况，从而实现对动物行为和动物场所有效的检查和监督。而许可本身就是政府干预，政府认为动物活动主体不符合动物行业标准或者动物研究计划不符合动物福利要求，就有权不予许可；给予许可后发现动物相关活动或者动物行为者存在违法或者违反许可条件的行为，有权叫停或者终止许可。例如，澳大利亚《联邦动物福利法》规定，动物福利局作为许可的管理机构有权暂缓或者撤销许可，该法第 105 条规定："根据审查和监督员的建议，动物福利局可以暂缓或者撤销运营研究机构或者供应机构的许可：（a）运营者未遵守许可条件或者本法案；（b）运营者未适当维护法规指出的任何设备、设施或者材料，或者（c）运营者或者运营者雇佣的任何人以及与运营者相关的人员未能遵守或者履行本法案的条款或者一些反对残忍对待、虐待或者疏于照顾动物的法律。"一旦运营者被撤销许可，在撤销 1 年内动物福利管理局不得再授予其另一许可。

由此可见，登记和许可是政府进行动物福利行政管理的基本手段，也是实现政府监管目标的重要手段。

(三) 实现追责

无论一个国家动物福利的事前和事中监管制度有多么完善，都无法完全制止动物福利违法行为。当违法行为发生时，需要严厉的追责制度，一方面惩治违法者，另一方面制止动物违法行为的再次发生。追责的前提同样也是知悉。一方面要知悉违法者，即动物侵权行为的实施者；另一方面要知悉"被害人"—受保护的动物。而动物福利的登记和许可制度能够有效地发挥上述功能。例如，发现处于无助状态的流浪动物是在警察局登记过的宠物，就可以根据登记的宠物信息找到该宠物的饲养人或者照管人，如果调查发现宠物主人故意将宠物遗弃甚至在遗弃前存在虐待行为，就可以追究宠物饲养人的法律责任。各国的动物福利法普遍禁止遗弃动物的行为，例如，德国2010年修改的《动物福利法》在第二章"动物照管"第3条第3项明确规定：遗弃动物或者将动物单独置于家中逃避照管人责任的行为是法律禁止的行为。2009年挪威《动物福利法》第14条也明确规定禁止将动物遗弃于无助的环境中。当发生遗弃行为时，登记信息无疑是确定被遗弃动物身份和确定违法者身份的重要依据，这些依据是动物违法行为追责的前提和重要证据。再如，在实验设施内发生动物侵害行为，在暂时不能确定具体侵害人时，研究计划的申请人或者研究设施许可的申请人首先要承担法律责任，这是因为在这类许可中，明确规定许可人为直接责任人，因为许可人在申请许可时就书面保证过会保障动物福利，因此如果出现动物福利侵权行为，就意味着许可人对许可条件的违反。也就是说，对许可人而言，许可证不是或者至少不仅仅是一张通行证，也是或者更是一张责任书。

第二节 国外登记和注册制度主要内容

一 登记许可的主管机构及其职责

(一) 主管机构或者组织的规定

各国对登记、许可的主管机构普遍作出了明确规定。例如，《澳大利亚用于科研目的的动物的照顾和使用准则》，要求涉及动物的各项活动和设施应当获得必要的许可和批准，这些许可根据许可请求事项和管理机关的不同，包含生物安全部门，农业、渔业和林业部，基因技术管理办公室以及其他澳大利亚州或者地区的相关部门，例如，实验动物的饲养、用于实验等活动往往要获得州农业部的相应许可证后方能实施；转基因动物的繁殖和使用须获得基因技术管理办公室许可和批准。再如，英国《动物（科学程序）法》1.3 规定："许可由英格兰、苏格兰和威尔士的内政部和北爱尔兰的卫生部和社会服务及公共安全部发放。"

（二）登记和许可机关的职责

除了明确规定登记许可的机关以外，各国通常会对登记尤其是许可机关的职责做出规定。其中非常重要的职责就是审查。登记尤其是许可主管机关应当就登记事项和登记材料的真实性进行审查，许可机关应当审查申请人是否满足获得许可的条件以决定是否发放许可证，在获得许可后，许可主管机关还应当审查和监督相应人员行为是否符合动物福利法和许可条件的规定，以决定是否中止或者撤销许可等。例如，英国的《动物（科学程序）法》及其《操作指南》规定，许可机关的监督人应当至少每年对设施许可进行一次监督，监督的内容包含：许可是否符合法定条件，许可持有人是否良好履行了动物福利相关立法规定，是否遵从 3R 原则，人员是否充足，是否建立并有效运行伦理审查机构，是否确保动物获得了适当的照顾和住所，是否获得许可等。当出现设施人员不足、指定人员未能恰当履行职责、违反许可条件等情形时，许可会被管理机关吊销。

二 登记和许可的范围和种类

即哪些事项、哪些人或者哪些行为应当进行登记或许可。登记许可的范围和种类是各国动物福利登记和许可制度的重点内容，各国在动物福利法中普遍作出明确规定。例如，英国 1986 年制定，2012 年修改的《动物（科学程序）法》和 2014 年颁布的《〈动物（科学程序）法〉操作指南》将实验动物的许可划分为三类，即设施许可、个人许可和项目许可。按照《动物（科学程序）法》及其操作指南的规定，设施许可指的是允许许可人在指定的地点从事特定动物活动的许可；个人许可指的是授权许可持有人可以从事法定的动物行为的许可，个人许可只有自然人才能获得；项目许可指的是授权在指定的地点（获得资质许可的地点）实施特定的动物研究计划或者研究项目的许可。项目许可的持有人只能是自然人，该自然人在获得项目许可后，方可实施获得批准的特定实验动物研究项目或者研究计划。通过上述分析，我们可以得出结论，英国对实验动物许可的分类无非是划分为特定人的许可、特定研究项目的许可和特定设施的许可。澳大利亚对实验动物的许可也做出了划分。澳大利亚《联邦动物福利法》也规定："任何下列人员应当按照动物福利当局批准的表格向当局提出许可申请：（a）研究单位的拟运营人（b）供应单位的拟运营人（c）研究项目的拟实施者。"[1] 由此可见，澳大利亚将实验动物许可划分为研究单位许可、供应单位许可和研究项目许可。在上述登记或者许可分类介绍过程中，我们已经了解到国外动物福利立法会较为明确并且尽可能集中地规定登记或者许可的事项范围，从而明确许可管理的范围。

三　登记和许可的条件制度

即满足哪些条件可以获得登记尤其是许可。例如，按照英国《动物（科学程序）法》的规定：从事特定实验动物活动的地点（如繁殖场所、饲养场所等）必须具有动物福利的负责人和动物照顾人员、必须有兽医、保障动物行为者能获得充分信息的人员、确保动物行为者具有良好教育背景和经验的人员以及确保会遵从许可的人员才能获得个人许可；"年满18周岁、满足最低的受教育标准（五年普通中等教育或者生物医学及相关学科标准级别）、已经圆满地完成了培训课程以及在处理受保护动物和维护其福利领域具备经验的人才能申请人员资质许可。"[2] 再如，《澳大利亚用于科研目的动物的照顾和使用准则》第101条第（4）项规定：动物福利局不得授予运营供应机构的许可，除非申请人："（a）有证据证明能够适当地照顾和处理动物；（b）在其场所内具备法规明确的能够适当的照料和管理动物的圈栏、笼子、场地、工具、手段、建筑和膳食材料；（c）具备能够随意地对照顾和场所的维护情况进行定期监督的兽医。"

由此可见，不同种类的许可获得的条件必然有所差异，但是从总体上分析，符合动物福利立法规定、提供充足的满足动物福利要求的设施和人员是获得各类许可普遍要求的基本条件。各国登记、许可制度的核心目标显然在于保障和实现动物福利。

---

[1] 见澳大利亚《联邦动物福利法》第101条第1款。
[2] 见英国《实验动物法操作指南》4.2的规定。

四 登记和许可的程序制度

即登记或者许可的方式、步骤、时限等问题。发达国家将程序法治视为法治的重要组成部分，因此在动物福利法中，具体地规定了登记和许可的程序，包含登记和许可表格的领取、标准的交付、登记和许可费用的缴纳、许可期限、登记变更、许可的中止、变更和撤销等。例如，美国《动物福利条例》在"许可证"部分就规定了许可的条件和申请办法，其中第二部分"规定和标准的确认"第1条规定了许可证初次申请办法，该条规定："动植物卫生检疫局须为每位申请许可证的申请人，提供适用的规定和标准条件的副本。申请人应当确认已经收到该规定和标准要求，并承诺据以遵守签署申请表格，以期获得许可证"，第2条规定了"更新许可证的申请办法"。美国《动物福利法》和《动物福利条例》还较为具体地规定了遵守各项规定和标准的方法、许可证的持续期和终止期、许可证年费、许可证持有人年报等内容。再如，英国《动物（科学程序）法》及其《操作指南》对实验动物的三类许可：设施许可、个人资质许可和项目许可的程序做出了具体规定。例如，《动物（科学程序）法操作指南》3.11规定了设施许可的批准期限为收到完整和正确申请书之日起40个工作日内。3.13.20对许可费做出规定，要求申请人支付实施《动物（科学程序）法》的费用，包含监督费用、许可费用和动物科学委员会的费用。当局每年会开具上一年度应缴费用的缴费单，费用必须在28天内付清。如果未支付，可以吊销营业执照，但许可人有权提出申诉。3.14规定了修改设施许可的条件和程序，3.15规定了许可变更、撤销和暂缓的情形和程序，3.16规定了许可人针对当局变更、暂缓和撤销许可决定的陈述和抗辩权。通过美国和英国的相关立法，我们不难得出结论，国外对登记和许可程序的规定是较为完善和具体的。

第三节 我国动物福利登记许可制度

与动物福利标准条件制度不同，我国对动物福利登记和注册的规定主要见于国家通过的动物福利相关立法中。由于我国缺乏统一的动物福利法，又未形成以动物分类为基础的单行动物福利立法，因此这些规定较为分散。

一 实验动物福利登记和许可制度

(一) 实验动物许可的中央立法及其规定

涉及实验动物的中央立法主要包含国务院及其部委颁布的《实验动物管理条例》《实验动物质量管理办法》《农业系统实验动物管理办法》《医学实验动物管理实施细则》和专门为许可制度而制定的《实验动物许可证管理办法》。

1.《实验动物管理条例》的规定

国务院通过的《实验动物管理条例》作为我国目前实验动物管理的最高立法对实验动物许可的相关规定只涉及一条,即第 10 条:"实验动物的保种、饲育应采用国内或国外认可的品种、品系并持有效的合格证书。"

2.《农业系统实验动物管理办法》和《医学实验动物管理实施细则》的规定

农业部 1997 年发布的《农业系统实验动物管理办法》对实验动物的许可证制度做出了较为明确的规定。该《办法》第 17 条规定:"为了保证实验动物质量,农业系统实行实验动物合格证管理制度。实验动物合格证由农业部颁发";第 18 条规定了农业系统实验动物合格证的种类包含"实验动物质量合格证""实验动物(动物实验)设施条件合格证"和"实验动物饲料合格证"三种;第 19 条要求农业系统内从事实验动物活动以及系统外向农业系统申请实验动物必须获得许可。

《医学实验动物管理实施细则》确立了医学实验动物的许可制度。其中第 5 条规定:"卫生部实行医学实验动物合格证认可制度。生产供应单位必须建立严格实验动物合格证,分为:医学实验动物合格证;医学实验动物环境设施合格证;医学实验动物技术人员岗位资格认可证。"第 10 条、第 13 条和第 21 条对上述三类许可的人员作出了进一步的规定。

3.《实验动物质量管理办法》的规定

《实验动物质量管理办法》第三章"实验动物生产和使用许可证"集中规定对实验动物的许可做出了规定。首先,《办法》第 9 条明确了应获得许可的人员和行为范围,规定:"实验动物生产和使用,实行许可证制度。实验动物生产和使用单位,必须取得许可证。实验动物生产许可证适用于从事实验动物繁育和商业性经营的单位。实验动物使用许可证适用于从事动物实验和利用实验动物生产药品、生物制品的单位。"由此可见,《办法》明确将实验动物许可证划分为实验动物生产许可证和实验动物使用许可证两种;其次,《办法》第 10 条和第 11 条规定了不同行为获得许可的条件。例如,第 10 条规定了从事实验动物繁育和商业性经营的单位取得生产许可证必须具备的基本条件;第 11 条规定了从事动物实验和利用实验动物生产药品、生物制品的单位,取得使用许可证必须具备的基本条件,这些条件包含实验动物生产和使用必须具有合格证,且设施、设备应当符合国家标准,管理制度应当规范等;最后,《办法》第 12 条至第 14 条明确了实验动物生产、使用许可证的申请、审批应当遵循的程序和审批机关,例如,第 12 条明确了负责审批和发证的机关为国家科委。第 13 条要求取得许可证的单位,必须接受每年的复查。复查不合格的,限期三个月进行整改,并接受再次复查。如仍不合格,取消其实验动物生产或使用资格,由发证部门收回许可证。

4.《实验动物许可证管理办法》(试行)(后文简称《管理办法》)的规定

《实验动物许可证管理办法》(试行)是我国颁布的专门对实验动物许可进行管理的立法,《管理办法》的主要内容就是规范实验动物许可。《管理办法》第 3 条将实验动物许可证划分为实验动物生产许可证和实验动物使用许可证两种。前者适用于从事实验动物及相关产品保种、繁育、生产、供应、运输及有关商业性经营的组织和个人;后者适用于实验动物及相关产品进行科学研究的组织和个人。《管理办法》还明确了许可的审批和发证机关是各级科技部门,具体规定了应申请许可的范围为"中华人民共和国境内从事与实验动物工作有关的组织和个人"。同时,《管理办法》专章规定了许可证的申请条件和资料。《管理办法》第二章标题为许可证的申请,该章对申请人的条件和申请要求做出规定。其中第 5 条和第 6 条对申请实验动物生产许可证和使用许可证的组织和个人必须具备的条件分别作出了规定,这些条件包括:来源合法、设施和饲料符合国家标准、具备专业人员、管理制度健全等。《管理办法》第四章集中规定了申请提出后的审批和发放程序,包含验收程序、评审主体和时间以及相关材料要求。同时还规定了对实验动物许可的监督和管理,规定了许可人获得许可后的行为义务、许可证的有效期、禁止行为、许可变更的程序、许可证年检制度、禁止无证使用动物、违法使用的法律责任和相关人员的守法义务。

（二）实验动物福利许可地方立法的规定

由于地方立法都依据中央相关立法制定的，因此地方立法对实验动物许可和登记的范围、条件和程序的规定与中央立法基本一致。例如，《北京市实验动物管理条例》第6条规定了实验动物的质量监督和许可证制度，要求从事实验动物工作的单位和个人，应当取得市科学技术行政部门颁发的实验动物生产许可证、实验动物使用许可证。第15条和第22条要求相关人员在许可证范围内从事活动。《上海市实验动物管理办法》《山东省实施〈实验动物管理条例〉办法》《湖北省实验动物管理条例》《黑龙江省实验动物管理条例》《云南省实验动物管理条例》《广东省实验动物管理条例》《吉林省实验动物管理条例》等也对实验动物许可提出了类似要求。

二 农场动物登记和许可制度

（一）农场动物福利相关法律的规定

如前所述，农场动物在我国并不具有独立的地位，与实验动物不同，我国也没有一部以"农场动物"命名的立法。现行与农场动物相关的法律以《中华人民共和国畜牧法》为主，包含《中华人民共和国动物防疫法》《中华人民共和国食品卫生法》《中华人民共和国农业法》等。这些立法中，对农场动物（主要是农场动物，也包含其他动物）相关行为和行业的许可做出了明确规定。其中围绕动物行为和动物行业的登记和许可的规定主要见于《中华人民共和国畜牧法》和《中华人民共和国动物防疫法》中。

1. 有关动物登记的规定

在上述农场动物福利相关的立法中，我国一方面确立了农场动物的登记制度，实现对部分动物和动物单位和组织的管理。例如，《畜牧法》第21条规定了优良种畜登记制度；《动物防疫法》第14条第3款规定了免疫动物登记制度，实现强制免疫动物的可追溯管理；第20条规定了动物防疫合格证的登记等；《生猪屠宰管理条例实施办法》第9条规定了"生猪定点屠宰厂（场）的验收和登记程序；第11条规定了生猪进厂（场）检查登记制度"。

2. 相关许可规定

我国农场动物相关立法中，对畜禽生产经营、屠宰，兽药的生产、经营等一系列行为设置了许可管理的方式。例如，在《畜牧法》中主要规定了三种许可：一种许可为进出口活动许可。相关条文包含第15条、第16条和第31条。例如，第31条要求申请进口种畜禽的，应当持有种畜禽生产经营许可证，并规定了获得许可的条件；第二种为畜禽生产经营许可。主要规定于第22条、第23条、第24条、第25条和第28条。例如，第22条要求从事种畜禽生产经营或者生产商品代仔畜、雏禽的单位、个人，应当取得种畜禽生产经营许可证。申请人持种畜禽生产经营许可证依法办理工商登记，取得营业执照后，方可从事生产经营活动。同时规定了申请取得种畜禽生产经营许可证应当具备的条件；第三种涉及特殊行业和特定人员资质许可，如第27条规定："专门从事家畜人工授精、胚胎移植等繁殖工作的人员，应当取得相应的国家职业资格证书。"再如，《动物防疫法》也规定有多个领域的许可，其中第20条要求动物屠宰加工场所以及动物和动物产品无害化处理场所，应当获得动物防疫条件合格证；第54条规定了执业兽医（从事动物诊疗和动物保健等经营活动的兽医）的资格考试制度；第51条规定了动物诊疗行业许可，要求从事动物诊疗活动的机构获得动物诊疗许可证后方可从事动物诊疗活动等。

（二）行政立法的规定

在国务院通过的一系列农场动物福利相关的行政法规中，规定有诸多行为的许可制度。例如，在《兽药管理条例》及其实施细则中，对兽药的注册登记以及兽药行业生产经营许可做出了规定。《兽药管理条例》第三章要求兽药生产企业应当获得兽药生产许可证，并规定了获得许可的条件、许可的程序以及许可有效期等问题；第四章要求兽药经营企业应当获得兽药经营许可证，并详尽地规定了兽药经营企业应满足的条件、经营许可证的内容、有效期、许可证的变更等问题；第五章规定了兽药的进出口注册要求，明确了注册应提交的基本材料和注册审查的程序。再如，涉及动物屠宰的《生猪屠宰管理条例实施办法》在第五章中对生猪屠宰的相关许可证和标识的管理做出了规定。

三 野生动物登记和许可制度

在野生动物领域，我国建立了一套较为严格的登记尤其是许可管理制度。如前所述，野生动物在我国具有相对独立的地位。我国已经通过了《中华人民共和国野生动物保护法》，这是我国确立野生动物福利的最主要的法律依据，其保护珍贵、濒危的陆生、水生野生动物和具有重要生态、科学、社会价值的野生动物；除此以外，与野生动物保护相关的法律还包含《中华人民共和国渔业法》《中华人民共和国环境法》《中华人民共和国森林法》等，上述法律均对野生动物相关行为许可提出了要求。行政立法领域，国务院根据《野生动物保护法》制定的《中华人民共和国水生野生动物保护实施条例》和《中华人民共和国陆生野生动物保护实施条例》对野生动物许可制度也作出明确规定，国务院林业部在1991年还出台了《国家重点保护野生动物驯养繁殖许可证管理办法》，确立了野生动物的驯养繁殖许可制度；地方立法层次上，地方立法机关根据《野生动物保护法》和国务院相关条例通过的野生动物地方立法，例如《浙江省野生动物保护条例》《山东省实施〈中华人民共和国野生动物保护法〉办法》《上海实施〈中华人民共和国野生动物保护法〉办法》《江苏省野生动物保护条例》《黑龙江省野生动物保护条例》《广东省野生动物保护条例》等也对野生动物相关登记和许可做出了规定。上述一系列立法确立的野生动物登记和许可制度主要包含下列内容：

（一）野生动物捕获许可

野生动物捕获许可要求野生动物的捕猎、捕捞者在实施野生动物的捕获行为前应当向相应主管机关提出申请，在获得捕猎或者捕捞许可证后才能实施野生动物捕获行为。这类许可能够维护野生动物正常繁殖生产，避免野生动物遭受人类过度"开发"。《野生动物保护法》明确禁止猎捕、杀害国家重点保护野生动物，并规定了狩猎证获取的条件和基本程序，同时要求狩猎者只能在许可范围内按照许可条件进行狩猎；[①]《渔业法》明确规定：国家对捕捞业实行捕捞许可证制度，并详细规定了不同类型捕捞证的主管机关和获得捕捞许可证的条件，并要求从事捕捞作业的单位和个人必须按照捕捞许可证的条件和法律规定实施捕捞。[②] 地方立法对野生动物的捕猎同样普遍确立了许可制度。例如，《广东省野生动物保护管理条

[①] 见《野生动物保护法》第21条到第23条的规定。例如，第22条规定："猎捕非国家重点保护野生动物的，应当依法取得县级以上地方人民政府野生动物保护主管部门核发的狩猎证，并且服从猎捕量限额管理。"

[②] 见《渔业法》第23条到第25条的规定。例如，第24条规定："具备下列条件的，方可发给捕捞许可证：（一）有渔业船舶检验证书；（二）有渔业船舶登记证书；（三）符合国务院渔业行政主管部门规定的其他条件。县级以上地方人民政府渔业行政主管部门批准发放的捕捞许可证，应当与上级人民政府渔业行政主管部门下达的捕捞限额指标相适应。"

例》第 12 条规定："因科学研究、驯养繁殖、展览或者其他特殊情况，需要猎捕省重点保护野生动物的，必须经县级以上保护野生动物行政主管部门审核，向省保护野生动物行政主管部门申请特许猎捕证或者特许捕捉证。"

（二）野生动物驯养繁殖许可

野生动物由于适应了自然界的生活条件，一般情形下不允许人工随意驯养或者繁殖野生动物，这是因为对野生动物的人工驯养或者繁殖会人为改变甚至破坏野生动物的天性，造成野生动物的不适或者造成野生动物资源失衡，甚至造成野生动物死亡。因此，人工驯养或者繁殖只有法定情形下符合法定条件时才能实施。我国野生动物福利系列立法对此提出了明确要求。例如，《野生动物保护法》第 25 条规定："国家支持有关科学研究机构因物种保护目的人工繁育国家重点保护野生动物。前款规定以外的人工繁育国家重点保护野生动物实行许可制度。人工繁育国家重点保护野生动物的，应当经省、自治区、直辖市人民政府野生动物保护主管部门批准，取得人工繁育许可证，但国务院对批准机关另有规定的除外。"《陆生野生动物保护实施条例》和《水生野生动物保护实施条例》对此有进一步的规定。例如，《水生野生动物保护实施条例》第 17 条规定："驯养繁殖国家一级保护水生野生动物的，应当持有国务院渔业行政主管部门核发的驯养繁殖许可证；驯养繁殖国家二级保护水生野生动物的，应当持有省、自治区、直辖市人民政府渔业行政主管部门核发的驯养繁殖许可证。动物园驯养繁殖国家重点保护的水生野生动物的，渔业行政主管部门可以委托同级建设行政主管部门核发驯养繁殖许可证。"在野生动物人工驯养和繁殖领域，林业部 1991 年还专门颁布了《国家重点保护野生动物驯养繁殖许可证管理办法》。《办法》第 2 条明确要求："从事驯养繁殖野生动物的单位和个人，必须取得《国家重点保护野生动物驯养繁殖许可证》（以下简称《驯养繁殖许可证》）。没有取得《驯养繁殖许可证》的单位和个人，不得从事野生动物驯养繁殖活动。"《办法》还对申请《驯养繁殖许可证》的条件、许可的程序、许可主管机关的职责以及许可的注销和撤销等问题作出了规定。

（三）野生动物出县境许可

由于野生动物的特殊价值和野生动物管理的需要，我国禁止任何单位和个人随意将野生动物及其制品运输、携带或者邮寄县境外，并针对此类行为确立了相应的许可制度。例如，《野生动物保护法》第 33 条规定："运输、携带、寄递国家重点保护野生动物及其制品、本法第二十八条第二款规定的野生动物及其制品出县境的，应当持有或者附有本法第二十一条、第二十五条、第二十七条或者第二十八条规定的许可证、批准文件的副本或者专用标识，以及检疫证明。运输非国家重点保护野生动物出县境的，应当持有狩猎、进出口等合法来源证明，以及检疫证明。"《陆生野生动物保护实施条例》第 29 条和《水生野生动物保护实施条例》第 20 条做出了类似规定。

四 其他动物登记和许可制度

（一）一般性规定

此处的其他动物同样指的是在国外动物福利法体系下具有独立地位，但是目前在我国尚没有独立地位的伴侣动物和娱乐动物。如前所述我国没有一部独立的关于伴侣动物或者娱乐动物的法律和法规。因此也没有这两类动物登记和许可的专门规定。在我国适用于这两类动物的立法包含动物防疫相关的《动物防疫法》及其管理办法，和动物免疫健康相关的《兽药管理条例》及《兽药管理条例实施细则》，有关动物喂养的《饲料和饲料添加剂管理条例》以及《饲料和饲料添加剂预混合生产许可证管理办法》等。这些立法中动物防疫的许可与登记、兽药生产经营许可、饲料生产经营许可和登记的相关规定也属于伴侣动物和娱乐动物登记和许可制度的重要内容。本书在农场动物登记许可制度中对这部分内容已经作出论述，在此不再赘述。例如，《兽药管理条例》要求兽药生产应当获得兽药生产许可证，并规定了获得许可的条件，从事兽药经营的应当获得兽药经营许可证，并规定了获得经营许可证的条件等，这些规定对伴侣动物和娱乐动物的健康保护具有重要意义。

（二）伴侣动物地方立法的规定

在伴侣动物领域，我国通过了和伴侣动物福利相关的系列地方养犬规定，例如《上海市养犬管理条例》《北京市养犬管理规定》《辽宁省养犬管理规定（修订）》《洛阳市养犬管理办法》《重庆市养犬管理暂行办法》《长沙市养犬管理规定》《青岛市养犬管理办法》《厦门市养犬管理办法》等。在上述养犬管理规定中，对宠物登记和许可制度做出了部分规定。这些规定包含：

1. 宠物狗的登记

即对饲养的宠物狗的基本信息进行登记,并明确登记管理的机关。《上海市养犬管理条例》第 11 条规定:"本市实行养犬登记制度和年检制度。饲养犬龄满三个月的犬只,养犬人应当办理养犬登记。未经登记,不得饲养犬龄满三个月的犬只。"其他地方的相关立法中都有类似的规定。

2. 宠物饲养人的资质审查—准养证

即规定宠物狗饲养人应当满足的条件,符合条件者允许饲养宠物。这种资质审查实质上是一种对饲养者资质的认可或许可。目前我国地方通过的系列养犬规定对此普遍做出了规定。例如《北京市养犬管理规定》第 11 条规定个人养犬应当具备的条件包含:有合法身份证明、完全民事行为能力、有固定住所且独户居住、住所在禁止养犬区域以外等。

3. 特定宠物行为和行业的登记和许可

特定宠物行为和行业指的是从事宠物狗养殖、销售、诊疗、展览等活动的行业,上述行业应当满足法定条件,方可运营并实施相应的宠物行为,我国地方系列养犬规定对此提出了明确要求。例如,《上海市养犬管理条例》第 37 条规定:"开设犬只养殖场所、从事犬只诊疗活动的,应当按照动物防疫相关规定向住所地的农业主管部门提出申请,分别取得动物防疫条件合格证、动物诊疗许可证,并凭动物防疫条件合格证、动物诊疗许可证向工商行政管理部门申请办理登记注册手续。未经许可,不得开展犬只养殖、诊疗活动。"《北京市养犬管理规定》第 20 条规定:"从事犬类养殖、销售,举办犬展览,开办动物诊疗机构或者从事其他犬类经营活动的,应当取得畜牧兽医行政部门的许可,依法办理工商登记注册,并向公安机关备案;从事动物诊疗的人员应当具有兽医资格,并经过执业登记注册。"

第四节 中外登记和许可制度对比

一 形式上的共性

通过梳理我国实验动物、农场动物、野生动物和宠物领域登记和许可制度的基本规定,我们可以得出以下结论:表面上,我国动物相关的登记和许可制度比较健全,体现在以下两个方面:

(一) 各类动物的登记和许可均有所规定

形式上，我国对每一个领域的动物福利相关立法中对登记和许可均有所规定。本书以动物分类为基础，将涉及各类动物的登记和许可规定进行了归纳，我们可以得出结论，几乎每一类动物在我国均有较为具体的关于动物活动和动物相关行业和人员的登记和许可规定。

(二) 登记和许可制度内容形式上完备

从形式上看，我国有关登记和许可制度的内容基本完备。如前所述，西方国家对动物相关的登记和许可制度的主要内容包含许可登记的主管机关、许可登记的种类和范围、每一种登记尤其是许可的条件等。而我国在相应立法中也已经对上述内容全部有所涉及。

1. 对登记和许可的主管机关的规定。

我国在相应立法中对登记和许可机关普遍作出了规定。例如《农业系统实验动物管理办法》第17条规定："为了保证实验动物质量，农业系统实行实验动物合格证管理制度。实验动物合格证由农业部颁发。"

2. 对登记和许可分类的规定

许可登记的种类和范围我国相应立法也有明确规定，例如，《实验动物质量管理办法》和《实验动物许可证管理办法》将实验动物的许可划分为两类，即实验动物的生产经营许可和实验动物的使用许可，《野生动物保护法》虽然没有明确使用"种类"或者"类别"这样的措辞，但是实际上将野生动物许可划分为猎捕许可、驯养繁殖许可、运输境外许可和野生动物物种进出口许可。

3. 对许可条件的规定

对各类许可的条件我国相关立法不仅做出了规定，而且规定得较为具体和详尽。例如，《实验动物质量管理办法》第10条规定了从事实验动物繁育和商业性经营的单位取得生产许可证必须具备的基本条件包含：实验动物种子来源于国家实验动物保种中心，遗传背景清楚，质量符合国家标准；生产的实验动物质量符合国家标准；具有保证实验动物质量的饲养、繁育环境设施及检测手段；使用的实验动物饲料符合国家标准；具有健全有效的质量管理制度；具有保证正常生产和保证动物质量的专业技术人员、熟练技术工人及检测人员，所有人员持证上岗；以及有关法律、行政法规规定的其他条件。

4. 对许可程序的规定

对登记许可的程序,我国相关立法也做出了相应规定。例如,《实验动物许可证管理办法》(试行)第四章集中规定了申请提出后的审批和发放程序,该章将省、自治区、直辖市科技厅(科委)规定为许可的审查和考核主管机关,并规定了审查的基本程序要求,即:"各省、自治区、直辖市科技厅(科委)受理申请后,应组织专家组对申请单位的申请材料及实际情况进行审查和现场验收,出具专家组验收报告。对申请生产许可证的单位,其生产用的实验动物种子须按照《关于当前许可证发放过程中有关实验动物种子问题处理意见》进行确认",要求应当在"受理申请后的三个月内给出相应的评审结果",还要求将有关材料(申请书及申请材料、专家组验收报告、批准文件)报送科技部及有关部门备案且实验动物许可证采取全国统一的格式和编码方法(附件3、附件4)。[①] 再如,《兽药管理条例》对新兽药注册的要求和程序、兽药生产企业获得兽药生产许可证许可的程序以及许可有效期等问题也做出了明确规定。

二 实质上的差距

尽管我国存在动物福利领域的登记和许可制度,内容在形式上似乎比较完善。但是我国的此项制度和西方相比还存在以下差距:

(一) 规定过于分散

1. 国外规定和做法

国外动物福利的登记和许可制度首先确立于本国的动物福利法典中,一般在动物福利法典中专章或者专节集中做出规定,同时在单行动物福利法律、法规中也会对动物的许可和登记作出集中规定,不少国家或者地区甚至还通过了有关动物行为登记和许可的专门立法,例如美国1992年颁布了《动物福利法下的许可和登记——经销商、展览者、运输者和研究者指南》,2011年颁布了《蹄类动物经销商的许可标准》;英国2018年颁布了《动物福利(涉及动物活动的许可)(英格兰)条例2018》等,上述立法对部分动物或者动物相关行为的登记和许可的范围、标准和程序做出了详尽规定。

---

① 见《实验动物许可证管理办法》第8条的规定。

2. 我国现状

而我国没有统一的动物福利法典，缺乏登记和许可的统领性规定。动物福利登记和许可制度分散于不同效力等级的动物福利相关立法中。

(二) 工具性过强

与动物福利法治发达国家相比，我国登记和许可制度的工具性特征非常明显。所谓工具性特征主要体现在将登记和许可视为国家管理的基本手段和工具，而忽略了此项制度确立的基本目标。

1. 国外规定和经验

在国外，登记和许可制度尽管是国家对动物相关行为和动物行业进行管理的重要方式，但是国家进行此项管理的目标是实现动物福利。发达国家在确立许可的条件时都会以动物福利标准和条件作为核心，管理的目的就是实现动物福利。或者说为了实现动物福利才确立了登记许可制度。因此，发达国家的相应立法在规定许可的标准和条件时，往往以动物福利标准作为获得许可的标准和条件，或者在许可的标准和条件中会将动物福利标准作为主标准。例如，加拿大《濒危物种法》专章规定了"协议和许可"，按照该章第73条第1款规定："主管部长可以与他人签订协议或者对该人发放许可，授权该人参与影响列举的野生动物物种、影响动物个体的任何重要栖息地或者居住地部分的活动。"第73条第2款规定：只有主管部长认为符合以下条件时，协议才能被达成或者才会发放许可：(a) 该活动是与物种的保护相关的科学研究并由具备相应资质的人实施；(b) 该活动对动物物种有益或者被要求提高在野外的生存概率；(c) 对物种的影响是实施活动附带产生的。第73条第3款进一步规定：只有主管部长认为符合以下条件时，协议才能被达成或者才会发放许可："(a) 已经考虑了所有的将减少对野生动物物种影响的合理的对活动的可替代措施并且已经实施了最佳的解决方式；(b) 已采取任何可行的措施最大化地降低对动物物种和动物个体的关键栖息地或者居住地的影响；并且 (c) 实施的活动不会损害动物物种的生存或者该物种的恢复。"由此可见，只有对野生动物有益，为了保护野生动物且没有其他替代手段时，加拿大相关政府部门才会批准对野生动物的研究。

2. 我国现状与问题

但是我国正好相反，我国是为了管理而管理，管理的目的主要在于维护公共利益和人类健康及其他权益，动物权益的保护是附属性的甚至完全被忽略。这一点在我国伴侣动物或者宠物的登记和许可的规定中体现得非常明显。西方国家保护所有的宠物，包含所有的基于陪伴和娱乐目的的动物，常见的有狗、猫、鸟类、鱼类、爬行动物、仓鼠、天竺鼠等，而我国只通过了犬类的相应管理规定；更严重的是我国养犬管理规定确立的上述登记和许可制度的目的并不在于保护犬类，而在于规范养狗者的行为，保护市民权益和社会公共利益，这一点在各地出台的养犬规定或者条例的立法目的中有明确的规定。如《上海市养犬管理条例》第1条规定："为了规范养犬行为，保障公民健康和人身安全，维护养犬人的合法权利，维护市容环境卫生和社会秩序，根据有关法律、行政法规，结合本市实际，制定本条例。"《辽宁省养犬管理规定》做出了几乎完全相同的规定"为了加强养犬管理，规范养犬行为，保障公民身体健康和人身安全，维护市容环境卫生和社会公共秩序……"而西方国家涉及宠物的登记或者许可则是为了保护宠物，因此立法必然要求相关人员在从事宠物相关行为时，必须满足宠物动物福利的基本要求，例如，美国有20个州和哥伦比亚特区的宠物保护立法都明确要求宠物店作为宠物的主要来源在运营前必须获得营业许可。宠物店所有人应当提出许可申请并且申请书应包含审查要求的消毒方法、建议的动物居所、废物处理计划以及是否能够为动物提供兽医的照料。在许可证发放之前，将对宠物店进行现场检查。如果现场与州的立法相一致，才会颁发许可证。而我国相关立法则立足于人的利益维护，因此对宠物相关行为许可的相关规定中，几乎不涉及对宠物福利影响的评估。尽管在实验动物相关许可中，我国立法已经开始关注实验动物福利标准，例如，《实验动物质量管理办法》第6条规定：申请实验动物使用许可证的组织和个人，必须具备的条件包含："使用的实验动物及相关产品必须来自有实验动物生产许可证的单位，质量合格；实验动物饲育环境及设施符合国家标准；使用的实验动物饲料符合国家标准；有经过专业培训的实验动物饲养和动物实验人员；具有健全有效的管理制度；法律、法规规定的其他条件。"上述条件中的饲养环境设施符合国家标准、饲料符合国家标准都是实验动物福利的重要标准，但是由于我国有关实验动物设施和饲料的标准和西方相比存在较大差距，因此在登记和许可条件要求上，我国对动物福利的考虑水平还是远远低于发达国家。这也说明，动物福利各项制度是密切相关的，任何一项制度存在缺失，其他制度就不可能独善其身。更何况目前在动物福利领域，我国几乎没有一项制度是完善的。

(三) 登记和许可后续监督的弱化

1. 国外规定和经验

动物福利法治完备的国家不仅重视事前审查，而且关注后续监督。通过监督，发现不符合动物福利标准或者违反许可条件的，及时变更或者撤销相应许可便成为国外登记和许可程序中必然规定的内容事项。例如，澳大利亚《联邦动物福利法》规定，动物福利局作为许可的管理机构有权暂缓或者撤销许可，该法第 105 条规定："根据审查和监督员的建议，动物福利局可以暂缓或者撤销运营研究机构或者供应机构的许可：(a) 运营者未遵守许可条件或者本法案；(b) 运营者未适当维护法规指出的任何设备、设施或者材料，或者 (c) 运营者或者运营者雇佣的任何人以及与运营者相关的人员未能遵守或者履行本法案的条款或者一些反对残忍对待、虐待或者疏于照顾动物的法律。"一旦运营者被撤销许可，在撤销 1 年内动物福利管理局不得再授予其另一许可。再如，美国《动物福利法》对临时吊销许可证、通知和听证以及许可的撤销做出了下列规定："如部长有理由相信任何按照本编第 2142 条获得许可的经销商、参展商或拍卖经营商的人，已经违反或正在违反本章的任何规定，或部长颁布的任何规定、条例或标准的，他可以暂时吊销该人的许可证，但不得超过 21 天，并且在通知和听证之后，可以在其明确的暂缓期内继续暂缓或者吊销该人的许可证。"[①] 由此可见，授予许可证后的监督管理以及对许可的变动是国外许可制度的重要内容，而许可变动与否的主要标准就是相关组织和人员是否遵从了动物福利标准和有利于保障动物福利的许可条件。

2. 我国现状与不足

在我国相关立法中，只有少数立法对许可的后续监督和变更作出具体规定。例如，《实验动物质量管理办法》第 13 条规定："取得许可证的单位，必须接受每年的复查。复查合格者，许可证继续有效；任何一项条件复查不合格的，限期三个月进行整改，并接受再次复查。如仍不合格，取消其实验动物生产或使用资格，由发证部门收回许可证。但在条件具备时，可重新提出申请。"通过该办法的规定，我们可以得出结论不符合动物福利条件是撤销许可的重要情形。再如，《国家重点保护野生动物驯养繁殖许可证管理办法》也规定了许可的后续监督：取得《驯养繁殖许可

---

① 见美国《联邦法典》第七编第五十四章第 2149 条 (a) 的规定。

证》的单位和个人，有下列情况之一的，除按野生动物保护法律、法规的有关规定处理外，批准驯养繁殖野生动物或核发《驯养繁殖许可证》的机关可以注销其《驯养繁殖许可证》，并可建议工商行政管理部门吊销其《企业法人营业执照》或《营业执照》：超出《驯养繁殖许可证》的规定驯养繁殖野生动物种类的；隐瞒、虚报或以其他非法手段取得《驯养繁殖许可证》的；伪造、涂改、转让或倒卖《驯养繁殖许可证》的；非法出售、利用其驯养繁殖的野生动物及其产品的；取得《驯养繁殖许可证》以后在1年内未从事驯养繁殖活动的。被注销《驯养繁殖许可证》的单位和个人，应立即停止驯养繁殖野生动物活动，其驯养繁殖的野生动物由县级以上政府野生动物行政主管部门或其授权单位按有关规定处理。[①] 但是该管理办法确立的注销情形中没有全面包含野生动物福利受侵害的情形，也就是说野生动物福利审查未能成为许可证监督审查中的重点。

综上所述，我国立法一方面对许可的后续监督不够重视，另一方面后续许可监督中对动物福利因素的考虑基本缺失。这进一步说明我国的登记许可制度确立的主要目标并不在于维护和实现动物福利。

（四）许可条件不够明晰且申请人知情权不被保护

1. 国外规定和经验

发达国家确立登记和许可制度的首要目标就是要求动物行为和动物行业遵守动物福利法的规定，符合动物福利标准，因此实现动物福利。为了使申请人明晰获得许可的动物福利具体条件，各国在动物福利登记许可程序中，规定了政府相关部门的告知义务，从而保障申请人的知情权。例如英国《动物（科学程序）法操作指南》3.10规定："设备和设施的详细要求见《受保护动物照顾和住所实践准则》（可以在英国政府法制网动物研究和测试的页面上找到）。"美国《动物福利法》第二节"规定和标准的确认"第1条和第2条规定许可证初次申请办法时直接要求"动植物卫生检疫局须为每位申请许可证的申请人，提供适用的规定和标准条件的副本。"申请人因此可以非常清晰地了解获得申请应当满足的基本条件，也能有效实现动物福利法的基本规定和动物福利相关许可的平等和公平原则。

---

① 见《国家重点保护野生动物驯养繁殖许可证管理办法》第11条。

2. 我国的规定与不足

而我国在相应立法中规定获得许可的条件和标准时，仅仅规定符合设施标准或者符合国家标准等。如《实验动物管理办法》第 10 条规定了从事实验动物繁育和商业性经营的单位取得生产许可证必须具备的基本条件：实验动物种子来源于国家实验动物保种中心，遗传背景清楚，质量符合国家标准；生产的实验动物质量符合国家标准；具有保证实验动物质量的饲养、繁育环境设施及检测手段；使用的实验动物饲料符合国家标准；具有健全有效的质量管理制度；具有保证正常生产和保证动物质量的专业技术人员、熟练技术工人及检测人员，所有人员持证上岗；有关法律、行政法规规定的其他条件。而上述规定的国家标准是哪几部国家标准？何处可以获取相应的国家标准条例均没有规定。这容易造成立法实施过程的不一致。其他立法的规定也是类似情形，例如，《饲料和饲料添加剂管理条例》第 14 条规定了饲料和饲料添加剂生产企业应当满足的条件包含："有与生产饲料、饲料添加剂相适应的厂房、设备和仓储设施；有与生产饲料、饲料添加剂相适应的专职技术人员；有必要的产品质量检验机构、人员、设施和质量管理制度；有符合国家规定的安全、卫生要求的生产环境；有符合国家环境保护要求的污染防治措施；国务院农业行政主管部门制定的饲料、饲料添加剂质量安全管理规范规定的其他条件。"其中"符合国家规定的安全、卫生要求的生产环境"指的是什么样的生产环境？国家规定是哪些规定？显然相应的动物福利标准不够明确。

第六章

中外动物福利监管制度比较

第一节 国外动物福利监管制度概述

一 动物福利监管的含义和意义

(一) 动物福利监管的含义和特征

动物福利监管,顾名思义指的就是对动物福利的监督和管理。具体而言,指的是为了实现动物福利,由国家专门负责动物福利的主管部门、组织及其监督员以及研究机构内部伦理审查委员会和监督员对动物行为的实施者、动物设施、各类动物行为以及动物相关行业进行的监督和管理。广义上分析,公民、民间团体、新闻媒体等对违反动物福利法律法规和侵害动物福利行为及行为人的检举、曝光、批判等也属于动物福利监督的范畴。由此可见,动物福利的监管具有以下特征:

1. 监管主体的广泛性和多元性

动物福利的实现是一项系统工程。因此动物福利监管在监管主体上表现出广泛性和多元性的特征。首先,任何一个国家在动物福利法中都明确规定了动物福利法的实施部门,该部门作为动物福利的主管或者专门机构具有当然的监管权;其次,动物福利主管部门或者机构之下往往设有专门进行动物监督的专业组织和人员,这些组织和人员是协助动物福利主管机构完成监管任务的中坚力量;再次,动物研究机构、科研单位及其伦理审查委员会会对动物的研究和科研行为进行审慎的伦理审查和内部监督;最后,在广义上任何组织和个人发现动物福利违法行为,都有检举和控告的权利。因此,动物福利监管主体表现出高度宽泛性。

2. 监管对象的特定性

由于动物福利监管的目的是实现动物福利，因此动物福利监管的对象是动物福利相关人员、动物福利相关行为以及动物相关行业。前者例如动物的饲养人、研究人、销售者、运输者、展览者等；后者包含动物的繁殖行为、饲养行为、研究行为、展览行为、运输行为及其从业者等。一旦上述人员的上述行为违反动物福利法律、法规、政策或者违反已经获得的动物福利许可条件和内容时，监管者有权进行调查并按照各自权限进行相应的处理。

3. 监督内容的特定性

动物福利监督的内容主要有三个方面，首先涉及是否合法的检查，即动物活动人员的相关动物行为是否符合动物福利法律、法规和政策的规定，这是动物福利监管最基本的内容，也是各国普遍规定的监管重点；其次涉及是否与计划一致的审查，这种审查主要存在于实验动物的适用领域，实验动物研究在开始前应当制作研究计划（项目）申请书，使用行为只能按照批准的计划实施；最后涉及是否与许可条件一致的审查。如前所述，大量的动物行为和动物行业需要获得许可证书才能实施或者方可营业，因此实施动物行为或者从事动物行业只能按照许可证核准的条件、方式和标准进行。如果违反许可条件，许可将会被暂缓、注销或者撤销。

4. 监管方式的多样性

一方面，由于监管主体多元，监管主体的地位和监管权限又存在较大差异，必然导致监管方式的多样性；另一方面，监管方式的多样性也是实现动物福利所必需的。因为动物福利是一项系统工程，只有"软硬"结合、灵活多样的监管方式才能保障动物福利的实现。目前动物福利的监管方式包含主管部门制定条例或者细则、登记和许可、定期和不定期现场检查、调查和追责、举报和控告以及曝光和批判动物侵权行为等。本书将在后文展开具体论述。

（二）动物福利监管制度的意义

1. 动物福利监管是实现动物福利的重要保障

动物福利法的基本价值目标就是通过明确动物福利标准，规定人类应当履行的基本义务，实现动物福利。而人类的动物活动是否达到动物福利标准，相关人员是否履行了动物福利法之下的基本义务，通过监管才能发现。一方面，监管制度的存在能够增强动物行为者的责任心，让其时刻保持警惕和责任感，不敢轻易以身试法；另一方面，通过监管能够及时发现动物福利违法行为的端倪，预防动物福利违法行为发生或者避免损害后果扩大。

2. 动物福利监管是落实动物福利法律责任的基本前提

追责，顾名思义，指的是追究违法者违法行为的责任，是实现动物福利的有效保障。而发现违法者及其违法行为是追责的前提。动物福利的监管制度，通过赋予大量的主体，既包含官方的主管机构和部门，也包含民间组织、公民及新闻媒体以监督权，通过监督检查、审查和报告、检举和曝光等各种方式确保及时、有效地发现违法行为及其实施者，从而为违法行为的有效追责奠定了重要基础。

3. 动物福利监管是宣传动物福利理念的重要手段

动物福利不仅仅是一项法律制度，也是一种道德思维和理念。西方国家动物福利法律健全的一个重要原因就是动物福利的理念已经被接受且深入人心。然而，动物福利理念的确立和深入有一个过程。19世纪前后，西方各国也曾经对动物福利嗤之以鼻。例如，1809年和1810年托马斯·厄金斯两次提交反对恶意和随意对待动物的提案，都在下议院的哄笑中被否决。"人们讽刺道：'以后还得有驴子、猫、狗的权利了！'当时的国王乔治四世甚至给他起绰号叫'人道老理'。"[①] 然而，伴随人类文明程度不断提高，动物福利思想初步确立，动物福利立法逐步出台并走向完善。驴子、猫和狗是法律保护的对象早已被人们所接受。而动物福利法在实施的过程中政府的监管和严厉追责则有助于进一步增强人们的动物福利意识，促使动物福利理念不断深入。当按照动物福利法的规定裁决殴打驴子的行为构成犯罪时，有谁还能去否认动物享有不被伤害的自由。因此，动物福利监管的过程，也是动物福利理念的植入过程，能够进一步增强人类的动物福利意识，促进动物福利理念的深入。

二 国外动物福利监管制度概况

动物福利的监管制度在任何一个国家都是非常复杂和庞大的一项制度。这一方面是因为国外动物福利法律、法规数量众多、体系完备。以美国野生动物福利立法为例进行说明，在联邦领域，美国在野生动物保护领

---

① 见 https://www.jianshu.com/p/2ac7f593ac5d。

域专门出台了雷斯法案《候鸟（保护）条约法案》《濒危物种法》《非洲大象保护法》《南极保护法》《反空中捕猎法》《秃鹰和秃鹫保护法》《国家动物保护区制度》《候鸟捕猎印花税法》《海洋哺乳动物保护法》《犀牛和老虎保护法》《野生鸟类保护法》《鱼类和野生动物保护法》《被囚禁的野生动物安全法》等重要的法律。在美国，将野生动物用于科研、教学或者实验应当遵循《动物福利法》《动物福利条例》《实验动物照顾和使用指南》，以及《公共卫生署人道主义的照顾和使用实验动物的政策》等大量的实验动物立法和政策。除此以外，美国大量的非政府组织和协会包含美国鱼类和爬行动物学家学会、哺乳动物学家学会、鸟类学家学会等还通过了保护野生动物的一系列指南，例如，哺乳学家协会通过了《美国哺乳动物学家学会对用于科研的野生哺乳动物使用指南》，美国渔业协会、美国鱼类学家和爬虫学家协会、美国渔业生物学研究所共同发布的《用于科研的鱼类使用指南》，美国鱼类学家和爬行动物学家协会通过了《用于科研的两栖和爬行动物指南》，美国鸟类理事会出台了《用于科研的野生鸟类的使用指南》等。在地方层次上，美国的各个州和哥伦比亚特区还颁布有数量众多的野生动物福利立法和政策。实验动物、农场动物、伴侣动物和娱乐动物领域的立法同样数量众多。而体系庞大、数量众多的法律法规的监管必然是一项系统工程；其次，动物活动涉及的领域众多，这就会导致动物管理的跨领域性。例如，野生动物的管理涉及野生动物的捕获、野生动物的运输、野生动物的进出口、野生动物的居所、野生动物用于实验等一系列问题，这些问题归属于不同部门的管理领域，必然需要不同部门分别管理或者联合管理。而且政府力量毕竟有限，良好的动物福利的实现，还需要社会力量的积极参与，这进一步增加了动物福利监管的复杂性。

由于任何一部动物福利法律、法规、政策和指南等文件都普遍对相关动物福利的监管做出规定，同时由于动物福利管理涉及多个领域，因此，基于篇幅所限，本书难以将国外动物福利监管的立法和立法规定全部予以介绍。在此，我们只能梳理发达国家主要动物福利立法中确立的动物福利监管制度。

（一）政府部门对动物福利的监督和管理

法律需要行政机关的执行。因此，在发达国家，保护动物、实现动物福利首先是政府刻不容缓的一项重要职责。于是，各国在自己通过的动物福利法典和动物福利单行立法中，都会明确规定相关立法的实施部门或者动物福利的主管机构，并对主管机构的监管范围、监管方式、监管程序等问题做出规定。

1. 监管的主体

此处监督管理的主体是指各国动物福利法明确规定的负责动物福利法实施的政府部门或者机构。目前绝大多数国家的动物福利法典或者动物福利法律、法规都对监管主体作出了明确规定，且国外动物福利的监管主体表现出特定性和多元性相结合的特点。

（1）政府监管主体的特定性

政府监督主体的特定性指的是各国对动物福利法的核心实施主体和监管主体作出了明确规定。以动物福利法典的规定为例，美国、澳大利亚、瑞典的动物福利法之下确立的执行机构均为农业部，英国动物福利法规定的主要执行和监管机构为内政部，挪威动物福利法规定的主要监管机构为国家安全局，德国动物福利法下的主要执行和监管机构为联邦食品部、农业部和林业部组成的"联邦部"，奥地利《联邦动物保护法》确立的主要执行和监管机构为联邦卫生和妇女部。

（2）政府监督主体的多元性

由于动物福利之下保护的动物范围广泛，包含野生动物、实验动物、农场动物、伴侣动物和娱乐动物等，而这些动物又涉及国家管理的不同领域，例如环境保护、农业、科学技术发展、对外贸易等，这就决定了动物福利法实施机关在具有专门性的同时，又必然具有多元性的特征。多元性主要又体现在两个方面。

①主体多元

由于动物福利涉及的领域和问题众多，动物福利法典的实施和监督必然需要众多机构和部门的介入。例如，在美国，除核心监管部门农业部外，美国卫生部、食品药品管理局也参与对动物福利的监管。再如，瑞典《动物福利法》确立的主要监管部门为农业部，但是县行政部、地方市政、警察部门、海关也是动物福利法监督的重要参与者。同时，各国还通过了大量以动物分类为基础的单行立法，分别对野生动物、实验动物、农场动物、伴侣动物和娱乐动物的保护做出规定，而不同动物的管理涉及的领域具有较大的差异性，这就进一步造成了动物监管主体上的多元性。与此同时，即便是同种类动物，在保护过程中，也涉及多个环节，多方主体共同监管便成为一种必然。以野生动物的保护为例，在美国参与野生动物保护的联邦机构包含商务部（主要是其国家海洋渔业管理局和美国海洋及大气管理总署）、农业部、海洋哺乳动物委员会、食品药品管理局、内政部（具体而言内政部下设的野生动物管理局）以及公共卫生署等。英国对野生动物进行管理的机构包含英国外交部、英国环境食品与农村事务部、英国自然管理局以及英国警察署野生动植物犯罪科等。其中英国外交部下设自然资源管理处，负责野生动植物福利法规协调和解释，英国自然管理局负责确保自然环境的改善，包括英属岛屿、动植物种群及水环境改善，英国环境食品与农村事务部负责野生动植物保护的具体实施。

②地域多元

指的是不同的州或者地区对本地方动物福利监管部门和机构有不同的规定。例如，美国实行联邦制，美国各组成部分在动物福利及其监管领域都具有独立的立法权，这必然导致各州之间由于区域差异性，对动物福利监管机构和监管体制的规定也会有所不同。英国之下的英格兰、苏格兰、威尔士等组成部分也都制定有自己的动物福利法律、法规并规定了相应的监管机构。澳大利亚的情况更为特殊，因为按照澳大利亚宪法的规定，澳大利亚在动物福利的立法权和管理权原则上都授予给各州和地区行使，澳大利亚联邦仅在国际和进出口领域的动物福利问题上有立法权和立法的实施权，因此，澳大利亚动物福利的立法和监管主体主要是地方主体，而地方的多元性必然导致执行主体的多元。

③多元下的协调合作

国外建立的动物福利法实施和监管体制的重要特点之一就是"一个监督部门为主、多部门联合参与"。该体制之下，如何处理多部门的关系问题便成为至关重要的问题，这是因为其必然影响动物福利监管的效率。对此，发达国家采取的一般原则是各部门分工负责、协调合作。

所谓分工负责指的是尽管存在多个动物福利实施和监管部门，但是各部门之间有明确的分工。例如，尽管美国参与野生动物保护的联邦机构数量众多，包含商务部、农业部、海洋哺乳动物委员会、食品药品管理局、内政部以及公共卫生署等，但是这些部门及机构在野生动物管理中有较为明确的分工。其中，商务部的海洋及大气管理总署的海洋渔业局主要管理海洋渔业，国家食品药品管理局负责州际间的水产品交易和国外海产品进口，农业部所属渔业管理局负责淡水鱼类生产，内政部野生动物管理局负责野生动植物及其栖息地等。再如，德国《动物福利法》对德国动物福利法的实施和监督机构作出规定的同时，也对机构管理职责进行了明确的分工：联邦食品、农业部和森林部组成的"联邦部"，是德国动物福利法主要的实施机构，负责制定有关动物福利标准和条件的法规；联邦财政部及其指定的海关，负责动物的进出口；联邦国防部，负责联邦武装领域动物福利法和相关法令的实施等。由此可见，国外管理动物福利的部门虽然数量众多，但是多而不乱，相应的立法对每个部门的实施和监督权力作出了明确规定。

为避免各部门之间有所冲突，各自为政，各国对不同部门之间的协调与合作也提出了要求。例如，德国《动物福利法》规定，联邦食品、农业和森林部组成的"联邦部"有权制定涉及动物运输的法令，但是由于运输涉及运输部门的职责，因此应当与运输部门达成一致。该法第2条第1款第5项于是规定："联邦部在联邦议会的同意下，与联邦运输部达成一致，有权制定涉及动物福利所需要的动物运输法规。"德国还在《动物福利法》第十一章"本法的实施"一章中规定了部门联动的执法模式，该法第14条第1款规定："联邦财政部以及指定的海关负责动物进出口的审查许可过程中，如果发现涉嫌违反本法或者依本法制定的法令的相关行为，应当通知主管机关。"再如，美国《动物福利法》对农业部长与联邦、州和地方政府机构的协商与合作也做出了下列规定："部长应当就用于研究、试验或展览的动物的福利问题，或管理有关动物商业运输或确立动物福利标准的法规问题，与其他联邦部门、机构或组织协商与合作。在颁布规章前，部长须与卫生及公共服务部部长协商。在颁布任何有关动物空运和处理的相关标准之前，部长应与交通部长协商。如果交通部长在协商的30天内告知农业部长修改规定是交通安全所必需的，其有权不批准上述标准。陆地运输委员会、运输部长和联邦海事委员会应在各自合法权限的范围内采取适当行动，以执行部长针对受监管人员制定的任何标准。"[①]另一方面，在美国，为了避免重复，提高机构的效率从而实现实验动物管理和使用的标准要求，负责实验动物福利监督的美国农业部的APIHS、公共卫生署的NIH和食品药品管理局之间还制定了长期存在的合作谅解备忘录（MOU），对相互间的合作提出了框架。该备忘录要求各机

---

① 见《美国法典》第七编第五十四章第2145条（a）的规定。

构就调查、监督和对场所检查的信息以及就各自发现采取的举措进行交换。这使得各机构间在评估和监督领域互相合作并避免了机构的负担和重复工作,涉及动物福利的重大问题由机构共同处理。

在中央和地方以及地方之间多元性问题处理上,各国也做出了相应的规定。以澳大利亚为例,在联邦领域,一直到 2005 年才通过了《联邦动物福利法》,但《联邦动物福利法》的通过并不影响改变之前澳大利亚各州和地区通过的动物福利立法,例如南澳州 1985 年颁布的《动物福利法》,首都地区 1992 年颁布的《动物福利法》,塔斯马尼亚州 1993 年通过的《动物福利法》,以及西澳洲 2002 年通过《动物福利法》等仍然在各州适用。对出台后《联邦动物福利法》与州立法之间的关系,《联邦动物福利法》第 6 条特别做出规定,"国会制定本法案的目的不是去影响各州和地区能够与本法案相一致有关动物福利的法律的运作",① "如果联邦总理认为州的条款更为严格,则州的条款优先适用。"② 由此可见,澳大利亚各州的动物福利实施和监督机关按照各州动物福利立法的规定执行即可。美国《动物福利法》也对联邦和州监管主体的协调合作做出规定:"部长有权与各州或政治分支机构的官员合作,以执行本章以及任何州、地方或市的动物福利立法或条例。"③

2. 监管的方式

政府部门或者机构作为具有法定监管权的主体,其执行和实施动物福利法的监督和管理方式是多样的,具体而言包含:

(1) 制定条例或细则

制定条例或者细则是政府监管的重要手段,这种监管是通过运用行政立法权实现的。由于国会通过的动物福利法条文较为概括,操作性和可实施性较弱,因此根据动物福利法制定操作性更强的动物福利条例或者动物福利法规,是确保动物福利法内容实现的基本手段。例如,美国农业部在国会《动物福利法》的基础上,对动物福利法进行了细致的阐释,出台了《动物福利条例》,收录在美国《联邦条例》第九编第一章中。美国《动物福利法》还规定:部长应颁布他认为必要的规章制度,以允许检查人员以人道的方式没收或销毁因不遵守本章任何规定或其下发的任何规章

---

① 见澳大利亚《联邦动物福利法》第 6 条第 1 款的规定。
② 见澳大利亚《联邦动物福利法》第 6 条第 2 款的规定。
③ 见《美国法典》第七编第五十四章第 2145 条(b)的规定。

或标准而受苦的任何动物。再如，德国《动物福利法》在明确规定联邦部为主要监管机关的同时，授权联邦部在一系列动物福利相关领域的立法权，包含动物照管、动物运输、处死动物、动物麻醉、动物身份识别等领域。

（2）登记和许可

如前所述，登记和许可是政府部门对动物相关活动以及行业进行行政管理的重要手段。通过要求将动物信息、动物相关人员信息、动物研究计划和动物使用行为以及动物设施等进行登记，或者通过更为严格的动物相关人员以及动物相关行业、活动和研究计划的许可，政府可以有效知悉并控制对动物福利影响较大的动物行为和动物设施。此部分内容在上一章中已经进行较为具体的论述，在此不再赘述。

（3）监督和检查

政府监管的重要手段之一就是对动物相关人员、相关活动以及动物设施和场所的监督检查。各国动物福利法一方面赋予动物福利主管部门和机构法定的监管权，另一方面也明确要求主管部门或者机构应当履行监管的职责。例如，美国《动物福利法》明确赋予农业部对法的执行和实施权，规定"农业部长应当进行他认为必要的调查或者检查，以确定本节第2142条之下的任何经销商、展览商、中介、运输人、研究设施或者拍卖运营人是否违反或者正在违反本章的任何条款以及根据本法颁布的条例或者标准"。为此，部长应当在任何合理的时间，进入商业和设施场所，检查动物和根据本节第2140条须由经销商、展览商、中介、运输人、研究设施或者拍卖运营人保存的记录。部长应每年至少视察每一研究设施一次，如发现有缺陷或偏离本章所颁布的标准，则应进行必要的后续视察，直至所有缺陷或偏离标准得到纠正为止。[①] 再如，奥地利《联邦动物保护法》第三章对该法的执行和监督做出明确规定，第35条"政府监管"第4款规定："当局有权对畜牧业进行检查，并检查动物饲养禁令的遵守情况，坚持充足原则。在不影响第2款和第3款规定的情况下，当局应视察被饲养的动物是否违反了保护动物的法律条款，如果违法行为已被处罚，应当就违法行为进行进一步检查，如果有违法嫌疑，当局也有义务实施检查。"第5款还要求"检查机关应当聘用具有足够专业资格的人员。详情

---

① 见《美国法典》第七编第五十四章第2146条（a）的规定。

应由联邦卫生和妇女部长通过规章确定。"

(4) 对违法行为的纠正和处理

政府监管的目的是督促动物行为者按照动物福利法的规定实施动物行为，确保动物活动和动物设施符合动物福利标准和条件。如果在监督检查中发现动物福利违法行为，动物福利主管机关或者机构有权对违法行为进行纠正或者采取相应的制裁措施。例如，奥地利《联邦动物保护法》第35条在第4款规定了政府的监管职责后，该条第6款进一步规定了监督检查后的整改措施，"如果当局在检查中发现保有的动物没有按照本联邦法案或根据该法制定的规章或指令的规定，可以责令动物饲养人改变动物饲养方式、变更饲养场所条件或者采取其他措施，旨在确保动物饲养在适当的期限内符合联邦法的目标和其他规定。"挪威《动物福利法》在第三章就行政命令和制裁也做出了规定，其中第30条规定：该法的主要实施机关——国家食品安全局有权采取控制措施或者作出决定确保动物福利法和相关政策的遵守。第34条还规定："管制当局可对故意或疏忽未能遵守本法或根据本法制定的条例的任何人征收违规费。收费数额的确定，应当根据违规的严重程度、责任人因违约而取得的利润以及管理机关因控制行为和案件管理而支付的费用而定。违规费用可以通过执行程序收回。"该法还进一步规定，管制当局可对任何未能在规定期限内遵守决定的人强加执行损害赔偿金，可以一次性施加或每日实施损害赔偿金。损害赔偿金的数额，以执行决定的重要性和可能产生的费用为准。[①] 由此可见，政府的监管是以国家强制力为后盾的，政府在监管过程中有权作出各种遵守决定，且被监督人应当自觉履行，否则将承担相应的法律后果。

(二) 专门动物福利机构的监督和管理

动物福利的政府监管体制是动物福利监管制度中非常重要的组成部分，但是由于现代法治国家重视机构精简和行政管理的效率，因此，纯粹依赖政府部门监督动物福利，在有限人员之下，显然难以发挥良好的效果。因此，在政府部门之下进一步成立动物福利组织或者机构便成为发达国家的普遍选择。例如，美国国会明确授权美国农业部负责《动物福利法》的实施，具体由美国农业部之下的动植物检疫局（APHIS）负责。为确保动物福利法案的实施，APHIS特别成立了动物管理部门（AC），由

---

① 见挪威《动物福利法》第35条。

AC 的监督员对使用、销售和运输动物的机构进行监督。AC 的总部现在设在马里兰州的里弗代尔,并在北卡罗来纳州的罗利和科罗拉多州的科林斯堡设置有两个地区性的办公室。它雇用了大量的兽医医学官员和动物照顾的检查员,这些人员遍布于全国的各个地区对动物福利法案管理下的已经获得许可的机构(例如饲养人、买卖人员、展览人员)和获得登记的机构(例如研究机构、管理人员和承运人)进行监督。再如,德国《动物福利法》第十一章"本法案的实施"第 16b 条规定包含联邦食品部、农业部和森林部的联邦部有权任命组成动物福利委员会,以协助完成动物福利相关问题的管理。在发布法令或者行政法规之前,联邦部应当听取动物福利委员会的意见。同时该条规定,联邦部有权通过法令对动物福利委员会的组成、其成员的任命、职责任务和程序规则做出规定。可见,动物福利委员会是直接设置在联邦部之下的动物福利组织,通过动物福利委员会专业人员的建议和监管,联邦部便能够更为高效和有效地完成监管职责。除了美、德以外,英国、澳大利亚以及奥地利等国家也均在动物福利法中确立了政府之下的专门监管机构或者人员。例如,澳大利亚《联邦动物福利法》规定了联邦部任命组成的联邦动物福利局为动物福利法的实施机构,明确了动物福利局为独立的法人实体,并详细规定了动物福利局的组成及其职责。该法还规定动物福利局有权任免自己的监督员,由监督员负责完成动物福利局明确的监督事项。奥地利 2005 年《联邦动物保护法》第 42 条第 1 款规定,应当在联邦卫生和妇女部之下设立动物保护委员会。第 42 条第 2 款至第 4 款对动物保护委员会的组成和成员任命作出进一步的规定。

由此可见,为了实现动物福利监管目标,在法定动物福利实施和监管的主管机关之下,普遍设置动物福利组织并任命专门监督员是发达国家的普遍选择。政府下的动物福利组织及其监督员具有法定监督权和对违法行为的处理权。例如,美国的《动物福利法》规定,AC 应当每年至少一次对每一研究设施进行检查,如果发现缺陷,进行后续检查。为了 AC 的动物管理人员能够有效地对在农业部之下登记或者注册的设施进行检查,农业部特别通过了《动物管理监督指南》,按照《动物管理监督指南》的规定,AC 的监督员应当至少每年对所有的正在运作的研究机构进行一次全面监督。如果在监督过程中,发现违反了《动物福利法》标准,AC 将要求机构在特定的时间内对这些问题进行纠正。一般程度违反(例如不完整的记录），一般对官员给予警告，较重的违反（例如过失或者缺少兽医造成动物死亡的）将提交至动植物检疫局 APHIS 之下的调查和执行处 IES 展开正式调查。再如，奥地利《联邦动物保护法》第 42 条第 7 款对动物保护委员会的职权、职责作出了明确规定：其有权就动物保护问题向联邦卫生和妇女部提出咨询，根据动物保护法拟定对发布的条例的评论，制定使法案获得实施的必要指南，评估法案执行情况以及制定改进实施的建议等。由此可见，动物保护委员会对动物保护法的实施能够发挥重要的作用。

（三）警察的监管

在发达国家，警察是动物福利监管和动物保护的重要力量。由于警备力量相对充足，执法直接在基层等特点，警察能够及时地发现动物违法行为并给予动物有效的救助。于是，在众多国家的动物福利法中，都赋予警察一定的监管和执法权。例如，美国《动物福利条例》在"注册登记"一章"其他规定"部分第 4 条规定：每一研究设施在接到申请时或者工作时间内，都应当允许具有常规执法权限的警察或者其他执法机构的官员，进入其办公场所，以检查各种动物及其记录资料，目的在于查询走失的动物。在第 5 条"动物没收和销毁"中规定："如果动植物检疫局的官员未能按照规定确定方位或者通知该研究设施，该官员就应当联系当地的警察或者其他执法官员，陪同申请人一起进入设施，对动物进行适当的照料，以缓解动物的痛苦和不适。"由此可见，警察是美国《动物福利法》授权的执法机构之一。再如，在 2009 年挪威的《动物福利法》中，也对警察在动物福利中的监管权做出规定。该法第 5 条"通知义务"指出："任何人在有理由相信就环境、监管或者照料方面动物被虐待或者被严重疏于照顾时，应当尽快通知食品安全局或者警察。任何人在意识到大量野生或者流浪动物处于疾病、受伤或者不正常痛苦状态时，应尽快通知食品安全局或者警察。"由于食品安全局是挪威《动物福利法》下该法的主要实施机构，因此，将警察和食品安全局并列，说明警察在挪威动物福利相关法律的实施和动物福利监管中具有重要地位。不仅如此，该法还规定：如果主管当局有理由相信动物被关押或者发生有本法规定的动物违法行为，其有权不受阻碍地进入该场所或者设施进行检查。如果主管当局未能不受阻碍地进入，并有理由相信动物正在遭受不必要的痛苦和压力，则如有必要主管当局可以在警察的协助下进入。如果是受主管当局的请求，警察享有同等进入权。① 挪威《动物福利法》第 32 条还赋予警察和主管当局相同的照料动物的权力。奥地利《联邦动物保护法》、瑞典《动物福利法》、德国《动物福利法》、欧盟的系列动物福利公约等立法中，也普遍赋予警察一定的动物福利执法权或者协助执法权。警察介入、参与动物福利监管，增强了监管的及时有效性和监督体制的协调性。

（四）动物设施或者场所内部的自我监督和管理

政府的监管是一种外部监管，这种监管具有明显的法定性和强制性特征，因此政府监管最为严厉。但是政府监管最大的弊病就是由于政府资源和人员的有限性导致的政府监管的有限性。这种有限性，主要体现在两个方面：一方面，政府监管内容和监管手段有限，只能按照法律规定的监管手段在法定范围内进行监督，例如，按照美国《动物福利法》的规定，农业部监督的对象仅限于《美国法典》第 2142 条规定的经销商、展览商、第三方中介、运输人、研究设施和拍卖中介；另一方面监管频率较低。一般各国动物福利法确立的政府监管的频率为一年一次。有限的监管有可能导致动物福利监管漏洞的存在。而动物饲养研究设施内部的监管则因监管的灵活性、多元性、常规性等优点有效克服了政府监管的不足。

1. 伦理审查与监督

研究机构或者设施内部的自我监督和管理中，最重要的便是发达国家普遍建立的伦理审查和监督。严格意义上的伦理审查与监督，指的是研究机构在进行实验动物的科学研究前，应当就实验研究计划的可行性、研究目的、研究内容等接受研究机构内部伦理审查机构（伦理审查委员会、动物管理委员会等）的审查，伦理审查机构认为动物研究确有必要并且符合动物福利要求时，方能批准研究计划或者研究项目。因此，严格意义上的伦理审查是实验动物研究前研究机构的自我审查和监督，属于自律的范畴。这样一种自律能够确保动物研究计划或者研究项目尽可能遵循动物福利标准和要求，已经成为各国认可的一种审查和监督方式。目前发达国家通过动物福利法律法规对伦理审查机构及其组成、伦理审查机构的职权职责、伦理审查的内容、伦理审查的程序等问题做出了详尽规定。考虑到伦理审查制度的重要性和我国立法在此方面规定的重大不足，伦理审查与监督将在后文中专章进行阐述。

---

① 见挪威《动物福利法》第 18 条。

2. 机构负责人的监督

机构的负责人，指的是能够代表该动物机构，并对该机构的动物行为承担最终法律责任的人员。因此，机构负责人有权对本机构的动物活动和动物行为进行监督。对此各国动物福利相关立法也做出了规定。例如，美国《实验动物照顾和使用指南》规定：尽管动物研究计划的指导责任由机构负责人、兽医和伦理审查委员会共同承担，但是研究计划的最终责任由机构负责人承担。因此，机构负责人有权进行资源分配，并保障计划和资源分配有利于动物福利的实现。加拿大对高层负责人及其职责的规定更为详尽。加拿大为了良好实现高层负责人的监督和管理，CCAC专门颁布了《负责动物管理和使用的高层管理人员政策声明》，《声明》3.1.1明确了不同机构或者组织的高层负责人范围，指出："如果使用动物的是大学，那么通常的高层负责人为研究副校长，如果没有此职位，则为校长或者学术副校长；如果是医院，高层负责人一般为研究中心主任，如果不是则为学术副主任或者其他科学负责人；如果使用动物的组织为高校，高层负责人一般为校长、学术副校长或者其他具有相应地位的科学负责人；对私人机构而言，高层负责人一般为CEO或者研究与发展副职；对政府研究或者实验中心，高层负责人一般为研究中心主任。"《声明》还规定了高层负责人的监管职责为：必须确保适当的动物照顾和使用操作规程已准备就绪以满足机构科研、教学、测试或者繁殖的科学目的，并且所有的对动物的照顾和使用都适当地满足了机构和CCAC的指南和标准。具体包含高层负责人应当确保研究机制已准备就绪并确保研究具有正当性；确保机构成立有作用良好的动物管理委员会ACC；确保具备充足的构建良好的兽医和动物管理人员资源；确保动物使用人员良好的知悉动物照顾和使用计划的所有方面；确保具有良好的结构以支持可靠的研究计划并促进动物使用人员、ACC和兽医以及动物管理人员的良好沟通；确保适当和充足的动物设施等。

3. 兽医的监督与管理

兽医是指专门为动物进行疾病的预防、诊断和相应治疗的医生。由于兽医在动物照顾方面具有经验，能够有效降低动物的疼痛、痛苦和不适，因此兽医在动物福利实现过程中具有重要的作用。目前各国要求的兽医职责几乎涵盖动物使用的全过程，包含日常检查，疾病预防，手术及术前术后护理，麻醉剂、止痛剂等药剂的使用，动物的安乐死以及对动物福利活动进行指导和监督。各国在动物福利法中普遍对兽医的监督作出规定。例如，美国《动物福利条例》在第二部分的 C 分章的 2.33（a）规定："每个研究设备都应当拥有一名主治兽医，他将提供与本节内容相一致的充足的兽医护理。"《澳大利亚用于科研目的的动物的照顾和使用准则》规定"要确保对动物的管理和使用是在具有适当的动物管理或者兽医资质或者经历的人员的指导或者操作下进行"①。准则 3.2.1 规定："应当保持保证动物健康地位的程序步骤以保障动物福利，满足动物按照既定计划获得使用，这些程序步骤包：（i）由有能力者进行充足频率的对动物的监督和评价以确保及时发现疾病和受伤的动物并采取适当的措施；（ii）提供兽医的临床护理和建议；（iii）对于疾病暴发和紧急事件例如火灾、电力故障和生物安全问题的及时发现及有效管理；（iv）在兽医指导和监督下的预防计划是适当的，包含动物生物安全；检疫隔离；监督；诊断；照料和疾病的控制。"

兽医在动物福利监管方面能够发挥有效作用，这是因为作为专业人员，兽医能够及时有效地发现动物的疾病、不适、伤害以及其他偏离动物福利的现象和行为，并能够为动物提供良好的照料和救治。一方面，部分国家的立法要求专业监督员应当具有兽医资质。例如，英国《动物（科学程序）法》第 18 条规定："内政部长在财政部对人员数量和薪酬同意的前提下可以任命其认为具备相应医学或者兽医资质的人担任本法目的下的监督员。"②《动物（科学程序法）操作指南》11.3 规定："监督员应当全部获得医学或者兽医执业登记并且通常具有较高的科学或者临床研究生资格并对生物医学的实施具备一手经验。"《动物（科学程序）法》第 18 条第 2 款还规定了监督员应当履行的监督职责，包含定期巡查和检查以及对不遵守行为的处理等。另一方面，各国对普通兽医在动物福利中的监督和管理职责也做出了相应规定。例如，美国《实验动物照顾和使用指南》在第二章中即指出："主管兽医（AV）对在研究机构使用的所有实验动物的健康和福利负责。研究机构必须为主治兽医提供足够的权力，包含接触所有的动物以及能够完成兽医管理计划的所有资源。主管兽医应当监督动物照顾和使用的其他方面（例如护理、住所）以确保计划符合指南规

---

① 见澳大利亚《用于科研目的的动物的照顾和使用实践准则》2.1.8 的规定。
② 见英国《实验动物法》第 18 条第 1 款的规定。

定。"加拿大实验动物医学协会《兽医照顾标准》对兽医职责的规定更加明确，该《标准》要求兽医应当参加与动物照顾和使用相关的所有问题和活动，包含监管活动。其中，监管活动主要包含对动物的巡查，即兽医应当对动物的身体和精神状况进行检查；对动物设施的定期巡检，《标准》要求兽医一年至少进行两次现场考察，并且考察的次数可按照机构的大小调整为每月一次或者根据动物的规模和数量同时/或者特定的动物照顾和使用计划有明确要求时进行更为频繁的巡察，并随后向高层管理人员和动物管理委员会转发书面报告；兽医有权对动物意外死亡进行调查并同时或者对安乐死提出建议等。

（五）动物保护组织的监督和管理

此处的动物保护组织指的是一个国家、地区或者两个及两个以上的国家和地区设立的以保护动物为宗旨的非政府组织。其既包含一个国家内部成立的动物保护组织，也包含国际动物保护组织，其成立的宗旨和目的就是保护动物权益。这些组织在资金来源上主要依靠团体和个人的资助，在体制上独立于政府而存在。在保护动物的领域，通过为政府提供建议和意见、组织大量动物保护运动、救助动物、监督动物行为等方式为实现动物福利贡献了重要的力量。

在动物福利理念逐步深入的过程中，各国以及国际社会成立了大量的动物保护组织。例如，在《马丁法案》颁布两年后，英国在伦敦成立的世界上首个动物福利组织——防止虐待动物协会（PSPCA）；1866年，美国成立的北美第一个也是世界上最大的动物福利组织——防止虐待动物协会；1953年成立的世界动物保护联盟，1959年成立的国际动物保护协会，1981年，世界动物保护联盟和国际动物保护协会合并成为世界动物保护协会；1967年，为保护农场动物，在伦敦成立的世界农场动物福利组织；1990年，加拿大成立的动物联盟；1994年，美国成立的最大的动物保护慈善机构——人道协会；1998年，亚洲地区成立的重要的动物公益组织——亚洲动物基金；1924年成立、2003年更名的世界动物卫生组织OIE等。上述动物保护组织在动物福利监管中发挥了重要作用。这些作用具体体现在：

1. 促进和推动动物福利立法的出台和完善

动物福利公益组织的目的就是实现动物福利，而实现动物福利的有效途径就是通过动物福利法律、法规和政策。因此，为了实现组织的目的和宗旨，在动物福利重要问题上，动物福利组织积极主动地与政府、公共机构保持联络和沟通，并推动动物福利相关立法和政策的出台。例如，美国反对虐待动物委员会的创始人亨利·伯格在动物福利理念的基础上撰写了《动物权利宣言》，该宣言的出版推动了纽约州1866年反对虐待动物立法的修改并促使防止虐待动物委员会获得执行该立法的权力。英国皇家反对虐待动物协会是动物福利立法的法律顾问组织，英国动物福利法的出台和不断完善都是在协会的推动下完成的。英国是实现动物福利法治化最早的国家，这与皇家反对虐待动物协会的不断努力密切相关。

2. 为政府监督或者内部监督输血

无论是政府监督还是动物机构的内部监督，都需要专门的监督员或者具备特定资质和经验的人员完成。而动物福利专业组织凭借自己的专业知识和经验，可以培训监督员或者直接为政府或者研究机构输送监督员。例如，澳大利亚《联邦动物福利法》规定动物福利由动物福利局的监督员进行监督。"监督员应当具备良好的动物管理和动物福利知识，最低学历要求是完成了动物福利培训的规定课程或者相当的研究课程。并且下列人员才可能被任命为监督员：按照1999年的《公共服务法案》被任命；州或者地区的负责人或者雇员；由皇家防止虐待动物学会雇佣的人员；或者按照法规宣布的批准人员。"由此可见，皇家防止虐待动物学会雇佣的人员是监督员的重要来源。

3. 调查和控诉动物违法行为

发达国家的动物福利法一般都授予动物福利组织一定的法律执行权。英国和澳大利亚的皇家反对虐待动物协会都获得了相应的授权。动物福利组织内部一般都设立有专门的监察或者稽查机构，监察员或者稽查员有权对农场动物的饲养场所、屠宰设施进行检查，有权监督实验室研究流程、饲养环境及药物试验等，如果发现不符合动物福利要求的虐待动物或者违法使用动物的行为，有权收集证据，向有关当局报告。同时动物福利组织接受公民和法人的举报和检举，如英国皇家反对虐待动物协会开设有24小时动物违法行为举报热线——0300 1234 999，任何人发现有故意或者过失伤害动物的行为，都有权拨打24小时举报热线控诉动物违法行为，皇家反对虐待动物协会在接到举报后，有权到现场进行检查和调查，收集证人证言、照片、兽医意见等证据，在满足证据条件和公益代表条件的基础上，反对皇家协会可以作为公共利益的代表控诉动物违法行为。其中多数案件通过协会监督员的专业意见、支持和救助能够实现对动物的保护。遇有少数有组织的或者商业性虐待动物案件，协会无法自行解决时，可以向相关当局报告，要求起诉。"现今，每年 RSPCA 收到 157 万件通报的报案电话，受理 13.2 万多件虐待事件，其中有 3000 多件案件的侵害人被判刑。"①

4. 救助动物

动物保护组织在监督检查动物设施和场所时，如果发现动物处于福利受侵害状态，其有权将动物重新安置，将不应被人工饲养的野生动物释放野外，将受虐待的宠物安置新家，或者为受伤害的动物提供兽医等。例如，"2015 年 12 月，英国皇家防止虐待动物协会的牙医为一只牙齿被损坏的小田鼠动手术的几张照片在网上引发热议。这只小田鼠长 4 英寸（约 2.5 厘米），重 1 盎司（约 28 克），因长门牙损坏不能咀嚼食物而被带到该协会进行治疗。协会的牙医为小田鼠提供紧急牙科手术，由于小田鼠体积太小，手术过程十分考验牙医的耐心和技术，手术全程在麻醉箱中进行。"② 尽管协会的行为被很多人质疑没有任何意义，但是协会坚持认为生命都是平等的。再如，一位华人在其博客中记载了其亲身经历的一起动物保护组织解救动物的案例："有一对华人夫妇，太太要生孩子了，按照中国的习惯，到农场去买了好几只鸡来补身体，但他们把鸡捉回来之后，没有放在一个宽敞的地方养，而是关在花园里一个鸡笼子里，那么多的鸡挤在小笼子里，连身体都转不开来。后来被邻居发现，报告给 SPCA（奥克兰的反虐待动物协会），SPCA 的警察马上赶到，但主人不在家，在这里，没有主人的允许是不可以随便进花园的，警察也不可以。但他们必须拯救这些鸡，后来他们联络到了直升机，从空中把鸡笼吊走了，这样既没有非法闯入的嫌疑，也救了那些被困的鸡。"③

---

① 见 https://baike.baidu.com/item/英国防止虐待动物协会/4382642。访问日期 2018 年 10 月 16 日。

② 见 https://baike.sogou.com/v69296249.htm?fromTitle=英国防止虐待动物协会。访问日期 2018 年 10 月 16 日。

③ http://sanmaocun.blog.sohu.com/75523089.html. 访问日期 2018 年 10 月 18 日。

5. 政治游说

动物福利组织为非营利性组织，在实践中，其能够凭借其中立的地位不断向政党宣传动物福利的重要性，并影响政党将动物福利策略上升为国家政策。政党为了获得更广泛的民意支持，会选择性地吸收动物福利组织的建议将动物福利作为自己的一张政治牌。甚至，在某些国家，动物福利组织还会设立自己的政党，宣传动物福利策略，影响国家政策和立法。在此方面比较典型的就是加拿大，加拿大1990年设立了重要的动物保护组织加拿大动物联盟，2005年，加拿大动物联盟便成立了加拿大动物联盟环境选民党（现为加拿大动物保护党）——一个在联邦注册的第三党，也是北美第一个专门关注环境和动物保护的政党。该政党凭借专业知识和经验，在地方和联邦政府领域坚持环境和动物保护政策，坚持动物福利主张。

（六）社会监管

社会监管指的是新闻媒体以及普通公众对动物福利状况的监管。社会监管没有法律效力，但是能够促进动物福利理念的深入，并保障及时发现违法行为和实现对违法行为的问责。社会监管主要包含两种方式，一种是新闻媒体对动物福利法律、法规和政策的宣传，另一种就是对违规行为的曝光、举报和控告。各国对社会监管的重要性普遍关注，并在立法中对社会监管职责提出了要求。例如，挪威《动物福利法》第5条规定："任何人有理由相信动物在环境、监管和照顾方面受到虐待或严重忽视，应尽快向食品安全局或警方报警。通知义务在受其他立法限制的情况下适用。任何人在意识到大量野生、流浪动物患病、受伤或者遭受其他异常痛苦的，应当尽快通知食品安全部门或者警察。"

第二节 我国动物福利监管制度

一 政府监管

我国几乎在所有的动物福利相关的立法中，对动物福利相关人员、相关行为或者相关行业的政府监管均有所涉及。

（一）监管主体

我国在与动物福利相关的一系列立法中，对每一部法律、法规或者规章的实施主体都做出了相应的规定，法律、法规的实施主体就是相应领域动物福利监管的主管机关。如国务院通过的《实验动物管理条例》第5条第1款规定："国家科学技术委员会主管全国实验动物工作。"第2款规定："省、自治区、直辖市科学技术委员会主管本地区的实验动物工作。"由此可见，科技委现在为科技部是我国实验动物监管的主要主管部门。《中华人民共和国野生动物保护法》第7条规定："国务院林业草原、渔业主管部门分别主管全国陆生、水生野生动物保护工作。"由此可见，野生动物监管的主要部门为国务院林业草原主管部门和渔业主管部门。《中华人民共和国畜牧法》第7条规定："国务院畜牧兽医行政主管部门负责全国畜牧业的监督管理工作。县级以上地方人民政府畜牧兽医行政主管部门负责本行政区域内的畜牧业监督管理工作。"由此可见，国务院畜牧兽医行政主管部门即农业农村部（畜牧业司和兽医局）是我国目前农场动物监管的核心部门。我国立法下的监管主体具有以下特征：

1. 监管主体的多元性

在监管主体方面，尽管每一部动物福利相关立法对核心或者主要监管部门做出规定，但是和国外一样，由于动物福利的监管涉及多个领域，因此任何动物的监管都需要多部门合作才能完成，我国动物福利相关立法也规定了多元化的监管主体。例如，在野生动物监管领域，《野生动物保护法》第7条规定："国务院林业、渔业行政主管部门分别主管全国陆生、水生野生动物管理工作；省、自治区、直辖市政府林业行政主管部门主管本行政区域内陆生野生动物管理工作。自治州、县和市政府陆生野生动物管理工作的行政主管部门，由省、自治区、直辖市政府确定。县级以上地方政府渔业行政主管部门主管本行政区域内水生野生动物管理工作。"由此可见，野生动物的保护因为野生动物的分类——陆生野生动物和水生野生动物而交由不同的主管机关负责，其中陆生野生动物监管的主管部门是国务院林业草原主管机构，目前为国家自然资源部，具体为国家自然资源部下的国家林业和草原局；水生野生动物监管的主管部门是渔业主管部门，目前为农业农村部，具体由农业农村部的渔业渔政局负责。而且，中央和地方管理部门的管辖权在立法中也作出了明确规定。

实验动物管理的主体多元性特征更为明显。尽管我国实验动物福利领域的最高立法——国务院的《实验动物管理条例》规定实验动物的主管机关为国家科学技术委员会，但是《实验动物管理条例》第5条第3款同时规定："国务院各有关部门负责管理本部门的实验动物工作。"也就是说，管理实验动物的国务院各部门也是实验动物的监管机构，例如，农业部（现为农业农村部）按照国务院《实验动物管理条例》制定的《农业系统实验动物管理办法》第4条规定："农业部归口管理农业系统实验动物工作，同时接受国家科学技术委员会对实验动物工作的指导。各省、自治区、直辖市畜牧厅（局）归口管理本省、自治区、直辖市农业系统的实验动物工作，同时接受地方科学技术委员会的指导。"卫生部颁布的《医学实验动物管理实施细则》第2条规定："卫生部主管全国医学实验动物管理工作，卫生部医学实验动物管理委员会在卫生部领导下负责具体实施。省、自治区、直辖市卫生厅（局）主管本辖区的医学实验动物管理工作。省、自治区、直辖市医学实验动物管理委员会在卫生厅（局）领导下负责具体实施。"科技部《关于善待实验动物的指导性意见》第4条规定："各级实验动物管理部门负责对本意见的贯彻实施情况进行管理和监督。"综合上述一系列立法的规定，在实验动物管理过程中，我国的监管部门涉及科技部、农业农村部、国家卫生健康委员会、实验动物管理部门等多个部门。

2. 监管主体的分工与合作

（1）分工负责

如前所述，任何动物的监管需要政府多个主管部门共同完成。如何协调多部门之间的关系便成为提高监管效率的重点。一方面，各部门之间有着较为明确的分工。例如，前述的实验动物监管，卫生部（现为国家卫生健康委员会）负责卫生部管辖范围的实验动物使用即医学实验动物使用，农业部（现为农业农村部）仅负责监管农业系统实验动物的使用，国务院其他部门也是一样，按照《实验动物管理条例》的规定，国务院不同的部门负责本部门管辖范围内的实验动物的监管。

我国的部分地方立法对部门分工的规定更为细致。例如，《黑龙江省实验动物管理条例》第4条规定："省科学技术行政部门负责实验动物管理工作，并组织实施本条例；市（地）科学技术行政部门管理本行政区域内的实验动物工作；卫生计生、食品和药品监督、教育、畜牧兽医、林业、环境保护、质量技术监督等有关部门应当在各自职责范围内，做好实验动物管理工作。"再如，《洛阳市养犬管理办法》第5条规定："公安机关是养犬管理工作的行政主管部门，负责养犬登记、犬只留检和违法养犬行为的查处；卫生行政管理部门负责宣传狂犬病预防、救治知识，保障人用狂犬病疫苗的供应、注射和狂犬病人的医疗救治；监测、通报狂犬病疫情；畜牧行政管理部门负责宣传犬只病情的预防、救治知识，保障犬只疫苗的供应、注射和《犬类免疫证》的核发；监督指导犬尸的无害化处理；犬只诊疗机构的登记及违法诊疗行为的查处；监测、通报狂犬病疫情；工商行政管理部门负责犬只经营机构、诊疗机构的营业登记及违法经营行为的查处；园林行政管理部门负责对违法携犬进入公园、广场行为的查处；城市监察行政管理机构负责市容环境卫生，并对养犬破坏市容环境卫生的违法行为的查处；财政行政管理部门负责养犬管理工作所需经费的保障。"

由此可见，监管部门多元但是彼此之间有基本的分工。这就尽可能避免了职权、职责的交叉，从而抑制互相推诿或者互相夺权，尽可能提高监管效率。

（2）协调与合作

任何一个监管部门不可能完成动物监管的全过程，这必然要求各部门之间要进行有效的沟通和合作。例如，实验动物的监管主要由科技部负责，因此，其他部门对本部门管理范围内的实验动物进行监管时，应接受科技部的指导和监督。对此，《农业系统实验动物管理办法》第4条规定得非常明确："农业部归口管理农业系统实验动物工作，同时接受国家科学技术委员会对实验动物工作的指导。……"再如，《上海市养犬管理条例》第4条规定："市和区、县人民政府应当加强对养犬管理工作的领导。市和区、县人民政府建立由公安、兽医、城管执法、工商行政、住房保障房屋管理、卫生等部门参加的养犬管理工作协调机构，组织、指导和监督养犬管理工作，协调解决养犬管理工作中的重大问题。"

（二）监管方式

我国动物福利相关立法在规定了主管机关和部门的同时，对政府监管的主要方式和手段也作出了规定。但是我国未能形成对监管方式的集中规定，相反相关立法对监管方式的规定较为分散。综合目前动物福利相关立法的主要规定，我国动物福利政府监管的主要方式包含：

1. 行政立法

为了有效地实施动物福利相关法律或者法规，动物监管的主管部门有权在自己的权限范围制定条例、规章、政策、标准、规划等。例如，《野生动物保护法》第17条第2款允许主管机关制定野生动物保护规划，规定："国务院野生动物保护主管部门应当会同国务院有关部门制定有关野生动物遗传资源保护和利用规划，建立国家野生动物遗传资源基因库，对原产我国的珍贵、濒危野生动物遗传资源实行重点保护。"再如，《实验动物管理条例》规定国务院各有关部门负责管理本部门的实验动物工作。为此，农业部颁布了《农业系统实验动物管理办法》，卫生部颁布了《医学实验动物管理实施细则》，对农业系统和医学实验动物的管理作出细化规定等。除此以外，监管机关为我国动物福利标准的出台贡献了重要力量。大量重要的动物福利地方标准的出台，都是在动物福利监管部门推动或者指导下进行的，例如，青海省两项较新的野生动物福利地方标准《野生动物红外相机监测技术规程》和《自然保护区巡护技术规程》就是由青海林业厅提出并主导完成的。而动物福利的行业标准更是全部归口在动物福利相应的监管主管机关之下。

2. 登记和许可

政府对动物福利相关人员、相关活动和相关行业进行行政管理的常规手段之一就是登记和许可。本书上一章内容对我国动物福利相关的登记和许可制度进行了详尽介绍。我们并因此得出结论，目前涉及动物的主要行为和行业在我国都需要事先获得许可或者进行事前和事后登记，登记和许可机关为政府相应的主管部门。例如，农业部《农业系统实验动物管理办法》第17条规定实验动物合格证由农业部颁发；《实验动物许可证管理办法》明确了许可的审批和发证机关是各级科技部门，并规定了许可证的种类和条件；《兽药管理实施细则》第20条规定："兽医医疗单位配制的兽药制剂品种，必须报所在省、自治区、直辖市农业（畜牧）厅（局）备案"等。通过登记和许可，政府能够有效地知悉动物、动物相关活动及其实施人员、动物行业和动物设施的存在，并能够依法对上述内容进行必要的监督，从而实现维护公共利益、保护动物的管理目标。

3. 监督和调查

作为对特定领域动物活动和动物行业的主管机关，当然有权在其管辖权范围内，对监管的事项进行监督和检查，并有权采取相关措施。对此，我国绝大多数与动物福利相关的立法做出了明确规定。例如，《野生动物保护法》第11条规定：县级以上人民政府野生动物保护主管部门，应当定期组织或者委托有关科学研究机构对野生动物及其栖息地状况进行调查、监测和评估，并规定了调查、监测和评估的内容。第 14 条规定："各级野生动物保护主管部门应当监视、监测环境对野生动物的影响。由于环境影响对野生动物造成危害时，野生动物保护主管部门应当会同有关部门进行调查处理。"再如，《生猪屠宰管理条例》第 21 条规定："畜牧兽医行政主管部门应当依照本条例的规定严格履行职责，加强对生猪屠宰活动的日常监督检查；畜牧兽医行政主管部门依法进行监督检查，可以采取下列措施：（一）进入生猪屠宰等有关场所实施现场检查；（二）向有关单位和个人了解情况；（三）查阅、复制有关记录、票据以及其他资料；（四）查封与违法生猪屠宰活动有关的场所、设施，扣押与违法生猪屠宰活动有关的生猪、生猪产品以及屠宰工具和设备；畜牧兽医行政主管部门进行监督检查时，监督检查人员不得少于 2 人，并应当出示执法证件；对畜牧兽医行政主管部门依法进行的监督检查，有关单位和个人应当予以配合，不得拒绝、阻挠。"

4. 问责

问责政府监管的重要方式。我国目前绝大多数动物福利相关立法都对监管机关的追责做出了相应规定。例如，《中华人民共和国动物防疫法》第 78 条规定："违反本法规定，屠宰、经营、运输的动物未附有检疫证明，经营和运输的动物产品未附有检疫证明、检疫标志的，由动物卫生监督机构责令改正，处同类检疫合格动物、动物产品货值金额百分之十以上百分之五十以下罚款；对货主以外的承运人处运输费用一倍以上三倍以下罚款。"再如，《生猪屠宰管理条例》第 24 条规定："违反本条例规定，未经定点从事生猪屠宰活动的，由畜牧兽医行政主管部门予以取缔，没收生猪、生猪产品、屠宰工具和设备以及违法所得，并处货值金额 3 倍以上 5 倍以下的罚款；货值金额难以确定的，对单位并处 10 万元以上 20 万元以下的罚款，对个人并处 5000 元以上 1 万元以下的罚款；构成犯罪的，依法追究刑事责任。"显然，追责是动物福利监管行政部门的重要职权之一。

二 政府监管外的其他监管

我国动物福利相关立法规定的最主要的监管方式就是政府监管。但是在政府监管外，内部监管、自治和自律管理以及社会监督也属于我国立法确立的监督制度的组成部分。

（一）内部监管

内部监管指的是动物使用单位或者动物使用人对动物使用活动或者设施进行的监督和管理。我国立法规定的内部监管包含：

1. 实验动物的伦理审查和监督

如前所述，各国在动物福利法中普遍对实验动物的伦理审查制度作出重点规定，以实现动物实验与伦理道德要求的一致性，保护实验动物免受过度痛苦和疼痛。目前，我国立法中对伦理审查的规定较为简单，例如，《关于善待实验动物的指导性意见》第 5 条规定："实验动物生产单位及使用单位应设立实验动物管理委员会（或实验动物道德委员会、实验动物伦理委员会等）。其主要任务是保证本单位实验动物设施、环境符合善待实验动物的要求，实验动物从业人员得到必要的培训和学习，动物实验实施方案设计合理，规章制度齐全并能有效实施，并协调本单位实验动物的应用者之间尽可能合理地使用动物以减少实验动物的使用数量。"《意见》第 24 条还规定："使用实验动物进行研究的科研项目，应制定科学、合理、可行的实施方案。该方案经实验动物管理委员会（或实验动物道德委员会、实验动物伦理委员会等）批准后方可组织实施。" 2018 年 2 月，我国专门通过的国家标准《实验动物 福利伦理审查指南》对实验动物的伦理审查提出要求，规定了伦理审查的机构、审查原则、审查内容、实施方案审查、审查规则和档案管理。北京市动物福利地方标准《实验动物伦理审查技术规范》的征求意见稿已经出台，对福利审查委员会、审查原则、审查重点和要点、审查技术规程、福利伦理审查结论、申诉与答复等内容做出规定。这意味着我国在立法中开始日益关注实验动物的伦理审查，对此，本书在后文会进行详细阐述。

2. 常规监测和检查

常规监测和检查指的是动物的使用单位或者使用人应当定期或者不定期地对动物、动物设施以及动物行为进行检查和监测，确保动物相关场所和行为符合国家立法和动物福利的一般要求。我国动物福利相关立法对内部常规监测和检查也有明确的要求。例如，《实验动物管理条例》第 8 条规定："从事实验动物饲育工作的单位，必须根据遗传学、微生物学、营养学和饲育环境方面的标准，定期对实验动物进行质量监测。各项作业过程和监测数据应有完整、准确的记录，并建立统计报告制度。"《关于善待实验动物的指导性意见》第 11 条规定："……在日常管理中，应定期对动物进行观察，若发现动物行为异常，应及时查找原因，采取有针对性的必要措施予以改善。"

(二) 自治和自律管理

自治和自律管理，指的是在政府指导下，由基层自治组织居委会或者村委会进行的协助监管以及特定行业组织进行的自律管理。在农场动物和伴侣动物管理领域，我国相关的立法对自治和自律管理做出了规定。例如，《中华人民共和国畜牧法》第5条规定："畜牧业生产经营者可以依法自愿成立行业协会，为成员提供信息、技术、营销、培训等服务，加强行业自律，维护成员和行业利益。"《洛阳市养犬管理办法》第6条规定："居（村）民委员会，应当在居民、村民中开展依法养犬、文明养犬的宣传教育和培训工作。广播、电视、报纸等新闻媒体，应当做好养犬管理法律、法规和规章以及卫生防疫的宣传工作。"第28条规定："居（村）民委员会、住宅小区业主大会（委员会）应当依法制定养犬公约，规定允许遛犬的区域等具体规范，并监督公约实施。"

(三) 社会监督

我国动物福利相关立法确立了新闻媒体和广大公众对违法行为和动物侵权行为的检举和报告制度。例如，《野生动物保护法》第6条第2款规定："任何组织和个人都有权向有关部门和机关举报或者控告违反本法的行为。野生动物保护主管部门和其他有关部门、机关对举报或者控告，应当及时依法处理。"第8条第3款规定："新闻媒体应当开展野生动物保护法律法规和保护知识的宣传，对违法行为进行舆论监督。"《饲料和饲料添加剂管理条例》第6条规定："任何组织或者个人有权举报在饲料、饲料添加剂生产、经营、使用过程中违反本条例的行为，有权对饲料、饲料添加剂监督管理工作提出意见和建议。"《生猪屠宰条例》第22条规定："畜牧兽医行政主管部门应当建立举报制度，公布举报电话、信箱或者电子邮箱，受理对违反本条例规定行为的举报，并及时依法处理。"

第三节　我国动物福利监管制度的问题

从形式上看，我国建立了与西方相类似的动物福利监管框架，通过政府监管、内部监管和社会监管形成了对动物相关行为、相关人员和相关行业的监督和管理制度。在政府监管领域，我国借鉴西方，尽可能去确立一套"分工负责、协调合作"的监督体制。尽管如此，与发达国家相比，我国在动物福利监管领域问题上，尚存在较大差距。

一 政府监管体制问题

如前所述，政府监管是动物福利监管中最为重要和有效的组成部分。发达国家对政府监管的主体、方式、范围和内容普遍作出详尽规定。我国在动物福利相关立法中，对上述内容也有所规定，但是与发达国家相比，在政府监管领域我国尚存在以下问题：

（一）监管主体的关系有待进一步理顺

1. 分工不够明确

尽管我国立法日益关注监管主体之间的分工与协作，但是目前在我国法治化程度不高、政府部门改革尚未完成的历史背景下，各部门在监管过程中，互相扯皮、互相推诿、合作不顺畅等问题都不同程度地存在着。

目前我国多数动物福利相关立法对监管职权分工的规定尚不够清晰与明确。例如，《中华人民共和国动物防疫法》第7条规定："国务院兽医主管部门主管全国的动物防疫工作；县级以上地方人民政府兽医主管部门主管本行政区域内的动物防疫工作；县级以上人民政府其他部门在各自的职责范围内做好动物防疫工作；军队和武装警察部队动物卫生监督职能部门分别负责军队和武装警察部队现役动物及饲养自用动物的防疫工作。"该条对动物防疫的监管权进行了分工，但是"县级以上人民政府其他部门在各自的职责范围内做好动物防疫工作"的规定过于概括和含糊，且兽医主管部门作为主管部门和政府其他部门之间的关系也没有做出解释。实践中我国政府部门之间的职权职责本身就有交叉，遇有交叉时，如何处理，立法同样没有规定。再如，《湖南省实施〈实验动物管理条例〉办法》第4条规定："省人民政府科学技术行政部门主管全省实验动物工作。卫生、教育、农业、林业、环保、质量技术监督、食品药品监督管理、出入境检验检疫等部门，应当在各自职责范围内做好实验动物有关管理工作。"各自职权范围指的是实验动物的哪些管理事项和范围，《办法》没有进一步规定，相关立法中也没有明确，这样的分工性规定在实践操作中容易造成各自为政的状态，出现纠纷时，也缺乏解决纠纷的明确依据。

2. 监管部门的协调合作不够充分

我国在动物福利相关立法中，对监管部门之间协调合作的规定与国外相比不够具体和细致，且可操作性不强。例如，在实验动物监管领域，《实验动物管理条例》第 5 条第 1 款规定：国家科学技术委员会主管全国实验动物工作，第 5 条第 3 款规定：国务院各有关部门负责管理本部门的实验动物工作。但是实际上，各部委管理的实验动物工作也是全国性实验动物工作，那么在工作中科技委（现在是科技部）和其他部委如何协调和合作便成为重要问题。农业部《农业系统实验动物管理办法》第 4 条对此有所规定："农业部归口管理农业系统实验动物工作，同时接受国家科学技术委员会对实验动物工作的指导。"但问题在于科技部和农业农村部级别完全相同，农业农村部接受科技部指导在体制上并不通畅，且在实践中农业农村部应就哪些问题接受科技部指导？科技部指导的效力和意义何在？农业农村部如果不接受指导是否违法？这些问题相应的立法没有解释，实践中也很难操作。目前农业农村部和科技部合作的主要方式实际上就是联合发文，例如，2017 年联合印发《农业部 科学技术部关于做好实验动物检疫监管工作的通知》。对上述问题，常纪文教授曾指出："在实践中，各部门分工执法的现象还是很普遍，但是统一监督管理的效果却不是很理想，原因是，统一监督管理的部门和分工负责的部门在同一政府内的级别相同，分工负责的部门不愿意甚至抵制级别相同的统一监督管理部门的监督。另外，各部门间只想要权、不想负责的思想还导致了重罚轻管、重事后算账轻事先预防的现象。在此种监管体制下，大型突发卫生事件经常光顾我国的一些农畜集中饲养地带也就不难理解了。"[①] 而且目前我国正在进行国务院机构体制改革，2018 年 3 月，国务院部委刚经历了一轮大的调整和整合，对应的地方政府的改革目前仍未完成。在这种背景下，我国动物福利监管部门的确立及其协调问题显得尤为复杂。

另一方面，在地域监管部门关系的处理上，我国立法基本空白。例如，国务院兽医主管部门和地方兽医主管部门之间的关系，不同地方兽医主管部门的关系我国几乎没有立法做出规定。不能基于我国是单一制国家，就运用国务院兽医主管部门领导地方各级兽医主管部门，上级部门领导下级部门的简单模式处理一切问题，同样地方政府处理本地域范围内动物福利监管的纯属地原则在实践中也会遇到挑战。举一个非常简单的例子，2006 年到 2007 年间，我国发生了严重的猪蓝耳病疫情，从 2006 年 5

[①] 常纪文：《动物福利法——中国与欧盟之比较》，中国环境出版社 2006 年版，第 149 页。

月份开始，江苏、安徽、浙江、江西、湖南、湖北、河南等地相继发生了以猪厌食或者不食、发烧、声音异常、无法站立或者身体摇摆为主要症状的猪蓝耳病病毒变异引发的疾病，2006年底发病猪的省份升至19个，到2007年8月，发生病例的省份扩张至27个，发病猪升至31万头，死亡8万头。面临疫情大规模扩张趋势，农业部向联合国粮农组织、世界动物卫生组织通报了有关疫情情况，并指挥各地方采取注射疫苗和扑杀的方式最终将疫情予以控制。这说明我国在上下级监管部门的沟通与合作、地域监管合作领域有待通过立法予以规定。例如，确立重大疫情的统一管理制度，确立类似于雾霾治理中的区域联防联控模式等。

(二) 政府监管中缺乏专门机构或者组织

1. 国外经验

如前所述，尽管国外重视动物福利的政府监管，并将实现动物福利作为行政管理的重要目标。但是，国外充分意识到政府机关在人员、资源、专业知识以及能力上的不足，于是在政府机构之下普遍设立有动物福利的监管组织或者专门的监督员，这些动物福利组织及其人员分布广泛，具备专业的知识和经验，能够协助政府主管部门完成庞大的动物福利监管任务。例如，前文中提到，美国农业部下属的动植物检疫局为确保动物福利法案的实施特别成立了动物管理部门，德国《动物福利法》规定联邦部有权任命组成动物福利委员会，以协助完成动物福利相关问题的管理，澳大利亚《联邦动物福利法》规定了当局任命组成的联邦动物福利局为动物福利法的实施机构，并详细规定了动物福利局的组成及其职责，奥地利《联邦动物保护法》规定联邦卫生和妇女部之下设立的动物保护委员会等。

2. 我国立法规定和问题

而目前我国在动物福利相关立法中，对于政府主管部门之下的专业监督组织及人员几乎没有规定，少数几部有规定的立法对相应内容规定得也极为概括和简单。例如，《医学实验动物管理实施细则》第2条规定："卫生部主管全国医学实验动物管理工作，卫生部医学实验动物管理委员会在卫生部领导下负责具体实施；省、自治区、直辖市卫生厅（局）主管本辖区的医学实验动物管理工作。省、自治区、直辖市医学实验动物管理委员会在卫生厅（局）领导下负责具体实施。"《细则》第25条至第28条还对实验动物管理委员会的职权做出规定。其中第27条规定："省、自治区、直辖市医学实验动物管理委员会在卫生厅（局）领导下，负责本辖区的医学实验动物管理工作：（一）受理本辖区卫生系统各单位对实验动物合格证书的申请；组织检查、验收、核发和收回证书；（二）指导和监督本辖区内各单位医学实验动物管理委员会或小组的业务工作；（三）负责向卫生部医学实验动物管理委员会备案所核发的各类合格证书。"但是对医学实验动物管理委员会的人员组成及地位，《细则》中没有涉及，对医学实验管理委员会职权的规定也过于简单。再如，《中华人民共和动物防疫法》第8条规定："县级以上地方人民政府设立的动物卫生监督机构依照本法规定，负责动物、动物产品的检疫工作和其他有关动物防疫的监督管理执法工作。"第9条规定："县级以上人民政府按照国务院的规定，根据统筹规划、合理布局、综合设置的原则建立动物疫病预防控制机构，承担动物疫病的监测、检测、诊断、流行病学调查、疫情报告以及其他预防、控制等技术工作。"但是对卫生监督机构的名称、人员组成、职权职责等相应立法中则完全没有涉及。这和西方国家的立法存在较大差距。无论是美国的《动物福利法》及其条例还是澳大利亚的联邦动物福利法，均对动物管理机构的名称、人员组成、任期、职权职责、监管内容等问题做出了详尽规定，尤其是澳大利亚《联邦动物福利法》，用了完整的一章详尽地对上述内容作出了规定。尽管德国《动物福利法》和奥地利《动物保护法》的规定比较简洁，但是它们明确规定，动物福利委员会和保护委员会的主体组成和职责由监管部门制定专门条例做出规定，并且主管部门也出台了专门规定。而我国对上述问题基本立法空白，结果是导致了各地在执法领域的不一致。2017年，北京市农业局就"县级以上地方人民政府编制部门批准设立的承担动物卫生监督职能的机构"问题向农业部发出了《北京市农业局关于农业综合执法队开展有关执法工作的请示》，农业部经研究，答复如下："一、根据《动物防疫法》第八条的规定，县级以上地方人民政府编制部门批准设立的承担动物卫生监督职能的机构，无论其机构如何设置、名称如何表述，均属于该法规定的动物卫生监督机构，有权以自己的名义行使《动物防疫法》赋予的相应职责；二、地方各级动物卫生监督机构因机构改革导致名称发生变化的，由所在省（自治区、直辖市）兽医主管部门及时将变化情况通报其他省（自治区、直辖市）兽医主管部门。"这说明我国在政府具体监管组织建构领域，尚有待加强立法。

除此以外，在实验动物监管领域，部分地方立法对政府之下监管组织和机构做出了规定。例如，《北京市实验动物管理条例》第5条前两款规定："市科学技术行政部门主管本市实验动物工作，负责制定实验动物发展规划，以科技项目经费支持实验动物科学研究；北京市实验动物管理办公室在市科学技术行政部门的领导下，负责实验动物的日常管理与监督工作。"按照上述规定，经北京市人民政府批准，北京市成立了隶属于北京市科学技术委员会的独立法人——北京市实验动物管理办公室。北京市实验动物办公室在北京市科技委的委托下，可以进行动物福利相关的行政执法和监督。但是，一方面，《北京市实验动物管理条例》对实验动物管理办公室的组成、职权没有具体规定；另一方面，总则第5条的上述规定和其他章节的规定并不衔接，例如，第六章"监督检查"的核心内容只有两条，一条为第30条，规定："市科学技术行政部门对本市从事实验动物生产与应用的单位和个人进行监督检查，监督检查结果应当公示。"另一条为第31条，规定："市科学技术行政部门聘请实验动物质量监督员，协助其对本市实验动物生产和应用活动进行监督检查。"第5条第2款规定的实验动物管理办公室的监督权在第六章中则没有任何规定。除了北京市以外，我国其他省市并没有普遍设立实验动物管理办公室。

由此可见，政府下的专门监督委员会或者监督机构的设置在我国还很不健全，这些组织和政府之间的关系也比较模糊。从实践中运行来看，动物的行政管理基本依靠政府部门自己的力量。然而实践中，动物管理的主管部门除了管理动物外，本身兼有若干重要的其他管理职责，甚至可以说动物管理仅仅是该部门边缘性的职责。以实验动物主管机构科技部为例进行说明，尽管《实验动物管理条例》规定，科技部是实验动物主管机构，但根据中国机构编制网2018年9月10日发布的《科学技术部职能配置、内设机构和人员编制规定》的规定，科技部是负责科技创新工作的核心部门，其职责包含拟订国家创新驱动发展战略方针以及科技发展、引进国外智力规划和政策并组织实施、统筹推进国家创新体系建设和科技体制改革、编制国家重大科技项目规划并监督实施、统筹创新科技体系建设、完善国家科技奖项等17项内容。一个部门需要履行如此多的职责，如何有效完成全国性实验动物的管理职责显然值得商榷。而且，实验动物监管的很多内容涉及专业知识，例如，动物疾病的判断和诊治、动物设施条件的监测等。单纯依赖政府完成动物监管确实存在一系列问题。

(三) 警察监管权空缺

最后，警察在我国几乎没有动物监管的权限。如前所述，在发达国家，警察在动物福利监管领域，具有一定的执法权和协助执法权，通过警察的协助，能够确保动物福利问题得到及时、有效的解决。例如，当主管机关进入动物设施检查被拒绝时，警察的介入很有必要。但是我国除了在养犬系列地方法规和条例中，规定公安机关是养犬管理的主要机关，犬的登记和注册由公安机关负责以外，我国其他动物管理相关立法中，没有赋予公安机关任何职权。警察监管的空缺，使得实践中最接近基层、最具有威慑力的力量不能介入动物福利监管领域。这也再次印证了我国人本主义思想的胜出和动物福利理念的缺失。

二 动物保护组织的监管问题

(一) 我国动物保护组织及其职能

1. 我国动物保护组织现状

如前所述，在发达国家和国际领域，大量的动物保护组织在动物福利监管方面发挥了重要的作用。它们宣传动物保护意识和理念、推动和促进动物福利立法、为动物提供救助并在法律授权的基础上对动物设施和场所以及动物行为进行监督和检查，并对违法行为进行控诉。动物保护组织以其较强的专业性和广泛的社会基础在动物福利监管领域发挥了独特的功能。

我国也设立有一定数量的动物公益组织和团体，例如，中国野生动物保护协会、中国小动物保护协会、中国动物学会、中国实验动物学会等全国性组织以及北京小动物协会、长沙市小动物保护协会、重庆市小动物保护协会、四川省启明小动物保护中心、大连宠爱天下等地方团体和组织。上述组织中部分组织仅仅是学术组织，也就是以促进涉及动物的科学交流活动为主要功能的组织，比较典型的是中国动物学会和中国实验动物学会。以保护动物为宗旨的真正意义上的动物保护组织只有中国小动物保护协会和中国野生动物保护协会及其地方分会。

2. 我国动物保护组织的作用

我国的动物保护组织在动物福利领域发挥作用的重要途径之一就是宣传动物保护思想、影响动物福利相关立法。例如，在 1995 年北京市限养法规草案讨论期间，中国小动物协会多次召开各种类型座谈会，草案中对养犬费用和禁养品种、遛犬时间规定、没收无证犬等一系列问题提出意见和建议，并在2000余名会员签名后将意见提交市政府。1996年11月，限养法规实施一周年之际，协会又召开邀有市执法部门有关领导参加的各界人士座谈会，就科学管理和犬费等问题交流了意见。通过召开座谈会、交流会、向立法部门提出意见和建议等方式，我国的动物保护组织试图将动物保护理念贯彻到我国相应立法中去。除此以外，救助动物也是我国动物保护组织的宗旨和发挥作用的重要体现。还是以小动物保护协会为例，协会在国际组织帮助下，成立了动物收容基地——爱心教育基地。据媒体报道："2011年4月15日，一辆装着500只狗的货车行驶在国家高速G1京哈线（原京沈高速）北京张家湾收费站时被动物保护志愿者拦下，闻讯赶到的动保人士和货车司机引发对峙，现场微博即时通报引来网友围观。最后，动保机构和现场志愿者凑齐11.5万元买下整车狗，这些狗被运往中国小动物保护协会的安置基地。"[①] 至今，大量的无家可归的小动物被安置在爱心教育基地。

（二）我国动物保护组织的不足

1. 规模较小、组织不完备

尽管我国的动物保护组织在保护动物领域发挥了重要的作用，但是与西方国家动物保护组织相比，在动物福利实现方面，我国动物保护组织的影响力和作用力依然有限。这一方面是由于我国动物福利组织与世界上影响较大的动物福利组织相比，成立较晚，例如，我国野生动物保护协会成立于1983年，小动物保护协会成立于1992年，且2000年1月因为清理整顿被取消后才获得重新登记注册。而英国皇家反对虐待动物协会成立于1824年，美国反对虐待动物协会成立于1866年。另一方面，我国动物保护组织在规模和组成上远远无法和发达国家的动物福利组织相比。例如，英国皇家防止虐待动物协会RSPCA在英国拥有4.6万名会员，总部职员约300人，动物保护检查员320人，分处194处。现在世界上有68个国家，200多个机构与它们合作。[②] 再如，美国防止虐待动物协会总部设在纽约，但是全美各州都有防止虐待动物协会，目前，防止虐待动物协会已

---

① 见百度百科 https：//baike.baidu.com/item/中国小动物保护协会。
② 见英国防止虐待动物协会_百度百科 https：//baike.baidu.com/item/%E8%8B%B1%E5%9B%BD%E9%98%B2%E6%AD%A2%E8%99%90%E5%BE%85%E5%8A%A8%E7%89%A9%E5%8D%8F%E4%BC%9A/4382642。

经发展成为全美的动物福利组织，不仅如此，ASPCA 也已经和 RSPCA 一样扩展至全世界，目前多个国家和地区建立了相关组织。在具体的组成结构上，美国防止虐待动物协会 ASPCA 分为三组：动物健康服务组、反虐待组和社区拓展组。其中，动物健康服务组重点关注动物的健康和福祉，下设三个部门；反虐待组专门处理与虐待动物有关的不同问题，下设八个部门；社区推广组利用多种资源开展工作，使更多的被归类为处于危险的动物得到该小组提供的改善性帮助。由此可见，美国防止虐待动物协会组成机构完备、分工清晰、职能职责明确。而我国的动物福利组织的规模和影响力要小得多。例如，中国小动物协会目前会员总共 2000 多人，协会内部没有细致的机构划分和职能分工，这必然使得小动物协会能够发挥的作用受限。

2. 职权、职责的有限性

尽管我国的动物保护组织能够通过提出立法建议和救助动物的方式实现动物福利，但是和发达国家的动物福利组织相比，我国动物保护组织的监管职能有限，这主要表现在以下两个方面：

（1）立法建议权影响较小

在发达国家，动物福利组织被视为专业组织，其在动物福利立法中的话语权受到政府高度尊重。例如，由于英国防止虐待组织在动物福利保障方面的重要作用，1840 年，维多利亚女王授予其皇家称号。今天，皇家防止虐待动物协会是英国政府和议会制定动物福利相关法律和法规的顾问机构，英国大量的立法都是在防止虐待动物协会的建议或者推动下进行的。再如，美国防止虐待动物协会自成立以来始终与联邦和州立法机构保持沟通，建议立法者考虑动物保护，ASPCA 还起草动物福利立法倡议和建议，供立法者在会议期间审议。为实现立法功能，ASPCA 在其防止虐待动物组中设立有政府关系部，通过该部门的各种行为，协会实现了对各州动物保护立法的监测，推动反虐待动物相关立法的出台。美国近 40 个州的反对虐待动物法都是在防止虐待动物协会的努力下完成的。

在我国，尽管动物保护组织对动物福利相关立法拥有立法建议权，但是动物保护组织的立法影响仅限于建议的层面，是否接受完全取决于立法机关和立法部门的态度。从实践运作的效果来看，政府对动物保护组织的建议和意见采纳程度并不高。

(2) 缺乏执法和监督权

发达国家的动物福利组织通常具有一定程度的执法权和监督权。例如，在美国防止虐待动物协会成立后不久，其"总裁"亨利·博格便成功地促使议员们同意修改纽约州的反虐待动物法，加强了对虐待动物者的处罚，而这项法案前所未有地将反虐待动物法的执法权授予了 ASPCA 这样一个民间组织。三天后，ASPCA 的最早成员通过了它的章程："……在全美国提供防止虐待动物的有效手段，执行现在和将来的反虐待动物法律，并且通过合法途径对违反法律者进行拘捕及定罪。"① 到 1888 年亨利·博格去世的时候，美国有 38 个州通过了反对虐待动物法，并且将法的执行权都交由 ASPCA 行使。2013 年的时候，ASPCA 还与纽约市警察局建立了开创性的伙伴关系，帮助挽救了更多动物的生命，并成为全国各城市的榜样（见图 6-1）。在英国，按照英格兰、苏格兰动物福利法的授权，皇家防止虐待动物协会拥有监督权和检查权，协会有权对农场动物的

图 6-1 ASPCA 与警察合作解救动物

---

① 见美国防止虐待动物协会-全刊赏析网 免费在线杂志阅读，https：//qkzz.net/article/8da69888-ba45-4297-b8fe-5869c4d5718a.htm。访问日期 2018 年 10 月 30 日。

饲养场所、实验设施和场所进行监督和检查，如果发现违反动物福利法律法规的行为，协会有权责令停止或者提出处理建议，对严重违法行为，协会有权起诉。再如，2018年新西兰进一步提高了动物福利要求，按照修正后的动物福利法的规定，从2018年10月1日起，初级产业部（MPI）和动物保护协会（SPCA）的动物福利检查员可以对某些行为处以罚款，比如把狗困在汽车里受热，或者不给拴着的羊群提供饮水和庇护处。[①] 监督和授权基础上的执法权使得动物福利组织能够发现、调查动物违法行为，获取有效证据控诉违法行为人，从而发挥重要的动物福利监管作用。

而我国目前没有一部立法无论是中央立法还是地方立法授予动物保护组织执法权，也没有规定动物保护组织的监督和检查权，因此动物保护组织自行发现或者接受举报发现动物违规行为时，往往处于非常被动的局面，只能建议相关主管部门对违法行为人和设施进行监督检查，无法自行采取有效的手段，否则可能面临抵制甚至与对方产生冲突。这就使得我国的动物保护组织在动物福利监管方面的作用大打折扣。

三 监管目的错位下的监管内容偏离

（一）国外动物福利监管目的和监管范围

如前所述，发达国家和国际社会动物福利法的立法目标在于实现动物福利，保护动物免受不必要的疼痛、痛苦和不适。为实现上述目标构建的动物福利监管制度的目的必然也是保障和实现动物福利，监管的内容和范围必然是动物相关人员的动物设施和动物行为是否符合动物福利法律、法规、政策以及指南对动物福利的保障性规定。监管目标和监管内容是国外动物福利立法的重要组成部分。例如，澳大利亚《联邦动物福利法》第三部分"监督"中的第六章规定了动物福利局监督员监督后的"动物福利指令"，其中第57条第1款对本章适用范围的规定如下：如果监督员合理地认为发生以下情形，则适用本章内容：（a）有人已经实施、正在实施或者即将实施动物福利违法行为；（b）动物：（i）没有被适当照料或者（ii）正在遭受不正当的痛苦；或者（iii）需要兽医照顾；或者（iv）不能继续用于工作。由此可见，澳大利亚动物福利法规定的监督员监督的内容和纠正的内

---

① 来自新西兰信报 https：//www.nzmessengers.co.nz/2018/10/加强动物福利制度规定从10月1日起生效-虐待动物行为。

容都是动物福利是否获得保障。再如，德国《动物福利法》第 16 条对主管当局监督的事项予以明确，其中第 1 款规定：下列事项由主管机关监督：(1) 牲畜养殖场，包括养马场；(2) 屠宰动物的场所；(3) 下列场所：a) 动物实验；b) 为教育、培训或其他培训目的对动物或治疗进行手术；c) 对脊椎动物进行的手术，或者将为了生产、繁殖、保存动物或传播动物物质、产品或器官进行的治疗；d) 脊椎动物用于第六条第 (4) 款；e) 为科学目的或教育、培训或其他培训而杀死脊椎动物；……显然，德国《动物福利法》之下监管的主要对象和范围都是动物相关设施和相关人员。上述立法规定明确了政府监管的内容和范围都围绕动物福利展开。不仅如此，在国外，内部监管和动物保护组织的监管内容也以动物福利为轴心。例如，《澳大利亚用于科研目的动物的照顾和使用准则》2.3.1 规定："AEC 最主要的责任就是保证所有对动物的照顾和使用活动都必须遵循本准则的规定，因此 AEC 的成员应当熟悉本法和相应的政策和要求。"再如，英国皇家防止虐待动物协会和美国防止虐待动物协会监督和调查的范围是虐待动物的行为和人员。

综上所述，国外动物福利监管目标明确，即实现动物福利，监管内容和监管范围均围绕上述目标展开。

（二）我国监管目标的错位与监管内容的偏失

在中外动物福利立法目标比较部分，我们已经了解到我国目前动物福利的相关立法并没有将动物福利保障作为立法的主要目标，除了在《中华人民共和国野生动物保护法》《关于善待实验动物的指导性意见》等少数立法中明确规定了保护动物以外，其余所有的立法和政策均将森林、渔业资源等国有资源保护、经济效益保障、生态平衡的维护、公共安全秩序维护等公共利益保护和人身健康权的保障作为立法的核心目标，动物的保护仅仅是附属性或者边缘性的。因此，多数学者认为我国根本就没有真正意义上的动物福利法。这就决定了我国动物福利监管制度的目的也是为了实现公共利益或者人类健康权的保护，与发达国家相比，我国动物福利监管目的严重错位。而监管目的的错位必然造成监管内容的缺失或者偏离。

1. 监管内容缺失

我国绝大多数动物福利相关立法对动物福利监管都没有做出集中、明确和具体的规定，有关监管的条文在同一部立法中分散在不同章节和不同条文中，缺乏对监管的系统规定。另一方面，即便有少数立法对监管内容作出规定，条文也比较简单。例如，《医学实验动物实施管理细则》第六章规定了医学实验动物的监管，该章标题为"医学实验动物监督管理和质量检测"，但是该章内容只有 5 条，且这 5 条规定的核心内容为卫生部医学实验动物管理委员会、省级医学实验动物管理委员会和单位医学实验动物管理委员会或小组的职责，明确了三级监管委员会的分工，例如，第 26 条规定："卫生部医学实验动物管理委员会主要职责是：（一）卫生部领导下，负责指导、协调和监督省、自治区、直辖市医学实验动物管理工作；（二）在卫生部领导下，负责制定《医学实验动物标准》《医学实验动物质量监测手册》《医学实验动物合格证书》《医学实验动物教学大纲》；（三）对全国医学实验动物科学的发展、预测、评估、技术政策、组织协调等提供咨询；（四）参与对卫生部医学实验动物和动物实验科研课题论证和科研成果评审。"由此可见，卫生部（现为国家卫生健康委员会）实验动物委员会负责协调指挥、参与部分立法、提供咨询和参与科研；省级实验动物管理委员会负责实验动物合格证许可、指导监督下级工作和许可备案；单位实验动物委员会或者小组负责贯彻法律法规落实、接受上级指导、对医学实验动物课题进行论证和人员培训。然而，通观上述规定，我们不禁产生疑问：到底谁负责监督卫生实验动物实验设施和实验动物的各类行为是否合法？单位实验委员会或者小组如何负责贯彻法律法规的实施？什么是贯彻？整章内容对监管的规定大而空，缺乏实质性内容。这和发达国家的立法形成了鲜明对比，发达国家动物福利法普遍明确且系统地规定了监管主体的监督内容，并规定有监管的要求，例如监管频率、监管程序等。而我国目前相应立法中除了对许可监管这种方式规定还算相对具体以外，对动物场所、动物设施和动物行为的监管基本空白。

2. 监管内容偏离

我国也有少量立法对监管内容做出了比较具体的规定，但是，监管内容并没有围绕提高的动物生活质量、降低动物疼痛和痛苦的动物福利核心目标展开。例如，《兽药管理条例》第七章规定了兽药的监督管理，该章条文涵盖第 44 条至第 54 条总共 11 条的内容，属于我国动物福利相关立法中对监管规定得比较具体的一部立法，其中第 44 条规定了监管机关为兽医行政主管部门，第 45 条规定了兽药应当符合国家标准，第 46 条规定了监督过程中发现问题兽药时监管机关的行政强制权，第 47 条规定了假兽药的认定，第 48 条规定了劣兽药的认定，第 49 条禁止将兽药拆零销售，第50条规定了兽药不良反应报告制度，第51条规定了生产经营者超过6个月不经营时的兽药生产经营许可证的收回，第52条规定了禁止兽药许可证和批准证明的倒卖，第53条规定了兽药评审检验收费项目和标准的制定权；第54条规定了兽医行政主管部门及其工作人员的相关回避要求。上述内容中，第46条兽药符合国家标准以及第47条和第48条规定的假劣兽药的认定和动物福利密切相关，因为兽药不合格首先影响动物身心健康，继而通过动物源影响人类健康，但问题在于目前我国并没有为保障动物而确立的相关标准。例如，目前我国最主要的兽药标准为2015年农业部修订后的《中华人民共和国兽药典》，药典收集了大量的药用辅料。按照《兽药典》凡例的规定："药用辅料标准正文内容一般包括：(1)品名（包括中文名、汉语拼音与英文名）；(2)有机药物的结构式；(3)分子式与分子量；(4)来源或有机药物的化学名称；(5)含量或效价规定；(6)处方；(7)制法；(8)性状；(9)鉴别；(10)检查；(11)含量测定；(12)类别；(13)作用与用途；(14)用法与用量；(15)注意事项；(16)不良反应；(17)休药期；(18)规格；(19)贮藏；(20)制剂等。"也就是说药典仅仅是一部有关兽药生产、经营、检验和监督管理等的法定技术标准，其包含了每一种药物的制法、性状、鉴别和检查的技术指标，通过这部技术标准，达到保障动物性食品安全的目的，其并不是一部严格意义上的保护动物的标准。再如，《兽医管理条例》规定了劣兽药的情形包含："成分含量不符合兽药国家标准或者不标明有效成分的；不标明或者更改有效期或者超过有效期的；不标明或者更改产品批号的；其他不符合兽药国家标准，但不属于假兽药的。"[1] 上述规定显然未将可能对动物造成毒副反应或者其他不良反应等情形列入劣兽药的范围。尽管在《兽药管理条例实施细则》第十章"兽药监督"第57条中规定"对已批准生产的兽药，如发现疗效差、毒副反应大或有其他原因危害人畜健康，应及时报农业部，提交兽药审评委员会评价。"但是总体上看，兽药的监管和评估在我国缺乏足够的"兽"的标准，依然以"人"的标准为主标准。

综上所述，我国动物福利的监管制度并不健全，已经初步构建的监管制度不能有效地发现和解决动物福利问题。立法目标偏离下的动物福利监管行政色彩有余，动物关怀不足。

---

[1] 见《兽医管理条例》第48条的规定。

第七章

中外动物福利伦理审查制度比较

第一节 国外动物福利伦理审查制度概述

一 动物福利伦理审查的产生

(一) 动物伦理审查的含义

印度圣哲甘地曾经说过:"从对待动物的态度可以判断这个民族是否伟大,道德是否高尚。"动物福利的提出本身就是人类道德文明发展到一定阶段的产物。动物福利法因此必然主张合理使用动物,禁止造成动物的不当或者过度痛苦。例如,2005 年澳大利亚《联邦动物福利法》第 1 章第 3 条规定:"促进对动物负责任的照顾和使用;规定照顾和使用动物的标准;保护动物免受不正当、不必要和不合理的疼痛;确保对用于科研目的动物的使用是正当的、公开的和负责任的。"[①] 德国《动物福利法》第 1 条规定:"基于人类对其生物伙伴的特殊责任,本法旨在保护动物的生命和福利。无正当理由,任何人不得导致动物的疼痛、痛苦或者伤害。"于是,如何确保人类对动物的管理和使用合乎道德文明的要求和社会的伦理期待便成为世界各国动物福利立法关注的核心问题之一。各国普遍要求的动物伦理指的就是人类对待和使用动物的伦理道德标准,而动物福利的伦理审查则是通过专门的机构和组织对人类使用动物的行为是否符合道德伦理标准进行的审查和处理。我国 2018 年通过的《实验动物 福利伦理审查标准》将伦理审查界定为:"按照实验动物伦理的道德和标准,对使用实验动物的必要性、合理性和规范性进行的专门检查和审定。"

[①] 见澳大利亚《联邦动物福利法》第 3 条。

(二) 动物福利伦理审查制度存在的正当性

善待动物，将动物痛苦降至最低是动物福利伦理审查的基础。各国动物福利立法普遍禁止损害动物福利的行为，并对动物研究和实验的正当性提出了明确要求。例如，《澳大利亚用于科研目的动物的照顾和使用准则》指出："尊重动物的义务是本准则的基础。该义务使得有责任确保用于科研目的动物的照顾和使用在伦理上是可接受的，必须衡量是否对动物福利的潜在影响能够被对人类、动物或者环境带来的利益所正当化。用于科研目的动物的使用必须具备科学或者教育价值；并且必须有益于人类、动物或者环境；并应正直地实施。当使用动物时，动物的数量必须被降至最低，动物的福利必须得以维护，并且应避免或者最大化地降低对那些动物的伤害，包含疼痛和痛苦。"[1] 德国 2010 年修改后的《动物福利法》第 7 条规定："只有在实验动物可能遭受的疼痛、痛苦或伤害在伦理上是合理的，考虑到实验的目的，才可以对脊椎动物进行实验。只有在预期结果对人类或动物的基本需要，包括解决科学问题具有突出重要性时，才可进行对脊椎动物造成持久或反复严重疼痛或痛苦的实验。"[2] 不仅如此，德国《动物福利法》第 7 条第 4 款和第 5 款还禁止在动物上进行武器、弹药及有关装备的研制和实验，原则上也禁止在动物身上开发烟草制品、洗涤剂、化妆品。

由此可见，各国对动物使用的要求基本一致，即只有在确有必要时，方可进行动物实验，且动物实验应当将动物痛苦和疼痛降至最低，即动物实验应当符合 3R 原则。为实现上述基本要求，各国普遍确立了动物福利的伦理审查制度。任何研究机构和研究人员在实施可能对动物福利产生影响的行为之前，必须向研究单位的伦理审查委员会提出研究计划，在计划中必须就从事动物活动的正当性、必要性、活动的主体、相关设施和场所等问题向伦理审查委员会说明，由委员会进行审批，获得审批之前任何人不得擅自实施相关行为，否则将接受法律的严厉制裁。对此，西方各国在动物福利法中普遍有明确的要求。例如，《澳大利亚用于科研动物的照顾和使用准则》（2013 年第八版）中第二章规定："对用于科研目的的动物的照顾和使用的所有活动包含科研规划都必须接受伦理委员会 AEC 的伦理

---

[1] 见《澳大利亚用于科研目的动物的照顾和使用实践准则》概述的规定。

[2] 见德国《动物福利法》第 7 条第 3 款。

审查、批准和监管,只有在 AEC 批准后活动才能开展且应当按照 AEC 批准的内容实施行为,如果 AEC 的批准被延迟或者取消,活动应当停止。"① 而且一旦动物研究和使用行为违反伦理要求,伦理审查机构有权提出修改建议、暂停甚至撤销研究计划和项目,以维护动物福利不受侵害。

二 国外动物福利伦理审查的主要立法

基于伦理审查制度对动物福利的保障作用,世界各国在动物福利法中对伦理审查均有明确的规定。

在美国,根据《动物福利法》制定的《动物福利条例》在第二部分"动物使用的管理" C 分章中对研究机构的登记、研究机构的伦理审查机构以及记录保存和报告制度做出了明确规定,为保障动物福利的伦理审查和监督制度提供了具体的程序保障。美国负责伦理审查与监督的专门机构还通过了大量有关伦理审查与监督的专门立法,例如,农业部颁布的《动物福利监督指南》是针对实验动物使用的监督而颁布的指导性文件,在文件中,对研究计划、研究设施、记录的保存等各项内容提出了详尽的程序性建议。农业部 2014 年还颁布了《动植物检疫局对研究设施的监督》报告,对实验动物的伦理审查与监督的主体、监督的程序、监督效果及不足运用大量的数据进行了说明。美国公共卫生署 PHS 通过的《公共卫生署关于人道主义的照顾和使用实验动物的政策》,对本部资助或者组织的研究项目的伦理审查和监督做出了详尽规定。除此以外,由美国卫生院、美国农业部、卫生与人类服务部、国际实验动物评估和认证委员会、实验动物科学委员会等机构和团体资助的对实验动物福利作出规定的重要指南《实验动物照顾和使用指南》在"计划监督"部分中对实验动物的伦理审查与监督提出了详尽的要求,为实验动物的伦理审查与监督确立了重要标准;作为重要的资助机构,美国重要基金组织国立卫生研究院对其资助或者合作的研究机构和研究人员同样提出了严格的伦理审查和监督要求,并颁布了《动物福利法下的许可和登记》《动物福利相关问题的报告》《动物研究计划重大变化指南》等政策和报告,对实验动物的伦理审查和监督问题做出了进一步的规定。

---

① 见《澳大利亚用于科研动物的照顾和使用准则》2.2 的规定。

英国《动物福利法案》第 13 条明确要求凡涉及受保护动物的任何活动均不得任意进行。1986 年颁布的保护实验动物的《动物（科学程序）法》对涉及相关动物活动的许可的获得、期限以及评估做出了具体规定。而根据《动物（科学程序）法》颁布的《动物科学程序法操作指南》第十章则更为明确和具体地规定了动物福利和伦理审查机构的伦理审查。上述内容确立了英国实验动物伦理审查与监督的基本体系。除此以外英国还颁布了系列有关实验动物伦理审查的重要指南和政策，其中主要包含《伦理审查程序良好实践指导原则》和《动物福利和伦理审查委员会良好实践指导原则》，这两部文件分别于 2010 年和 2015 年进行了最新修改，其对伦理审查的主体、审查内容以及程序提出了明确要求。

与英国和美国相比，在实验动物立法领域，澳大利亚更为重视对实验动物研究进行资助的重要基金组织国家健康与医学研究理事会 NHMRC 的作用，澳大利亚有关实验动物的相关立法都是在 NHMRC 的参与下制定的，且由 NHMRC 和政府相关部门联合颁布。作为重要的伦理审查和监督机构，NHMRC 联合澳大利亚政府颁布了《澳大利亚用于科研目的动物的照顾和使用准则》《促进用于科研目的的动物的福利指南》以及《澳大利亚用于科研和教学的本土哺乳动物照顾和使用指南》等一系列法规和准则。其中《澳大利亚用于科研目的的动物的照顾和使用准则》是对实验动物福利作出规定并详细地阐述实验动物伦理审查和监督制度的最重要的一部立法。在该准则的概述部分中指出："准则的目的就是促进符合伦理的、人道主义的和负责任的管理和使用科研动物。"准则为所有的科研动物行为提供了伦理框架和指导原则，其详细地规定了研究人员、动物职业者、机构、动物伦理委员会 AEC 和所有参与动物活动人员的职责，为实验动物的伦理审查和监督提供了基本依据。

加拿大有关动物伦理审查的立法主要见于动物管理委员会 CCAC 通过的系列立法，目前 CCAC 通过的主要政策和立法包含《实验动物照顾和使用指南》《用于研究、教学和测试的鱼的照顾和使用指南》《海洋哺乳动物照顾和使用指南》等有关实验动物立法，同时，针对实验动物使用的伦理审查和监督，CCAC 还专门颁布了《负责动物管理和使用的高层管理人员政策声明》《动物管理委员会职权范围》《动物研究伦理政策声明》《实验动物侵害程度分类》《CCAC 动物研究科学价值与伦理审查政策声明》等文件。

与英美国家相比，欧洲大陆国家通过的有关动物福利伦理审查的专门立法数量很少，但是在欧洲各国的动物福利统一法典中，对伦理审查有明确的要求和规定。例如，德国《动物福利法》第 8 条明确规定："进行脊椎动物实验，必须经主管机关批准；申请批准计划进行的实验，必须以书面形式向主管机关提出。"第 8 条还对申请应当满足的条件以及主管机关审查的内容和批准条件等问题做出了具体规定，为德国实验动物伦理审查制度提供了基础。挪威《动物福利法》第一章第 13 条也明确要求，出于试验科研等目的繁殖、饲养、交易、处死或使用动物的机构和相关活动负责人必须获得主管机构的批准，禁止任意进行动物实验。

综上所述，各国通过统一动物福利法典和专门立法对实验动物伦理审查提出了明确要求，伦理审查制度已经成为世界各国动物福利立法的重要组成部分。

三　国外动物福利伦理审查制度的主要内容

国外对动物福利伦理审查的规定有所不同，但是总体上看，各国在动物福利立法中，普遍对伦理审查的下列内容作出了明确规定。

（一）伦理审查的主体

1. 明确伦理审查的机构及其人员组成

由谁进行伦理审查是伦理审查的基本问题，否则伦理审查无从进行。各国伦理审查制度的重要内容之一便是明确伦理审查的主体。例如，美国《动物福利条例》《公共卫生署关于人道主义的照顾和使用实验动物的政策》均规定实验动物管理与使用委员会 IACUC 是任何研究机构都必须成立的该机构的内部伦理审查机构，负责对本机构的实验动物研究计划的伦理审查。在英国，伦理审查程序委员会或者动物福利和伦理审查委员会是进行伦理审查的重要内部机构。《澳大利亚用于科研目的动物的照顾和使用准则》规定：研究机构内部成立的伦理委员会 AEC 是进行伦理审查与监督的重要机构。在加拿大，CCAC 颁布的《实验动物照顾和使用指南》《负责动物管理和使用的高层管理人员政策声明》以及《动物管理委员会职权范围》均规定任何从事以动物为基础的研究、教学和测试的机构都必须成立动物管理委员会 ACC，ACC 负责对机构成员实施的所有动物照顾和使用活动进行监督，并确保其遵循机构和 CCAC 的标准。ACC 与机构的兽医和动物管理人员一起监督对动物的管理和使用，是机构内部重要的伦理审查机构。

综上所述,各国伦理审查机构首先是设置在所有研究机构内部的动物伦理审查委员会或者动物管理委员会,动物伦理审查或者管理委员会伦理审查结束并且认为动物研究具备正当性的前提下,各国一般规定再由相应的政府管理部门或者基金组织再次进行审查,如在英国对实验者和实验设施负责进行认证的为内务部,在动物伦理审查委员会审查通过后再报送英国内政部进行审查。

2. 明确规定伦理审查机构的组成

伦理审查机构的组成状况直接决定着伦理审查的公正性和有效性,因此各国在相应立法中对伦理审查机构的组成普遍做出详尽规定。例如,美国《公共卫生署关于人道主义的照顾和使用实验动物的政策》第四章对卫生部资助或者支持的研究机构的 IACUC 的组成做出了具体规定:"委员会的成员不得少于 5 人并且至少包含下列人员:(1)一名兽医学博士,其在实验科学或者医学领域受过培训或者具有经验,对该机构涉及动物的活动具有直接或者授权的计划权利和责任(见本政策第四条 A.1.c);(2)一名对涉及动物研究具备经验的实践科学家;(3)一名主要研究领域为非科学领域的人员(例如伦理学家、律师以及神职人员);(4)一名除了是 IACUC 成员外不能以任何其他方式隶属于该机构的人员,也不能是即将隶属于该机构的人员。"[①] 由此可见,人员至少 3 人,PHS 支持的项目人数不少于 5 人;兽医和公众代表的参与;与研究机构无利害关系是 IACUC 在组成方面的基本要求。

再如,按照加拿大 CCAC《实验动物照顾和使用指南》以及《动物管理委员会职权范围》的规定,加拿大的伦理审查机构 ACC 的具体组成由机构根据其需要确立,但是"ACC 至少包含下列人员:(a)在动物管理和使用方面具备经验的科学家或者教师,此类人员担任 ACC 成员期间不得使用动物,此类成员不少于 2 人,能够代表机构动物使用部门;(b)至少 1 名对使用的动物物种和研究工作具备经验的兽医;(c)一名其工作不涉及动物使用的机构成员;(d)至少一名,最好是 2 名以上公共利益的代表,其不隶属于机构,从未参与过实验动物的使用;(e)机构内如果有从事动物管理和使用的技术人员,应当有 1 名技术人员代表;

[①] 见《人道主义的照顾和使用实验动物的公共卫生政策》第四章 IV.B.3. 的规定。

(f) 如果涉及学生对动物的使用应当有学生代表；（g）机构协调人员（为 ACC 提供支持的人员)。"①

尽管各国对伦理审查委员会组成人员的具体规定有所差异，但是各国的规定普遍具有以下共性：首先是人数的最低要求：伦理审查委员会应当由多人组成，最低不少于 3 人或者 5 人；其次是人员的多元化：即伦理审查委员会的委员代表不同的专业和利益群体，兽医、研究人员和公众代表是各国普遍要求的，这样既能保障伦理审查由专业人士把关，又能吸收中立的公众意见；最后是委员会制的表决方式：多人组成的伦理审查或者管理委员会采用委员会制，主要通过召开会议和表决的方式形成审查意见。

(二) 伦理审查机构的职责

伦理审查机构负有对动物研究和使用活动进行审查和监督的重要职能。为避免审查机构形同虚设并保证审查和监督的有效性，各国普遍对伦理审查机构的职责做出具体而详尽的规定。美国《实验动物照顾和使用指南》规定：IACUC 的职责如下：（1）以第九编第一章 A 分章——动物的福利为评估基础，至少每 6 个月对研究机构人道主义的管理和使用动物的计划进行一次审查。（2）以第九编第一章 A 分章——动物的福利为评估基础，至少每 6 个月对所有研究机构的动物设施包含动物研究地点进行审查。（3）准备按照本节 C（1）—（2）所要求行为的评估报告，并将该报告提交至研究机构的负责人；报告应由 IACUC 成员的多数审查及签字并应包含任何少数意见。在完成所要求的每半年一次的评估后，报告应当至少每 6 个月更新一次并由研究机构保存，并能够应动植物检验局和联邦资助官员的要求随时接受审查和复制。（4）如有必要，对收到的公众的不满和实验或研究机构人员或雇员不履行报告引起的动物照顾和使用问题进行审查。（5）对研究机构动物计划、设施或者人员培训的任何问题向研究机构的负责人提供建议。（6）对与动物照顾和使用相关的拟进行活动的那些组成部分进行审查和批准、要求修改（为获得批准）或者不予批准。（7）对有关动物照顾和使用的正在进行活动的拟重大变化进行审查和批准、要求修改（为获得批准）或者不予批准。（8）有权暂缓与

---

① 见《动物管理委员会职权范围》第 1 条的规定。

本节（d）（6）相一致的涉及动物的某项活动。① 再如，英国《伦理审查程序良好实践指导原则》规定：内政部要求伦理审查程序委员会 ERP 履行以下 7 大功能："第一，促进在动物使用中减少、替代和优化手段的完善和深入，确保相关信息的获得；第二，对新的项目资质许可或者现存许可的变更申请进行审查，对可能给动物造成的代价，研究预期的利益以及如何在这些考虑中进行平衡；第三，为有关动物问题的讨论提供了场所并促使员工及时了解相关伦理建议、最佳实践及相关立法；第四，进行回顾性项目审查并在项目有效期内对所有项目实施 3R 原则；第五，考虑适用于设施内所有动物的照顾和住所标准，包含喂养的群体和对受保护动物的人道主义的处死；第六，对适当使用动物设施的管理体制、程序和研究计划进行定期审查；第七，对于涉及动物活动的员工如何获得适当培训以及确保其能力提供建议。"

（三）伦理审查的内容

伦理审查机构成立的目的是对实验动物的管理和使用计划或科研报告进行伦理审查，确保实验动物的研究和使用合法并符合人类道德文明的一般要求从而实现动物福利。因此有必要明确伦理审查的内容。美国《公共卫生署关于人道主义的照顾和使用实验动物的政策》对公共卫生署组织或者支持的活动的审查内容做出规定。其中 IV.D. 规定："涉及动物管理和使用的为获得资助而提交至公共卫生署的申请和计划应当包含下列信息：a. 具体的物种和大约要使用的动物数量；b. 使用动物的正当根据以及对使用物种和数量的合理说明；c. 对动物拟使用的完整说明；d. 对拟采取的措施的说明，这些措施是为了确保将动物的不适和对动物的伤害限定在实施有科学价值的研究所不可避免的限度内，以及在需要时止痛、麻醉和镇痛剂的使用和合理地将动物的不适和疼痛降至最低；e. 对要使用的任何安乐死方式的说明。"② 政策 IV.C.1. 规定："为批准拟议的研究计划以及对正在进行的研究计划拟议的重大变更，IACUC 应当对涉及动物管理和使用的那些组成部分进行审查并确定拟议的研究计划与本政策相一致。要做出这种确定，IACUC 应当确定将要实施的研究计划与《动物福利法案》对研究计划的规定相一致，并且研究计划与《实验动物照顾

---

① 参见美国《实验动物照顾管理和使用指南》2.31（c）的规定。
② 见美国《人道主义的管理和使用动物的公共卫生政策》IV.D. 的规定。

和使用指南》相一致，除非对《指南》的偏离提交正当理由。不仅如此，研究计划还应当符合机构的保证书并且遵循下列要求：a. 动物处理的程序应当避免或者最大限度地降低动物的不适、疼痛和痛苦，与良好的研究规划相一致；b. 会给动物造成持续和较大疼痛和痛苦的程序应当合理地使用镇痛、止痛或者麻醉剂，除非该程序具备研究者书面提出的符合科学原因的正当理由；c. 对经受不能减轻的严重或者长期疼痛和痛苦的动物在程序结束后或者合理的情况下，在程序进行期间将其无痛地处死；d. 动物的生活条件应当适合该物种并有助于其健康和舒适。动物的居所、喂养和非医学管理应当接受兽医或者在适当管理、处理和使用实施或者研究的物种方面接受过培训具备经验的其他科学家的指导；e. 动物应获得适当的医学照顾并且有必要由合格的兽医进行；f. 对使用或者研究的物种采取措施的人员应当接受过合理的培训并能够合理地胜任相关措施；g. 使用的安乐死的方式应当与兽医医学会（AVMA）对安乐死的建议相一致，除非偏离研究计划书面提出符合科学理由的正当性说明。"

由此可见，将动物的疼痛和痛苦降至最低，合理地使用止痛、麻醉等药物，动物的居所，适格兽医的参与，研究与参与人员的培训与经验，确立合理的终点，适当的安乐死方式是美国立法对 IACUC 审查提出的标准要求。各国伦理审查内容的重点基本如此。

(四) 伦理审查的程序

明确伦理审查的程序是国外伦理审查制度的重要内容之一，其能够保障伦理审查制度的切实履行。例如，《澳大利亚用于科研目的动物的照顾和使用准则》规定了 AEC 的会议程序，即：研究机构应当建立 AEC 管理和运作的基本程序。实践中 AEC 发挥伦理审查和监督职能主要通过 AEC 会议的方式进行。按照准则规定，AEC 的会议应由前述四类人员的至少每一类中的 1 名代表参加，即 AEC 会议至少包含一名兽医、一名研究人员或者教师、一名动物福利代表和一名独立人员以达到符合法定人数的会议要求，并且这四人应出席会议全过程，其中 C 类和 D 类即动物福利人员和独立人员应至少代表所有与会人员的三分之一。会议具体程序包含："（i）在会议前将文件发给所有 AEC 成员以全面通知其成员；（ii）符合法定人数的 AEC 会议的实施，包含不可能进行当面会议的情形——例如，电视会议或者网络会议的使用或者特殊情况下的电话会议；（iii）对任何可能发生或者已经实际发生的利益冲突的处理；(ⅳ) 会议召开的频率应当足以保障 AEC 职能的有效发挥；(ⅴ) 对新的或者正在进行活动的审查和批准。"①《准则》还对 AEC 的送达程序做出规定：当 AEC 做出任何决定时，应当以书面形式尽可能快地将决定的结果以及其批准研究项目的任何条件向研究者传达。当研究者对结果有异议，AEC 应当与申请人进行当面会议。

加拿大《实验动物管理和使用指南》对伦理审查机构 ACC 的会议程序也作出规定。《指南》指出：会议制度是 ACC 发挥伦理审查与监督的重要程序制度。按照 CCAC 的相关政策规定，ACC 每年至少召开两次会议，实际上，绝大多数机构要求其 ACC 更频繁地举行会议，会议的具体召开频率由机构根据工作需要确定，应足以保障 ACC 职能的有效发挥和符合 CCAC 的各项政策以及联邦和地方的立法要求。每次会议应当形成会议记录详细记载 ACC 的各项讨论、决定和对计划的更改，并将其提交至负责动物管理和使用的高层负责人。

除此以外，各国还对记录的保存等程序和步骤普遍做出规定。

(五) 审查监督结果

1. 书面建议

伦理审查机构的重要职责之一就是对研究机构和研究项目进行审查和评估，在审查过程中，发现问题，伦理审查机构应当提出处理意见。例如，按照加拿大《CCAC 实验动物照顾和使用指南》以及《动物管理委员会职权范围》的规定，ACC 应当定期检查动物使用的所有动物管理设施和区域，以更好地理解在机构内进行的动物研究，与在动物设施和动物使用地点工作的人员会面并讨论他们的需要，按照批准的计划和标准操作规程监督动物使用活动，并对任何设施的缺陷（老化的设备、过于拥挤的空间、人员的缺乏和任何其他问题）进行评估，并对负责动物管理和设施管理的人员提出建议或者意见。每年至少进行一次动物设施的检查，并且应当在 ACC 会议记录或者书面报告中记载。再如，英国《动物（科学程序）法操作指南》规定伦理审查委员会应当履行的最低职责之一就是"对获得许可设施内的员工在动物福利相关事项的问题上对涉及它们的

---

① 见《澳大利亚用于科研目的的动物的管理和使用指南》2.2.26 的规定。

获得、居所、照顾和使用提出建议"。①

2. 对研究计划或者研究活动的批准、暂缓和撤销

伦理审查机构如果认为动物的实验或者研究行为违反动物福利要求，其有权将研究项目"叫停"。伦理审查机构的此项处理权限使得伦理审查不仅仅是一种形式审查，而且能够产生制约和规范研究及实验行为的重要作用。例如，《澳大利亚用于科研目的动物的管理和使用准则》规定 AEC 可以决定："（ⅰ）启动申请的项目或活动，或修改已批准的项目或活动，其批准决定是否符合条件，推迟批准并要求修改，以及不批准；（ⅱ）在审查已批准的项目或活动的年度报告之后，并且可能在与申请人协商的基础上，继续批准、暂停、要求修改或停止该项目或活动，（ⅲ）暂停或撤回批准。"② 再如，加拿大《动物管理委员会职权范围》要求动物的使用人对计划进行任何变更应及时更新计划，并且在实施前对任何变更进行批准。ACC 规定的细微变更（例如增加或者减少1—2 名动物使用人，增加少量动物等），可以由 ACC 的主席或者代表批准。任何计划的重大变更，要求重新提交计划。ACC 应当以书面形式规定他们自己认定重大变更的标准（例如与原始计划的要求相比增加大量的动物数量，变化物种，使用更具侵害性或者更频繁的程序，完全新程序的使用或者其他标准）。

第二节 我国动物福利伦理审查立法现状及不足

一 我国动物福利伦理审查立法概况

（一）中央立法

我国尚未通过保护实验动物的法律，在中央领域，目前实验动物福利相关立法主要见于国务院及其部委的行政法规、规章和规定，核心立法包含《实验动物管理条例》《农业系统实验动物管理办法》《医学实验动物管理实施细则》《实验动物质量管理办法》《实验动物许可证管理办法》以及《关于善待实验动物的指导性意见》。上述中央立法中，只有《关于

---

① 见英国《动物（科学程序）法操作指南》10.4（a）的规定。
② 见《澳大利亚用于科研目的动物的管理和使用准则》2.3.9 的规定。

善待实验动物的指导性意见》中有关于伦理审查制度的规定，规定主要集中于第 5 条和第 24 条，其中第 5 条规定："实验动物生产单位及使用单位应设立实验动物管理委员会（或实验动物道德委员会、实验动物伦理委员会等）。其主要任务是保证本单位实验动物设施、环境符合善待实验动物的要求，实验动物从业人员得到必要的培训和学习，动物实验实施方案设计合理，规章制度齐全并能有效实施，并协调本单位实验动物的应用者之间尽可能合理地使用动物以减少实验动物的使用数量。"第 24 条规定："使用实验动物进行研究的科研项目，应制定科学、合理、可行的实施方案。该方案经实验动物管理委员会（或实验动物道德委员会、实验动物伦理委员会等）批准后方可组织实施。"显然规定的内容相当简洁和概括。

（二）地方立法规定

在地方，对应着上述部分中央立法，我国多数地方制定有本地方的实验动物法规和规章。例如，为实施《实验动物管理条例》通过了《北京市实验动物管理条例》《湖北省实验动物管理条例》《广东省实验动物管理条例》《云南省实验动物管理条例》《黑龙江省实验动物管理条例》等地方性法规；为实施《实验动物许可证管理办法》，各地科委颁布了《北京市实验动物许可证管理办法》《上海市实验动物许可证申领管理办法》《江苏省实验动物许可证管理办法》《广东省实验动物许可证管理细则（试行）》等规定。但是由于《实验动物管理条例》《实验动物许可证管理办法》等中央立法中对伦理审查制度没有任何规定，地方的实验动物法规、规章和其他规范性文件对伦理审查基本也是空白，只有少数地方立法例外。例如，《北京市实验动物管理条例》对伦理审查有所提及。该条例第 9 条规定："从事实验动物工作的单位，应当配备科技人员，有实验动物管理机构负责实验动物工作中涉及实验动物项目的管理，并对动物实验进行伦理审查。"但对于伦理审查的细节问题则没有进一步作出规定。

近年来我国开始借鉴西方关注动物研究的伦理审查程序，2006 年北京出台了《北京市实验动物伦理审查指南》，对指南适用范围、伦理审查的机构、伦理审查申请书、伦理审查的基本原则以及不能通过审查的情形等问题作出规定。在此基础上，一些从事动物实验的机构、单位相继出台了适用于单位内部的规章制度。① 北京市近期还出台了地方性标准《实验动物伦理审查技术规范》的征求意见稿。各层面的立法经验，均为后续的立法及我国动物伦理审查法律制度的健全，提供了经验。

(三) 国家标准

鉴于伦理审查制度对于实验动物保护的重要性，伴随着我国动物伦理理念的逐步深入，2016年4月，我国就第一个与实验动物福利相关的国家标准《实验动物福利伦理审查指南》开始公开征求意见，2018年2月6日，该标准正式公布（编号：GB/T 35892—2018），并且已经于2018年9月1日起正式实施，尽管这是一部推荐性国家标准，但该《指南》的施行标志着我国实验动物福利伦理审查制度的初步确立。

该标准明确界定了实验动物福利伦理审查相关术语和概念，规定了伦理审查的机构，提出了伦理审查的原则并明确了审查内容，《指南》还提出了审查的程序和审查规则，对实验动物伦理审查做出了较为详尽的规定。这是我国首次对动物福利伦理审查问题作出具体规定。《指南》的出台为我国实践中各研究单位、实验室内成立伦理审查机构以及进行伦理审查提供了统一标准。

二 我国立法不足

如前所述，国外动物福利伦理审查制度确立于不同等级的系列立法中，基本沿袭的《动物福利法》提出基本要求、政府立法做出明确规定、专门立法细化规定的基本模式。对各国动物福利伦理审查的渊源，本书在国外立法部分中已经作出介绍，由此可见，国外通过系列立法将伦理审查制度作为动物福利的重要制度做出了详尽规定，规定的内容涉及伦理审查的目的、审查原则、审查主体、审查机构的组成及其职责、审查程序、审查处理结果等，通过完善的系列立法，建立了完备的动物福利伦理审查机制。

然而，我国缺乏统一的动物福利法典，在已有的实验动物福利法规、规章和规定中也仅有少数立法对伦理审查做出概括式规定。目前我国所有的动物福利相关立法中，唯有2018年9月新实施的《实验动物

---

① 如协和医院即在《北京市实验动物福利伦理审查指南》的基础上，制定了《北京协和医院实验动物福利伦理审查办法》。

福利伦理审查指南》对动物伦理审查制度作出具体规定，显然"孤掌难鸣"。而且该《指南》仅仅是一部推荐性国家标准，只具有指导性，并不具有强制性，毫无疑问，中国动物福利伦理审查制度尚缺乏足够的立法依据。

第三节 伦理审查主体及审查原则比较

一 伦理委员会的组建及监管的基本架构比较

在动物伦理委员会组建方面，我国现行法律法规中没有明确规定。依照刚刚颁布的《实验动物 福利伦理审查指南（GB/T 35892—2018）》第4.1条的要求："根据不同的管理权限，审查机构可分为不同层级的实验动物福利伦理管理机构和实验动物从业单位设立的实验动物福利伦理审查机构。机构由本级实验动物主管机构或从业单位负责组建和人员聘任"。[①]意思是，伦理委员会的组建及人员聘任分为两种途径，一是由"本级实验动物主管机构"来进行，二是由实验动物从业单位来进行。但这里没有明示所谓"本级实验动物主管机构"究竟是哪一类机构，或是指某一级政府实验动物管理办公室（如北京实验动物管理办公室）或类似机构。在此须提到的是，前述标准第8.3节"申诉和答复"中规定，"对实验动物福利伦理审查决议有异议时，申请者或被检查者可以补充新材料或改进后申请复审，或向上一级伦理委员会申诉。"而"伦理委员会接到复审申诉申请后，应在10个工作日内给予书面答复。"这里提到的"上一级伦理委员会"或指依上述第一种途径成立的伦理委员会。这种"两级终审"的架构合理性值得商榷。就西方国家的有关体制而言，负责对具体的动物实验进行伦理审查的动物伦理委员会通常不是由政府部门组建，而是由实施涉及动物的研究活动的机构自行组建。如前文所述，美国联邦政府卫生部公共卫生署所属的实验动物福利办公室（OLAW）的要求，在研究中照顾和使用动物的机构，必须设立伦理委员会，而这是动物福利保证

[①] 此条表述有不同之处，其中"机构由本级……"中的"机构"二字疑系伦理委员会的笔误。

(AWS) 所涵盖的一项基本合规义务。而根据美国联邦政府《动物福利条例》① 第 2.3.1 条第 (a)(b) 项的规定,伦理委员会的主任及成员都应当由委员会所在单位的 CEO 来任命。OLAW 的职责在于监督研究机构涉及动物伦理的政策及程序是否健全,其不负责组建伦理委员会,更不介入个案伦理审查。另如,澳大利亚国家健康与医学研究理事会也成立了动物伦理委员会但它主要职能是向 NHMRC 提供与科学伦理有关的政策性建议,是咨询机构,根本不负责对具体研究项目或研究活动的伦理审查。除此之外,加拿大、英国等欧美国家也实施相似的管理架构。客观地说,这样的架构更有利于分清职责,分清伦理审查主体与政策监管主体的角色。若由实验动物管理部门直接组建伦理委员会,针对具体的研究项目或研究活动实施伦理审查,则等于在其政策性监督职能之外,又直接赋予其有伦理审查组织实施职能,裁判者兼职当事人,角色的重叠将对发现和处置伦理审查中的利益冲突造成阻力及负面影响,无助于维护伦理审查的严肃性与正当性,易滋生审查中的不端行为甚至腐败。从法理上说,角色的分化是达成程序正义的基本途径,这一点,值得我国立法者认真学习和借鉴。

二 伦理委员会的人数与组织原则比较

(一) 我国规定

我国《实验动物 福利伦理审查指南 (GB/T 35892—2018)》第 4.3.1 条规定:"伦理委员会至少应由实验动物专家、医师、实验动物管理人员、使用动物的科研人员、公众代表等不同方面的人员组成。来自同一分支机构的委员不得超过 3 人。伦理委员会设主席 1 名,副主席和委员若干。副主任和委员数量根据审查工作实际需要决定。"第 4.3.2 条规定:"伦理委员会每届任期 3 至 5 年,由组建单位负责聘任,岗前培训,解聘

---

① 美国国会很早即出台了《动物福利法》即 7 U.S.C. 2131-2159。根据该法的授权,美国联邦政府农业部 (Animal and Plant Health Inspection Service, USDA) 制定了动物福利法案的实施细则 [9 CFR Ch. I (1-1-13 Edition), SUBCHAPTER A—ANIMAL WELFARE],即本文所称的《动物福利条例》,适用于全国。必须指出的是,本条例只是最低限标准,任何机构可以制定适用于本机构的动物福利标准,但不得低于《条例》中的标准。另外,1985 年的 Health Research Extension Act (Public Law 99-158, November 20, 1985, "Animals in Research" Sec. 495.) 明确要求研究机构实施的涉及动物的研究活动需要接受伦理委员会的审查。不过,其对于伦理审查的具体组织及程序方面无进一步细化要求。

和及时补充成员"。

该条款关于伦理委员会的组成存在一系列问题。首先,其中没有规定伦理委员会的最低人数可以是多少,只是含糊其辞地规定"主席1名,副主席和委员若干"。那么,若干是多少人,标准中没有进一步解释。2人是否符合"若干"要求?不过,考虑到上述条款中明确要求伦理委员会组成人员"应由实验动物专家、医师、实验动物管理人员、使用动物的科研人员、公众代表"这样的表述,似乎意味着伦理委员会至少应当由5人组成。但这只是笔者的推断。因为上述条款中并没有明示这几类人员,每一类至少需占一人。伦理委员会的最低人数应有明确标准,但标准的规定显然过于模糊。

除此以外,在伦理委员会组成的规定上我国还存在以下问题:第一,上条中所称的"实验动物专家"在资质上是否应当具备某些具体的资格条件;第二,此处"医师"应特指兽医师。但此处的表述仍不够清晰;[1]第三,公众代表的资格是否不需附加任何身份必限制;第四,所在单位的人员是否可以充当公众代表;第五,前述"实验动物专家""医师""实验动物管理人员""使用动物的科研人员"的近亲属是否可以充当这里所说的公众代表;第六,该条中规定的"来自同一分支机构的委员不得超过3人"中的"分支机构"是指什么(是指科研机构下设的分支机构,还是指科研机构本身就是一家"分支机构")。

(二) 国外规定

比较而言,国外对伦理审查组织组成的规定则相当清晰和明确。例如,美国联邦政府《动物福利条例》规定伦理委员会"应当由一名主任及至少两名其他成员组成"。也就是说,该条例对伦理委员会的最低人数要求是3人。这代表联邦政府关于伦理委员会组成人数的最低要求。[2] 在此基础上,该条例对伦理委员会成员的具体资格做出了要求:首先,至少其中一人应当是兽医学博士,且具有实验室动物实验及医学方面的专业训练经验,并负责该研究机构实施的涉及动物的研究项目及设施。其二,委员会中至少有一名成员与动物实验的设施无任何关联关系,且不得是与该

---

[1] 该标准第6.3条规定了"实验动物医师"的资质,但第6章的标题是"审查内容"。基于这一逻辑,其第6.3条规定的"实验动物医师"(其资质及职责履行)应当属于伦理委员会的审查对象,而非伦理委员会的成员资质。

[2] 第2.3.1(b)(2)条。

设施有关联关系的人员的近亲属。此人员将在对待动物问题上，代表公众利益。其三，在委员会由三名以上成员组成的情况下，来自管理该动物实验设施的同一行政单位的人员不得超过三人。[①] 不过，必须指出的是，《动物福利条例》只是一个最低限度的标准。美国其他立法，例如《公共卫生署关于人道主义的照顾和使用实验动物的政策》比上述《条例》中的相应条款更加明确，对此前文已经做出论述。

(三) 中外对比

从上述规定可以看出，国外关于伦理委员会的组成规则，与我国国家标准 GB/T 35892—2018 之间存在较多差异。

首先，关于伦理委员会成员资格条件中"实验动物专家"和"医师"之类措辞含混的表述相比，前面列举的美、澳两国的有关规定中的要求更为具体，包括取得兽医学学历及兽医资格。

其次，对于伦理委员会"公众代表"的限定条件也更加清晰更具可操作性。因为伦理审查的宗旨是要确保研究活动在伦理上的可接受性，故伦理委员会的人员组成不仅需要具有专业动物实验经验的人员，也要包括"社会非专业"的人员。因为伦理审查的宗旨是评估涉及动物的研究活动的伦理的可接受性。而伦理的评判不同于学术评价，不是"学术同行"的专属。为此，伦理审查中需要含纳社会性的态度和立场。

再次，国外的规范还特别强调在伦理委员会的组织上保障其独立性，而这种独立性则首先要通过其组成人员中，有与实验机构无直接及间接关联关系的成员，以此确保其与实施动物研究的机构之间不存在利益关联，从而减少伦理审查中的利益冲突。根据上述澳大利亚 NHMRC 的《澳大利亚用于科研目的的动物的照顾和使用准则》的要求，在组成伦理委员会成员的 A、B、C、D 四类人员中，"C 类和 D 类必须至少占 AEC 成员的三分之一"。[②] 另如上述美国和加拿大的有关规章中也存在类似要求。这样的规定不仅表明伦理委员会成员构成中必须有与所在研究机构没有任何关联关系的人士，更重要的是，这类成员的人数及意见所占的权重应该占有相当的比例。这样一来，在伦理委员会中，来自机构外的成员能够对伦理委员会的工作进行较为有效的监督，以防止其在审查中降低标准甚至舞弊。

[①] 见《美国动物福利条例》第 2.3.1 (b) (3) (i)、(ii) 条。
[②] 见《澳大利亚用于科研目的的动物的照顾和使用准则》第 2.2.8 条的规定。

在上述伦理委员会的人员构成外，国外规章中还规定了其他一些辅助性的角色，用以保障伦理委员会的职责履行，其虽然不负责实体的审查，也不参与审查表决，但从其角色职能来说却是伦理审查过程中不可或缺的角色，比如根据前述《澳大利亚用于科研目的动物的照顾和使用准则》的规定，除上述成员外，AEC 还应当包括其他一些协助 AEC 有效工作的成员，包括科研机构应向 AEC 指定负责机构内的动物的日常照顾的人员；同时，机构可以任命具有技能和价值背景的其他成员加入 AEC。除上述成员外，AEC 可根据需要邀请具有特定专业知识的人员提供建议。①

最后，关于伦理委员会的组织规则中，我国上述标准中并没有规定伦理委员会组成人员须承担的前置义务，而前述国外的规章中则有清楚的要求。以前述《澳大利亚用于科研目的动物的照顾和使用准则》为例，其第 2.2.10 条明确要求各科研单位制定的涉及伦理委员会的组织规则中"必须包括将出任 AEC 成员的人士的利益声明，并且，在做出任命时，必须合理处理相关的利益冲突"。应该说，利益冲突规范在澳大利亚及其他西方国家的公共服务立法中是一项普遍存在的制度。与我国相关法制领域中的回避制度相似。但其不同之处，利益冲突中的前置义务要求参与公共服务的人员提前向其所属公共服务部门或机构披露其所涉及的个人利益特别是财务利益，以防止这些个人利益对其公共服务职责履行的公正性造成不利影响。为此，利益披露意味着一项个人就履职做出的合规承诺。它的行为规制意义在于：如当事人疏于披露或故意隐瞒不报个人利益，或者其在履职的过程中因个人利益而影响其公共服务职责的公正履行，均可能触发《澳大利亚负责任研究行为准则》中的研究不端处理机制。一经查实，则当事人将承担研究不端责任。实际上，类似的制度设计也存在于其他欧美国家的有关规章制度中。相比而言，我国法制领域的回避制度往往没有前置的强制披露义务，只有履职中的回避。问题是没有前置披露，机构无从得知当事人有何种个人利益，及其可能对当事人的履职发生何种影响。这显然不利于后续回避决定的有效性，也无法确保利益冲突的类型与处置措施之间的合理的比例关系。并且，这更无助于消除当事人员的侥幸心理和行为惰性，从而妨碍公共服务中的不端行为及不良影响。故而，相对于欧美国家的利益冲突制度而言，我国法制领域中的回避制度没有前置利益

---

① 见《澳大利亚用于科研目的动物的照顾和使用准则》第 2.2.5 至 2.2.7 条。

披露义务，这是其相对劣势，其导向行为的前置预防机制不足。实际上，我国科研不端的应对处置机制也并不健全，见后文详论。

第四节 科研机构对伦理委员会的保障及监督义务比较

一 国外规定

前文已经指出，伦理审查是科研机构承担的合规义务。而确保伦理委员会履行职责的合法及合理，就成了科研机构履行其合规义务的重要内容。为此，科研机构需要为伦理委员会提供相应的履职保障，并确立有关的监督机制，以确保其正当地履行职责。对此，国外动物福利立法作出了明确规定。

（一）研究机构的组建权

国外动物福利伦理审查制度下，由研究机构负责组建和任命机构内部伦理审查委员会。例如，美国《动物福利条例》对实验动物管理委员会IACUC 的成立作出如下规定："研究机构的首席执行官应当任命机构的动物管理和实验委员会（IACUC）。通过其成员的经验和专业知识使其有资质获得研究机构的动物研究计划、设施和程序。……"[1]《公共卫生署关于人道主义的照顾和使用实验动物的政策》第四章对卫生部资助或者支持的研究机构的 IACUC 的产生也做出了类似规定："首席执行官任命动物管理和使用委员会 IACUC。通过其成员的经验和专业知识合格地对机构研究计划、设施和程序进行监督。"

（二）科研机构对伦理审查组织的保障义务

为保障伦理审查机构审查工作的正常进行，各国明确规定了科研机构对内部伦理审查组织的保障义务。以《澳大利亚用于科研目的动物的照顾和使用准则》为例，其第 2.2.1 条规定了科研机构的总体义务及责任，包括五个方面：(i) 确保 AEC 成员具有相应的资格，以使 AEC 能够履行其职责。AEC 必须至少包含四个人，分别属于第 2.2.4 条要求的四个资格类型之一。(ii) 确保 AEC 具有公开的职权范围。(iii) 向 AEC 提供履

---

[1] 见美国《动物福利条例》2.31（a）的规定。

行其职责所需的资源,并维持 AEC 的正常运转。(ⅳ)确立 AEC 管理及运作程序,使 AEC 能够履行其在本准则和相关机构政策下的责任,并促进对动物的照顾和使用的合格和及时的伦理审查。(ⅴ)对 AEC 的运作情况进行年度审查。以在此基础上,该《准则》还要求科研单位还应确保以下几点:伦理委员会成员的资格符合有关要求;科研机构需明文规定伦理委员会的职责范围,特别是对动物照顾及使用活动的伦理审查、批准和监督的责任范围,所在机构的问责制度,伦理委员会的报告机制,伦理委员会成员的最低资格条件[1];科研机构须为动物伦理委员会提供充足的资源保障,维持 AEC 的运转,至少包括三个方面:人员配置和行政援助以及财政资源;AEC 成员的定位和教育;在适当情况下,报销现金支出和(或)向 AEC 成员支付津贴;科研机构须负责制定动物伦理委员会治理和运作程序,使 AEC 能够遵守《准则》和相关的机构政策,并促进对动物照顾和使用进行有效和及时的伦理审查。这些程序应包括利益声明和管理利益冲突、保密、对 AEC 执行官的任命和授权、行政程序、会议程序、沟通、投诉和违规处置,记录和文件管理[2];科研机构必须确立有关伦理委员会成员及参与伦理审查的人员的利益声明及利益冲突管理、处置的程序;科研单位须对伦理委员会中负责执行事务的人员的审批权限做出明确要求;科研机构须负责制定伦理委员会的会议程序以及负责保存伦理审查的记录等。

总的来说,上述机制一方面为伦理委员会的工作提供了资源及制度性保障,更重要的是,其同时也是研究机构对伦理委员会工作的监督机制。

二 我国规定及不足

与西方国家相比,在我国 GB/T 35892—2018 中,有关科研机构对伦理审查组织义务的规定不仅不明确,且存在主体错位的问题。比如其第 4.4 条对"委员会管理"提出要求称:"伦理委员会应制定章程、审查程序、监督制度、例会制度、工作纪律和专业培训计划等,负责向上级管理机构报告工作。"这意味着伦理委员会要自己制定适用于其职责履行的各种规范及程序。这一制度设计理念存在严重错位。实际上,这些章程、程

---

[1] 《准则》第 2.2.18 条。

[2] 《准则》第 2.2.20 条。

序、制度、纪律及培训计划，恰恰是科研单位应当承担的针对伦理委员会履职的保障义务的基本内容，也是科研单位对资助机构（如科学基金）的合规义务的构成部分。更重要的是，这些制度建设还是科研机构对伦理委员会的工作进行评估及监督的基本依据。为此，这些政策、规范、程序，理应由科研单位制定，而非由伦理委员会制定。所以，这种错位的制度设计理念，不仅无助于确保科研单位合规义务的落实，还给伦理审查过程中的舞弊和不端行为创造条件。遗憾的是，但这一缺陷并非仅存在于 GB/T 35892—2018 中。它是我国各级有关单位在立法和标准制定方面的通病。比如前文提到的《北京市实验动物福利伦理审查指南》中也存在同样的规定。以下拟结合对国外制度经验的梳理稍作剖析。

为确保伦理委员会的合规及合理履职，科研单位必须承担一系列制度及资源保障义务。至于其具体需要在哪些方面提供制度、组织、程序及资源性保障，则需要管理或资助单位的规章予以明确。在这方面，前文提到的西方国家皆有比较成熟的规定。

第五节　伦理委员会职责范围制度比较

一　伦理委员会职责范围比较

（一）国外规定

如前所述，明确伦理审查委员会的职责是各国伦理审查制度的重要组成部分。明确职责能够强有力地保障伦理审查的有效性。国外动物福利法对伦理审查机构职责的规定具体而明确。例如，《澳大利亚用于科研目的动物的照顾和使用准则》规定了伦理委员会要承担六个方面的职责：审查和批准新的或正在进行的研究活动；对动物的照顾和使用实施监督；应对意外的不良事件；针对违规情况采取行动；批准照顾和使用动物的规范；就动物福利问题，尤其是涉及照顾和使用动物的合规问题，向所在单位提供建议；就伦理委员会的工作，向所在单位提交报告，至少每年一次。[①] 再如，按照美国《公共卫生署关于人道主义的照顾和使用实验动物

---

① 见《准则》chapter 2.3。

的政策》① 的要求，伦理委员会职责包括八个方面：一、依据该政策的要求，对所在单位照顾和使用动物的研究活动实施每六个月一次的检查。二、依据本指南，对所在单位（及其分支机构）的动物设施进行检查和评估。三、就以上事项，每六个月制作并向所在单位提交审查及评估报告。该报告须提供给 OLAW，并且，报告中须包括单位合规情况的描述，其中须阐明所有与本政策规定不一致之处或缺陷，以及原因。四、审查所在单位中所有涉及照顾和使用动物的问题。五、就所在单位涉及照顾和使用动物的事项，向其官员提供建议。六、就所在单位实施的涉及照顾和使用动物的研究方案实施审查、批准、要求其修正，或撤回批准决定。七、对修正后的研究方案实施审查、批准、要求其修改，或撤回批准决定。八、根据本政策的有关要求，在取得授权的情况下，暂停某一涉及照顾和使用动物的活动。②

(二) 我国规定及不足

我国只在实验动物伦理审查的专门立法中对伦理审查组织的职权有具体规定。最主要的就是 2018 年发布的国家标准（GB/T 35892—2018），根据其第 4.2.1 条的总体要求，伦理委员会需要根据实验动物有关法律、规定和质量技术标准，负责各自管理权限范围内，实验动物从业单位的实验动物相关的福利伦理审查和监管，受理相关的举报和投诉。在此基础上，伦理委员会一方面要"每半年对实验动物从业单位的管理规范和执行情况进行检查；对项目的事前审查、实施过程中监督检查和项目结束时的终结审查；对违法违规现象进行调查"③。同时，伦理委员会要"独立开展审查、监督工作，负责出具审查和检查报告，负责向单位主管和上级主管机构报告工作"④。《北京动物福利伦理审查指南》第六条对伦理审查委员会指责也有规定，这些职责包括：审查和监督本单位开展的有关实验动物的研究、繁育、饲养、生产、经营、运输，以及各类动物实验的设计、实施过程是否符合动物福利和伦理原则。

显然，我国对伦理审查机构职责的规定过于模糊和简洁，这不利于伦

---

① PHS Policy on Humane Care and Use of Laboratory Animals，见 https：//olaw.nih.gov/policies%ADlaws/phs%ADpolicy.htm。访问日期 2018 年 9 月 6 日。
② 见该政策第 "Ⅳ.B" 节的规定。
③ 见《实验动物福利伦理审查指南》第 4.2.2.1 条。
④ 见《实验动物福利伦理审查指南》第 4.2.2.2 条。

理审查机构展开有效的审查工作，伦理审查制度的作用因此被大打折扣。

二 伦理审查原则比较

可见，在以上职责中，伦理委员会最核心的职责是对涉及使用和照管动物的研究活动实施伦理审查。据 GB/T 35892—2018 规定，伦理审查需遵循八项原则：

（一）必要性原则。实验动物的饲养、使用和任何伤害性的实验项目应有充分的科学意义和必须实施的理由为前提。禁止无意义的滥养、滥用、滥杀实验动物，禁止无意义的重复性实验。

（二）保护原则。对确有必要进行的项目，应遵守3R原则，对实验动物给予人道的保护。在不影响项目实验结果的科学性的情况下，尽可能采取替代方法、减少不必要的动物数量、降低动物伤害使用频率和危害程度。

（三）福利原则。尽可能保证善待实验动物。实验动物生存期间包括运输中尽可能多地享有动物的五项福利自由。保障实验动物的生活自然及健康和快乐。各类实验动物管理和处置，要符合该类实验动物规范的操作技术规程。防止或减少动物不必要的应激、痛苦和伤害，采取痛苦最少的方法处置动物。

（四）伦理原则。尊重动物生命和权益，遵守人类社会公德。制止针对动物的野蛮或不人道的行为；实验动物项目的目的、实验方法、处置手段应符合人类公认的道德伦理价值观和国际惯例，实验动物项目应保证从业人和公共环境的安全。

（五）利益平衡性原则。以当代社会公认的道德伦理价值观，兼顾动物和人类利益，在全面、客观地评估动物所受的伤害和人类由此可能获取的利益基础上，负责任地出具实验动物项目福利伦理审查结论。

（六）公正性原则。审查和监管工作应保持独立、公正、公平、科学、民主、透明、不泄密，不受政治、商业和自身利益的影响。

（七）合法性原则。项目目标、动物来源、设施环境、人员资质、操作方法等各个方面不应存在任何违法违规或相关标准的情形。

（八）符合国情原则。福利伦理审查应遵循国际公认的准则和我国传统的公序良俗，符合我国的国情，反对各类激进的理念和极端做法。①

依笔者之见，上述这些原则，有相当一部分是广泛意义上的科学伦理原则，当然也是伦理审查的应有原则，比如第一、二、三、四、五项。有的原则表述过于含糊，如公正性原则犹如"口袋原则"，几欲将各种政治、法理、伦理价值网罗其中。这种立法的表述旨趣，实际上有沦为口号之嫌。另如符合国情原则也同样含混不清：什么是国情？立法者的立法原意是什么？国情是否变相地意味着"低标准"，或是"难以达到国际标准"的意思？如果是，是否应当明确说明更符合法律的规范性要求？实际上，国外的有关规章中，很少明文列举"审查原则"的条款，其立法习惯多是将伦理审查所遵循的原则落实为详细、具体的规则。当然，从具体规则中概括伦理审查原则也不困难，首先，前引澳大利亚《准则》中提到的伦理委员会的组成人员中有伦理委员会执行人员享有一种简易审查的权限。他们可以审批一些对研究方案的微小修改，这样可以提升审查效率。实际上，这种制度安排体现出了伦理审查的比例原则。其次，前文不止一次地提到，包括澳大利亚在内的有关国家的规章中，均特别重视伦理委员会组织上的独立性，比如明确规定伦理委员会成员必须是有一定比例的，与所在单位无任何关联关系的成员，并且，这些成员必须切实参加伦理审查，而非仅仅挂名。并且，这些成员的意见必须在审查中占据相当权重。这些都有力地保障了"审查独立性"原则的落实。反观上述我国的有关标准和法规，虽然屡提"独立审查"但却始终没有在具体的规则设计上把独立性体现出来。再次，国外的伦理审查无论从组织原则还是从审查程序的设计，都特别注重对伦理委员会成员的"利益管理"制度，其包括三个环节：伦理委员会成员的利益披露；利益冲突的识别与应对；对涉及利益冲突乃至严重不端行为的处理。这实际上也是负责任研究行为管理体系的组成部分。或者，这也可以浓缩为伦理委员会审查的"诚信原则"。最后，伦理审查不是一次性的环节，而是持续性的过程，它覆盖了

---

① 见国家标准第5.1—5.8条。须指出的是，这八项伦理审查原则中，有六条与北京市实验动物管理办公室2016年公布的《北京市实验动物福利伦理审查指南》第九条中规定的伦理审查原则相同，只是多出了两条原则：一是公正性原则，"审查和监管工作应保持独立、公正、公平、科学、民主、透明、不泄密，不受政治、商业和自身利益的影响"。二是合法性原则，"项目目标、动物来源、设施环境、人员资质、操作方法等各个方面不应存在任何违法违规或相关标准的情形"。

研究计划立项、实施、结题等全部环节，所以，这里还应该有一个"审查持续性"原则。

其实，各国规章中体现出的审查原则并不止这些。限于篇幅，无法也不必在此巨细无遗地梳理和列举。但必须强调的是，国外的立法理念强调的是"把原则规则化"。相比而言，我国伦理审查的立法及标准制定中，存在明显的"规则原则化"甚至"原则口号化"的倾向。前引加拿大《CCAC 实验动物照顾和使用指南》全文 300 页，数十万字之巨。前引澳大利亚《准则》也有近百页，约十万字的篇幅。相比而言，我国的 GB/T 35892—2018 正文（除术语阐述及附录表格）的篇幅只有 9 页。以这样的篇幅解决国外立法用了 300 页篇幅解决的问题，确实不易。

三 审查内容比较

国外伦理审查的内容前文已经进行分析，通过分析，我们可以得出结论：是否符合 3R 原则、是否符合动物福利标准是国外伦理审查的重点。

而根据 GB/T 35892—2018 的要求，我国伦理委员会审查的内容共计九项：

一是审查人员资质。[①] 这里的资质包括两个方面，其一是技能资质，即"实验动物从业人员，应通过专业技术培训，获得从业人员相关资质和技能"。但对有关人员需取得何种资质，以及技能需达到何种程度，均未做明确要求。这等于将裁量权限全部交由伦理委员会。但国家有关部门（比如科学基金或其他资助机构、农业、科技或公共卫生部门）需要考虑是否针对这类资质出台具体标准。[②] 其二是伦理资质："实验动物从业单位应根据实际需求，制订实验动物福利伦理专业培训计划并组织实施，保证从业人员熟悉实验动物福利伦理有关规定和技术标准，了解善待实验动物的知识和要求，掌握相关种属动物的习性和正确的操作技术"。必须指出的是，对研究者及其他负责照顾和使用动物人员接受伦理培训的程度及其知识水平进行评估和审查，是否可以成为伦理审查的主要内容之一，值得讨论。从前文提到的各西方国家的有关管理制度来看，伦理审查是行为导向的审查，

[①] 见《实验动物福利伦理审查指南》第 6.1 节。

[②] 例如，加拿大 CCAC 就要求实施照顾和使用动物的机构适用加拿大实验动物医学会（CALAM）制定的《兽医管理标准》（Standards of Veterinary Care，2007）。

即审查和评估审查研究者如何对待动物,而不是审查研究者的生命伦理学知识水平(并不是说这不重要)。尽管研究人员及负责照管动物的人员的伦理知识修养会影响其对动物的使用和照顾,但是,即便其在这方面的知识十分丰富,就能代表其涉及动物的研究、使用及照管的行为具有伦理上的可接受性吗?这样的审查导向,以及这样的标准制定理念,均是值得商榷的。笔者以为,这种要求有些偏离伦理审查的应有主旨。

二是定期检查动物设施条件。[①] 该标准要求伦理委员会对涉及动物的设施条件进行定期检查,并且,"每半年至少进行一次设施条件的现场检查。检查内容包括:实验动物项目实施的具体情况、动物饲养环境条件、设施的运行和安全状况、卫生防疫情况、笼具及其他设备状况、饲养密度、动物健康情况、环境丰富度、实验操作及手术的规范性、从业人员健康及生物安全情况,以及实验动物福利伦理标准执行情况等"。[②] 依照第6.2节的规定,设施检查关键在于落实 GB 14925《实验动物环境及设施》国家标准及2006年科技部发布的《关于善待实验动物的指导性意见》中关于动物设施条件的环境指标、卫生条件、生活空间、生产环境、活动场地等方面的要求。不过值得注意的是,从第6.2节各项条款的表述中似乎可以看出,这里的标准设定偏向于哺乳动物。相比而言,欧美国家的动物福利规范及标准,往往针对不同种类的动物来分别设定,比如有针对哺乳动物的、也有针对鱼类、鸟类的。即便是针对哺乳动物的伦理规范,也有进一步细分的规范,比如澳大利亚 NHMRC 就分别针对猫、狗、非人类灵长类动物制定了不同的动物福利规范。[③] 在此前提下,如果立法中要求伦理委员会对设施条件进行检查和审查,则又应当考虑针对不同种类的动物

[①] 见《实验动物福利伦理审查指南》第6.2节。

[②] 见《实验动物福利伦理审查指南》第6.2.8条。

[③] 分别为 NHMRC Guidelines on the care of cats used for scientific purposes (2009), NHMRC Guidelines on the care of dogs used for scientific purposes (2009), NHMRC Policy on the care and use of non-Human Primates for Scientific purposes (2003)。全文来自 www.nhmrc.gov.au。另外,加拿大照顾动物委员会 (Canada Council on animal care) 除了在前文提到的《实验动物管理和使用指南》(GUIDE TO THE CARE AND USE OF EXPERIMENTAL ANIMALS, 1993) 中,分别就猫、狗、非人类灵长动物、啮齿类动物制定了照顾、饲养的规范及标准外,还出台了单行的《在研究、教学和测试中照顾和使用鱼类的准则》(Guidelines on the care and use of fish in research, teaching and testing,),以及《海洋哺乳动物管理和使用标准》(CCAC guidelines on: the care and use of marine mammals, 2014) 等等。限于篇幅,不能一一赘举。

设施制定标准，或者在制定相关标准时，考虑和体现物种的区别。

　　三是对实验动物医师的审查。① 具体包括两项内容：一是"资质培训"，二是"职责要求"。② 前者要求"实验动物医师应毕业于兽医或动物医学相关专业，并获得相应的资质和培训。实验动物项目的审查、实施和检查，应有实验动物医师或实验动物专业医护人员参加"。后者则规定了实验动物医师在照顾和使用动物的过程中须承担的各项职责，关键在于责成其落实 GB 14922.1—2001《实验动物寄生虫学等级及监测》及GB14922.2—2011《实验动物微生物学等级及监测》。问题是第 6.3.2 节中罗列了众多实验动物医师的职责要求，这与伦理审查的关系是什么，就其文义来看，似乎是要伦理委员会监督实验动物医师的资质及其职责的履行。但第 6.3.2.1 条却规定实验动物医师"负责实验动物从业单位和动物设施动物福利伦理执行情况的日常检查、监管和相关的技术咨询"。第 6.3.2.9 条又规定其"参加实验动物项目的伦理审查、实施，对项目动物福利伦理执行情况进行监督检查和专业判断"。既然这些职责本属于伦理委员会。③ 实验动物医师的"资质培训"和"职责要求"本属伦理委员会审查范围，为何被审查对象也负有伦理审查主体的职责了呢？根据上述两条规定，实验动物医师也负有与伦理委员会相似的审查、检查责任。其如何在作为审查对象的同时，又担任审查主体的角色呢？如果第 6.3 节关于"实验动物医师"的资格及职责规定是针对审查主体（伦理委员会成员）而设，则其不应被置于"审查内容"一章中。如果第 6.3 节是针对审查对象（课题组成员或参与研究项目的人员）所做的规定，那么，其就不应同时负责伦理审查，因为这会影响审查的独立性。除此之外，伦理审查的主要功能是判断研究活动的伦理的可接受性，为此第 6.3 节中所规定的某些内容应当不属于伦理审查的范畴，比如第 6.3.2.6 条中"负责管理和使用管制性药品"，第 6.3.2.10 条中关于生物安全的防控等，这些都不应属于伦理审查的范围。单就生物安全来说，责任主体应建立和适用专门的生物安全审查和监管机制，而非诉诸伦理审查来应付和解决生物安全问题。国家的立法和标准的制定也要明确二者的不同性质，建立不同的监

---

　　① 见《实验动物福利伦理审查指南》第 6.3 节。
　　② 见《实验动物福利伦理审查指南》第 6.3.1、6.3.2 条。
　　③ 标准第 4.2.2.1 条已规定伦理委员会负责"每半年对实验动物从业单位的管理规范和执行情况进行检查。对项目的事前审查、实施过程中监督检查和项目结束时的终结审查"。

四是对动物来源的审查。首先，禁止使用来源不明、偷盗及私自捕获的动物，禁止使用濒危野生动物。使用濒危野生动物的条件是其"具有无法替代的科学理由，且使用任何其他物种均无法达到预期结果"，并"经审查批准"。其二，所有动物需有标识。其三，捕获野生动物用于研究，必须渠道合法，方法人道。其四，野外研究不应干扰动物栖息地。其五，应采取有效措施将干扰降至最低。①

五是对技术规程的审查。第6.5节规定："实验动物的饲养管理、设施管理、各类动物实验操作包括仁慈终点的确定和安死术、实验环境的控制和各类实验动物项目的实施，应有符合实验动物福利伦理质量标准、管理规定和规范性操作规程（SOP），并提供伦理委员会予以审查和实施监督"。

六是针对动物饲养的审查。该标准要求使用和管理动物者不得虐待动物；饮食符合国家关于实验动物配合饲料营养成分的GB/T 14924.2及GB 1 4924.3标准，并针对动物的特定时期（妊娠期、哺乳期、不同的实验期、术后恢复期对营养的特殊需要）给予特定照顾；给予新进动物适应期等。②

七是对动物使用的审查。③ 突出3R原则的落实，包括：研究者应积极开展实验动物替代方法的研究与应用。避免不必要的动物实验的重复；在使用动物的过程中，研究者应将动物的数量减少到最低程度；尽量优化手术方案及操作，以减少动物痛苦，如对活体动物包括运动麻痹的进行手术、解剖时，均应进行有效麻醉；保定动物时，应尽可能减少动物的不适及痛苦和应激反应；安死术的使用及仁慈终点的适时选择。

八是审查职业健康与安全。④ 首先，该节要求实验动物从业单位应有完整的职业健康、安全管理规定和技术操作规范，并负责对从业人员进行有针对性的职业健康、生物安全技术培训，配备安全防护设备；其二，根据设施的主要安全风险，例如人兽共患病、有毒有害的化学制剂和生物制剂、放射性危险、过敏源、特殊的危险性实验操作、动物的攻击和伤害等

---

① 见《实验动物福利伦理审查指南》第6.4节。
② 见《实验动物福利伦理审查指南》第6.6.1—6.6.11条。
③ 见《实验动物福利伦理审查指南》第6.7节。
④ 见《实验动物福利伦理审查指南》第6.8节。

开展风险评价和审查，制定有效的突发事件应急处理预案，并组织实操演练；其三，当有生物安全危险因素可能产生危害时，应采取适当的生物封存和生物排斥措施确保人员和动物的健康，并采取适当的措施防止危险的扩散和确保公共环境的安全。① 在此基础上，第6.8.4条特别强调"审查的要点是对人员的健康安全、动物实施的安全、公共卫生的安全的技术保障情况"。必须指出的是，该项审查内容实际上是针对从业人员健康与职业安全的，本身不属于伦理审查的范围。须再次指出的是，伦理审查的宗旨是研究活动的伦理的可接受性，具体地说，人类对待动物的方式是否符合伦理规范，不是对从业人员的健康风险与职业安全进行核查。故"审查内容"中设立这一条的合理性值得商榷。

九是审查动物运输。② 其要求审查人员注意动物运输人员的资质、运输次数、时间、动物应激反应的减少、运输前后的饲养环境等事项。除此之外，标准还要求相关人员在动物运输条件方面遵循《关于善待实验动物的指导性意见》及国家关于实验动物环境及设施的标准GB 14925的要求。同时，应充分保障其饮食条件等等。

总的来说，国家标准GB/T 35892—2018中关于伦理审查内容的规定尚有不足，但其毕竟是第一次在国家层级的规范及标准中，第一次就此问题做出的具体要求，是值得肯定的。

第六节　审查程序比较

一　我国对审查程序的阶段性规定及不足

从内容结构及表述看，国家标准GB/T 35892—2018似将审查程序分成三个阶段：一是立项阶段审查（7.2实施方案审查）；二是项目实施中的继续审查（7.3实施过程检查）；三是结项审查（7.4终结审查）。

（一）实施方案审查规定及其不足

根据7.2节的规定，"实施方案审查"的流程大致为：伦理委员会在接到有关项目申报材料后，先由伦理委员会主席指定委员进行初审。初审

---

① 见《实验动物福利伦理审查指南》第6.8.1至6.8.3条。
② 见6.9节。

的功能在于识别项目申请是属于"新项目"还是"常规项目"。对于常规项目,在"首次审查后,可向主席或授权的副主席直接签发"。而对于"新项目",则"应交伦理委员会审议,5个工作日内提出书面意见。如果有争议,应聘请有关专家参加,召开伦理委员会会议再次审查"。[①]此处及上下文未明确"常规项目"究竟何指。该条款中同时提到"新项目",对照文义,似乎"常规项目"应当属于处在实施阶段的项目,而"新项目"则应该是处在立项阶段的项目。但考虑到第7.3节的"实施过程审查"主要针对"批准项目的实际执行情况",那么第7.1节中的"常规项目"则应当属于立项阶段的待审项目。常规项目有待明确。不仅如此,根据该节的规定,对于"常规项目"和"新项目"适用不同强度的审查程序,前者适用一种简易式审查,而后者适用伦理委员会会议审查,此处姑且称之为普通审查。就前一种审查程序而言,其可由伦理委员会主席指定委员进行审查。实际上,根据前文所述,国外的伦理审查程序中也有此类简易程序,如前文提到的《澳大利亚用于科研目的动物的照顾和使用准则》第2.2.23条中即规定伦理委员会执行人员享有简易审查和批准的权力,但同时《准则》对该权力有明确的界定和限制:一是此类人员"必须包括伦理委员会主任和至少一名2.2.24条中要求的C类或D类人员"。根据前文的介绍,C、D两类人员的共性特征是均与伦理委员会所在单位(或所服务单位)无任何隶属关系或利益关联。这是非常重要的前提,其目的在于避免使这种简易审查程序沦为制度漏洞,降低审查标准,并使存在伦理瑕疵的研究活动规避应有的伦理审查强度。前述我国的国家标准及地方规章(如前引北京伦理审查指南)的制定中,均未注意到这一问题。二是此类简易审查适用的研究活动的内容限制。根据第2.2.23(ⅱ)条的要求,上述人员的审批权限仅限于已批准的、实施中的研究项目的微小修改。并且,伦理委员会应当就何为微小修改制定明确的指南或标准。根据该条规定,所谓微小修改即"不会给动物造成伤害,包括痛苦和不安"。

除上述问题外,此阶段的审查程序的设计还存在其他不足。比如,第7.2.3条规定:"参加审查的委员不得少于半数,申请者可以申请现场答疑,并可以提请对项目保密或评审公正性不利的委员回避"。此处应该是

---

① 第7.2.1、7.2.2条。

指普通审查程序而言的。但问题在于：一，仅仅规定出席人数不少于半数，是否能体现公正？这半数伦理委员会成员是否可以全部是所在单位的人员或与之有隶属关系或其他利益关系的成员？试与前述澳大利亚、加拿大等国的规章比较，其大多要求伦理委员会审查中，出席审查会议的成员中，必须包括与所在科研机构没有任何隶属关系的成员，并且，其意见应达到一定比例。而上述国家标准中对于"半数"成员的身份不作任何限制，容易造成"自审自查"的弊端，甚至使审查流于形式，丧失实质意义。另外，此条中还规定审查中"可以提请对项目保密或评审公正性不利的委员回避"。问题在于谁来"提请"？提请的理由包含哪些？在我国通行的"回避"制度中，这方面的规则并不明确。实际上，在国外，处置利益冲突的前提条件是个人利益披露（disclose of personal interests），这是从事公共服务者应尽的诚信义务。如其怠于披露甚至有意掩盖其个人利益，则恰恰据其披露义务的履行状况对其实施问责。这些都是上述国家标准规定中存在的漏洞，值得立法者注意。

（二）过程审查规定及其问题

根据7.3节的规定，对于已批准立项的研究活动，需实施"过程检查"。依照其规定，伦理委员会对批准项目的实际执行情况及偏差进行日常检查，发现问题时应提出整改意见，严重的应立即做出暂停实验动物项目的决议。经立项审查的项目，须按批准的方案实施研究，"任何涉及实验动物的重大改变、变更的部分，均应在实施前重新申请审查和批准"。在此基础上，该节第7.3.3条界定了13类"重大改变、变更"：（1）实验设计，包括物种、数量、来源及动物选择的合理性，包括重复利用；（2）实验程序、操作方法；（3）运输及搬运方法和限制条件；（4）对动物驯养、饲养、保定和操作性条件的加强措施；（5）避免或减缓疼痛、不舒适、压力、痛苦或身体或生理机能的持续性损伤的方法，包括采用麻醉、止痛以及其他方式抑制不舒适的感觉，如治疗、保暖、铺软垫、辅助喂食等；（6）仁慈终点的应用和动物的最后处理方法，包括安死术；（7）动物健康状况、饲养和护理情况，包括环境丰容；（8）涉及"替代、减少、优化"原则和动物五项自由；（9）任何涉及健康安全风险的特殊实验；（10）设施、设备、环境条件和手术规程；（11）项目中主要负责人和实际操作性人员；（12）使用动物项目意义、目标、科研价值、社会效益，例如利害分析；（13）其他可能对动物福利伦理原则造成负面影响的项目问题。问题在于：发生此类"重大变更"时，适用何种审查程序，适用前文中提到的普通审查还是简易审查？若不属于这 13 种情况，则适用何种审查程序，甚至于不必审查？对于这些问题，有待于进一步明确。

(三) 终结审查程序分析

依 7.4 节规定，项目结束时，项目负责人应向伦理委员会提交该项目伦理回顾性终结报告，接受项目的伦理终结审查。对于该终结性报告中应涉及哪些内容，或符合什么要求，此处没有进一步明确规定。

二 审查决定比较与不足

通常，伦理委员会在审查后会产生三类决定：一是批准；二是要求研究人员修改方案；三是不通过。其中最敏感的为第三类决定。对此，前述国家标准第 8.2 节规定了不通过审查的 13 类情况：a) 实验动物项目不接受或逃避伦理审查的；b) 不提供足够举证的或申请审查的材料不全或不真实的；c) 缺少动物实验项目实施或动物伤害的客观理由和必要性说明的；d) 从事直接接触实验动物的生产、运输和使用的人员未经过专业培训，未获得相关的资质或明显违反实验动物福利伦理原则和管理规定要求的；e) 实验动物的生产、运输、实验环境达不到相应等级质量标准的；实验条件无法满足动物福利要求和从业人员职业安全及公共环境安全的；实验动物的饲料、笼具、垫料不合格的；f) 实验动物生产、运输和使用中缺少维护动物福利、规范从业人员道德伦理行为的操作规程，或不按规范的操作规程进行的；虐待实验动物，造成实验动物不应有的应激、伤害、疾病和死亡的；g) 动物实验项目的设计有缺陷或实施不科学，没有科学地体现 3R 原则、5 项动物福利自由权益和动物福利伦理原则的；h) 动物实验项目的设计或实施中没有体现善待动物，关注动物生命，没有通过改进和完善实验程序，减轻或减少动物的疼痛和痛苦，减少动物不必要的处死和处死的数量。在处死动物方法上，没有选择更有效的减少就缩短动物痛苦时间的安死术；i) 活体解剖动物或手术时不采取有效的麻醉方法的；对实验动物的生和死处理采取违反道德伦理的，使用一些极端的手段或会引起社会广泛伦理争议的动物实验；j) 动物实验的方法和目的不符合我国传统的道德伦理标准或国际惯例，或属于国家明令禁止的各类动物实验。动物实验目的、结果与当代社会的期望，与科学的道德伦理相违背的；k) 对人类或任何动物均无实际利益或无任何科学意义，并导致实验动物痛苦的各种动物实验；l) 对有关实验动物新技术的使用缺少道德伦理控制的，违背人类传统生殖伦理，把动物细胞导入人类胚胎，或把人类细胞导入动物胚胎中培育杂交动物的各类实验。以及对人类尊严的亵渎，可能引发社会巨大的伦理冲突的其他动物实验；m) 严重违反实验动物福利伦理有关法规、规定和本标准规定的其他行为的。

  相比而言，对于伦理委员会的决定类型，各国的规定大致相似。以前引澳大利亚《准则》为例，依 2.3.9 条规定，AEC 可决定：（i）启动申请的项目或活动，或修改已批准的项目或活动，其批准决定是否符合条件，推迟批准并要求修改，以及不批准。（ii）在审查已批准的项目或活动的年度报告之后，并且可能在与申请人协商的基础上，继续批准、暂停、要求修改或停止该项目或活动。（iii）暂停或撤回批准。唯一不同之处在于，西方国家的有关规定中，不仅罗列伦理委员会可做出的批准或不批准的事项依据。其更注意对决定的过程的规章制度。同样以上述澳大利亚《准则》为例，首先，其强调"该决定只应由参与整个讨论中的 AEC 成员提出。"[①] 其二，《准则》要求"协调一致"原则，这一点与我国前述标准第 7.2.4 条的规定看似相近，但后者要求"伦理委员会应尽可能采用协商一致的方法做出决议，如无法协商一致，应根据少数服从多数的原则，在 10 个工作日内做出福利伦理审查决议"[②]。除该标准外，前述北京市 2006 年发布的《北京市实验动物福利伦理审查指南》第 10 条也有同样的规定："伦理委员会应尽量采用协商一致的方法做出决议，如无法协商一致，应根据少数服从多数的原则，在 10 个工作日内做出福利伦理审查决议"。问题是，两份规范均没有明确的是，如果伦理委员会成员之间不能协调一致，那么他们需要在随后的 10 个工作日之内履行何种工作，以解决分歧。抑或这 10 个工作日仅为一展示表面慎重态度而实际上无所作为的消极等待期间，十日一到，执票一投了之，这是一种简单粗暴的概念。澳大利亚《准则》第 2.3.11 条明确规定，一旦伦理委员会无法协商一致，并且"在采取合理的努力来解决分歧但仍无法达成共识时，AEC 应该与申请人探讨修改项目或活动，以便达成审查中的共识。如果仍未达

---

① 《准则》第 2.3.10 条。

② 该标准第 4.4 节也有类似规定："伦理委员会应制定章程、审查程序、监督制度、例会制度、工作纪律和专业培训计划等，负责向上级管理机构报告工作。伦理委员会的决定实行少数服从多数的原则。但是，少数人意见应记录在案。"

成共识，AEC 应该以多数票做出决定"。也就是说，其应当与研究人员即项目申请人进行沟通，以探讨修改项目的可能性。相比而言，这样的规定更积极且有清晰的行动指向意义。更重要的是，前述国内规章及标准只是简单规定了伦理委员会会议审查时人数过半，但没有进一步界定这里的过半人数的身份。而这一点恰恰是确保审查独立性的关键。照前述澳大利亚《准则》第 2.3.12 条的要求，伦理委员会"在做出审查决定时，涉及利益冲突的成员必须退出会议。一旦这些成员撤出，其余参与表决的成员必须构成法定人数，如第 2.2.25 条中要求的那样"。根据其 2.2.25 条的要求，"至少 A、B、C、D 四类成员中，每一类至少有一名成员须参加审查审议，并在整个审查期间始终保证在场"。并且，"C、D 两类成员应至少占出席审查人员总数的三分之一"。其第 2.3.20 条又明确要求"AEC 的 C 类或 D 类成员应参加动物设施检查"。与此同时《准则》中不仅没有规定前文提到的"等待期间"，其第 2.3.13 条更明确要求"AEC 的决定必须尽快做出"。这两条规定的宗旨很明确，即在提高审查效率的同时，保证审查的公正性和独立性。这是我国有关规章和标准中所缺乏的。正如前文所说，审查的独立性只是一句口号，而应落实在伦理委员会的组织原则和审查程序设计中。

对于不予批准决定的救济问题，前引标准第 8.3 节有规定。但这种"二级终审"的思维究竟是否可取，值得讨论。由此可见，与国外相比，我国在审查决定的程序规定上还存在重大不足，这必然影响审查决定实体结果的公正性。

三 审查记录保存规定比较

伦理委员会应当保存审查过程中的各项记录，对于这一点，国内外的规定大致相同。前述澳大利亚《准则》第 2.3.22 条要求 AEC 必须保留检查记录，包括与会者姓名，观察结果，任何已发现的问题，建议的行动，持续或未决的问题以及结果。英国《动物科学程序法操作指南》10.6 也对记录的保存提出要求。该条指出《实验动物法》要求设施许可持有人保存好由 AWERB 提出的任何建议以及作为结果作出的决定的记录。这些记录至少保存 3 年，并应监督员或者内政部长的要求随时接受审查。

依照我国前述国家标准第 9 部分对此也有明确规定，首先，伦理委员会应有专人负责文件的收发和档案管理工作。9.2 所有审查或检查的证明材料和审查报告均应归档。审查报告应有参加审查或检查的委员签字。同时，未被通过的审查报告应至少包括以下内容：任何违反实验动物福利伦理有关法规、规定和该标准的问题及情况，项目实施中和其审查通过的方案出现偏差并影响动物福利的情况，以及相应的整改意见和整改情况，也应包括伦理委员审查的观点，以及伦理委员会审查结论和其他有关重要信息。此外，伦理委员会的所有文档，在项目结束后还应至少保留3年。①

第七节　研究机构对违规行为的处置与问责制度比较

一　伦理委员会的角色与责任比较

对于伦理审查过程中发现的违规情况做出及时、有效地应对和处理，是维护科学伦理的重要一环。前述国家标准第4.2.2.1条虽然要求伦理委员会"对违法违规现象进行调查"，但没有就一系列重要问题做出进一步明确的规定。对于不同程度的违规现象，需不需要及如何采取有区别的应对措施，以及如何实施。以前述《澳大利亚用于科研目的动物的照顾和使用准则》的规定为例，其有清晰的应对思路：首先，当伦理委员会检测到违反上述《准则》的项目或活动时，须（i）采取行动确保动物福利不受影响，问题得到了及时处理，以及立即停止可能对动物产生不利影响的活动。行动可能包括暂停或撤销对项目或活动的批准；（ii）与有关人士协商以解决问题；（iii）在认为必要时，将此类事项提交研究机构采取行动；（iv）对违规行为采取适当的后续跟进行动。② 与此同时，伦理委员会还应当向研究机构提交有关建议。③ 其二，对于严重违反科学伦理，对动物实施严重伤害或危害动物福利性质严重的行为，是否需要启动问责，以及如何问责？尤其是在科研责任层面，如何处置及问责？

目前我国在科研问责方面，尚未将此类违规纳入科研不端问责的范畴。但西方国家，尤其是英美国家的有关制度设计可以为我国健全此类问责机制提供借鉴。比如，根据澳大利亚联邦政府颁布的《澳大利亚负责

---

① 见第9.1至9.4节。
② 第2.3.25条。
③ 参见第2.3.26—2.3.29条。

任研究行为准则》的界定,尊重动物是负责任研究行为(Responsible research)的重要衡量指标,① 为此研究机构和人员必须遵守《澳大利亚用于科研目的动物的照顾和使用准则》的规定。②

二 研究机构在应对违规行为中的责任与义务比较

在应对和遏制违规现象时,不可能仅依靠伦理委员会一方的努力。科研机构的角色,尤其是与伦理委员会配合十分重要。对此,我国前述国家标准及其他规章中很少有规定,而西方国家的制度经验可为借鉴。如前述《澳大利亚用于科研目的动物的照顾和使用准则》中详细规定了研究机构的责任:

其一,机构必须制定程序,处理与动物照顾和使用有关的投诉和违规行为,包括:(i)机构对动物的照顾和使用的投诉,包括与教学活动中出于良心的拒绝有关的投诉;(ii)关于 AEC 审查申请或报告的过程的投诉,包括解决 AEC 成员之间,AEC 与研究人员之间以及 AEC 与该机构之间的分歧;(iii)关于独立外部审查程序的投诉;(iv)参与动物护理和使用的任何一方或个人不遵守本准则,包括研究人员、动物护理人员、AEC、治理官员和受第 2.6.3 和 2.6.6 条所述协议约束的外部人员。违规也可能涉及违反相关州或地区立法,机构应有程序向监管机构提供咨询(见第 5.12 条)。③

其二,机构程序必须:(i)优先考虑动物的福利,并确保可能对动物福利产生不利影响的活动立即停止;(ii)明确界定受理、调查和处理投诉的机制;(iii)明确界定解决不遵守守则的机制;(iv)明确界定各方的责任;(v)确保符合程序公正,自然公正原则和举报人保护的公平、及时、有效和保密的程序;(vi)确定并确保向机构、AEC、州或领地政府机构以及任何其他相关机构提交适当的报告;(vii)向所有相关人员提供。④ 对于涉及一个以上机构和/或 AEC 的项目,上述程序中应包括在相关机构和 AEC 之间通报有关投诉和违规的机制。⑤

---

① 见《澳大利亚负责任研究行为准则》第一章概述的规定。
② 见《澳大利亚负责任研究行为准则》第 1.9 条规定。
③ 第 5.1 节。
④ 第 5.2 节。
⑤ 第 5.3 节。

其三，在应对有关动物照顾和使用的投诉方面，研究机构必须确保：（ⅰ）如果投诉涉及可能对动物福利产生不利影响的活动，则活动立即停止；（ⅱ）如果投诉涉及通常需要 AEC 批准的活动，则投诉将提交给 AEC，以调查此类活动是否按照 AEC 批准进行；（ⅲ）如投诉引发"研究不端行为"的可能性，如《澳大利亚负责任研究行为准则》所述，则投诉是按照该文件中规定的程序处理的；（ⅳ）如投诉所指称的不当行为不属于如《澳大利亚负责任研究行为准则》所述的"研究不端行为"范围，该投诉是根据处理其他形式的不当行为的机构程序处理的。[①]

其四，在 AEC 对该机构提交的投诉进行调查之后，AEC 必须确保在根据 AEC 批准开展活动时，与所有相关人员协商审查活动，以确保原因投诉已得到解决。AEC 可以决定是否需要修改项目或活动，或者暂停或撤销对项目或活动的批准。同时，还应确保在未按照 AEC 批准进行活动的情况下，将该事项提交给机构采取行动。[②]

其五，处置针对动物伦理委员会程序的投诉。如果投诉人与作为投诉对象的 AEC 之间的通信无法解决有关 AEC 审查申请或报告的投诉，则该机构应确保外部独立的审查人员或机构受理投诉，并审查被投诉的 AEC 的程序。在接受审查后，被审查的 AEC 须重新评估其决策。但关于研究项目及活动的伦理的可接受性的最终决定权仍在于 AEC。[③] 若利益相关方提出针对独立的外部审查程序的投诉，则机构必须确保与审查小组协商制定的，进行独立外部审查的程序中，包括与审查程序有关的申诉程序。[④]

其六，解决违规问题。为此，研究机构应确立相应程序，以处理违反本准则的行为，以鼓励和支持合规行为，并且不容忍违规的行为。同时，5.10 机构必须保留违反本准则的记录。在此基础上，《澳大利亚用于科研目的动物的照顾和使用准则》还规定，任何人均有权利向相关州或领地政府机关举报涉嫌违反法律的行为；同时，研究机构应当"向相关州或领地政府当局通报涉嫌违反对动物福利有重大影响的立法。"[⑤]

总的来说，西方国家有关规章及政策中，对于不同的违规现象规定了

---

① 第 5.4 节。
② 第 5.5 节。
③ 第 5.6 节。
④ 第 5.7 节。
⑤ 第 5.11—5.12 节。

不同的应对措施。其中对于严重违反《澳大利亚用于科研目的动物的照顾和使用准则》及《澳大利亚负责任研究行为准则》，侵害动物福利性质恶劣的行为，要列入"研究不端（research misconduct）"，接受科研问责。① 实际上此类机制并非仅澳大利亚才有，其他如美国、加拿大、英国等欧美国家也有相似机制。② 这种将伦理审查与科研问责衔接起来的制度理念和具体设计，均值得我国的立法者和管理者重视和借鉴。

---

① 见《澳大利亚负责任研究行为准则》第 10 至 12 章的阐述及规定。
② 欧美各国的有关科研不端调查处理机制请参见拙作《政府资助科研领域中研究不端的法律规制——以西方发达国家为例》，《北京行政学院学报》2014 年第 6 期。

第八章

中外动物福利追责制度比较

第一节 国外动物福利追责制度概述

一 动物福利追责制度的含义和意义

(一) 追责制度的含义和特征

追责,顾名思义指的是追究法律责任,顾动物福利追责制度指的追究违反动物福利法律法规及动物福利要求的单位和个人的违法和违规行为的法律责任的制度。动物福利的追责制度具有以下特点:

1. 追责主体的特定性

追责主体解决的是谁有权追责的问题。按照各国动物福利法律法规的规定,动物福利追责的主体主要包含政府、动物福利监管部门、动物科研机构负责人和伦理审查委员会、科学基金组织等,当违法行为严重到构成犯罪时,追责主体还包括刑事司法机关。

2. 追责对象和追责范围的法定性

追责对象解决的是追究谁的责任的问题,追责范围则涉及追究哪些行为的责任。按照国外动物福利法律法规的规定,目前追责主要对象是对动物负有义务的单位和个人,即动物相关行为的实施者或者从业者,包含动物饲养人、研究人员、运输人员、展览者、拍卖商、销售商等单位或个人,追责的内容就是上述人员的违法违规行为。因为上述人员从事动物相关行为,各国普遍要求他们遵循相应的动物福利法和动物福利要求,如果他们违反了动物福利法和动物福利要求,其违法或者违规行为将面临问责。除上述人员以外,动物福利的主管机构及其工作人员在动物福利中负有监管职责,也属于负有法定义务的人员,因此各国普遍将监管人员的违法和失职行为也列入追责的对象和范围。

3. 被追责任的法定性

被追责任解决的是追究什么责任，也就是承担责任的形式。各国动物福利法按照违法违规的情形和情节，规定了不同的责任形式，包括财产罚、行为罚和自由罚在内的行政责任、包含罚金和自由刑在内的刑事责任以及内部责任等。违法违规情节不同，责任就不同，追究什么样的法律责任取决于法律法规的规定和违法行为的性质及严重程度"罪刑法定"和"罪行相适应"原则在动物福利追责时同样适用。

4. 追责程序法定

追责程序解决的是如何追责的问题。除了明确规定了违法行为和违法责任以外，各国动物福利法还具体规定了动物福利追责的方式、步骤、时限和顺序等问题，对违法案件的调查取证、追责机关与违法者的沟通和协商、违法行为人的申辩和抗诉等问题做出了规定。严格规定追责的程序能够保障追责结果的公正性。

（二）动物福利追责制度的意义

1. 促进动物福利有效实现

如前所述，国外动物福利立法的基本目标就是保障动物五大基本自由，实现动物福利。如果动物相关人员在实施动物活动以及经营动物相关行业时能够自觉履行动物福利法律法规以及动物研究计划及合同的规定，固然是实现立法目标的最佳途径。但是，一方面动物福利的实现需要成本，例如，农场动物饲养人要实现农场动物福利，就需要给动物吃好、喝好、住好、照顾好，但是这些都需要支付成本。在市场经济条件下，对利益的过度追逐可能导致人类牺牲动物"权益"；另一方面，人非圣贤孰能无过，人性的弱点决定了人类不可能事事为善，即便对自己的同类，人类也会伤害。因此"人人守法"需要严厉的制裁作为最终保障，否则任何立法都会因为丧失威慑力而变得软弱无力，而责任的施加是威慑力的源泉。追责制度能够有效地对违法违规行为产生威慑力，惩罚已然违法者、震慑蠢蠢欲动者，唯有如此，动物福利的标准和条件才会被遵循，动物福利的价值目标方能实现。于是，2018年，新西兰进一步提高动物福利要求的举措便是对动物违规行为处以更重的罚款和刑事量刑，其农业部长针对动物福利法的这一修改指出：尽管大多数人都在照顾自己的动物，而且已经在做正确的事情，但更重的责任规定让我们更容易采取行动，反对虐待动物，并针对具体行为作出改变。

2. 促进动物福利理念不断深入

一方面，动物福利追责制是实现动物福利法的目标和落实动物福利标准条件制度的一把利剑，另一方面，追责的"惩罚效应"也是动物福利最好的教育宣传工具。杀一才能儆百、血的教训总能让人印象深刻。例如，1822 年，世界上最早的动物福利立法《马丁法案》通过，按照《马丁法案》的规定，殴打、虐待或者残害马、驴、羊等大家畜的行为是违法行为，将被处以 5 英镑以下的罚金或者 2 个月以下监禁。尽管该法获得通过，但是当时英国社会总体上对"动物突如其来的权利"并不认可。于是马丁以马丁法案为依据提起了第一起诉讼，诉讼的被告是一名叫作比尔伯尼斯的水果商，其因为殴打一头驴被逮捕，马丁认为其行为构成犯罪，法院最终对被告处以罚金。① 在随后几起案件中，伤害动物也被法院认定为违法行为，这使得英国公众很形象地感受到了动物福利法的存在，加深了公众对动物福利的认知和认可，英国立法进程随即加快。由此可见，动物福利理念可以无声无息地潜入人心，开花结果，但更需要被植入种子，并浇水施肥。

二 国外动物福利追责体制

为了实现动物福利，国外在一系列立法中对动物违法和违规行为做出规定，并对违法和违规行为的处理及其对应的法律责任予以明确。严格的责任追究制是国外动物福利立法的重要特点之一。目前，各国对动物违法和违规行为的处理并不完全相同，但是它们普遍确立了一套以动物福利立法为追责的主要依据，以内部追责进行自律，并以刑事制裁为最终保障的追责体系。

（一）动物福利法下的追责制度

由于动物福利追责制度追究的是违反动物福利法律法规和动物福利要求的动物违法行为的责任，因此在动物福利法中明确动物福利违法行为并规定违法行为的责任，是实现动物福利的主要手段和方式。各国动物福利法律法规以及多数国际公约对动物违法行为及其责任追究做出了具体、明确的规定，这些规定包含：

---

① https：//en. wikipedia. org/wiki/Animal_ rights.

1. 动物违法行为的认定、情形或者范围

追责追究的是违反动物福利法律法规和动物福利要求的违法违规行为的责任，违法违规行为的存在是承担或者追究责任的基本构成要件。各国在动物福利法律法规，无论是国会立法还是政府立法、中央立法还是地方立法中都普遍或者首先对违法违规行为的构成要件、认定标准、种类、违法行为的具体情形或者违法行为的范围等基本问题做出了具体详尽的规定。一般而言，凡是制定有动物福利法典的国家，都会选择在动物福利法典中对违法违规行为专章做出规定。

例如，英国《动物福利法》第 4 条对动物违法行为的构成要件和范围做出规定，该条一方面规定了两种动物违规行为的构成要件："（1）一个人的行为在下列情况下构成违法：（a）该人以作为或者不作为的方式导致动物遭受痛苦；（b）他明知或者正常理性下他应该知道自己的行为或者不作为会导致上述痛苦；（c）该动物是受保护的动物；（d）该痛苦是不必要的。（2）一个人的行为构成违法如果：（a）他对该动物负责；（b）他人的行为或者不作为导致动物遭受痛苦；（c）任何合理情形下本可以避免损害的发生，他却允许了他人行为的实施或者未采取相应举措；（d）该痛苦是不必要的。"另一方面该法还将自己或允许他人对动物实施程序禁止的行为（该法第 5 条）、剪短或剪断狗的尾巴（第 6 条）、未经许可对动物使用有害药物（第 7 条）、促使或者意图促使动物间打斗（第 8 条）的行为、将动物卖与未成年人的行为（第 11 条）均规定为违法行为。

再如，德国《动物福利法》第七章的标题为"惩罚和罚金的规定"，该章对动物违法行为及其责任做出了详尽的规定。其中第 17 条规定："任何实施下列违法行为的人将被处以三年以下监禁或者罚金：1. 无正当理由杀害脊椎动物；2. 导致脊椎动物 a）因虐待遭受过度的疼痛和痛苦或者 b）持续或者反复的剧烈疼痛或者痛苦的。"第 18 条第 1 款规定：任何人的行为构成行政违法，如果他故意或者过失的：1. 使其照顾、照料或者被要求照顾的动物无正当理由的遭受过度的疼痛、痛苦或者伤害；2. 违反第 8a 条第 5 款、第 11 条第 3 款第 2 句话或者第 16a 条第 2 款中的（1）、（3）或者（4）项的；3. 违反按照《动物福利法》通过的条例的；4. 违反第 3 条的禁止性规范的；5. 未按照第 4 条第 1 款的规定处死脊椎动物的；6. 未按照第 4a 条第 1 款的规定宰杀温血动物的；7. 违反第 5 条第 1 款第 1 句话的规定，不经麻醉进行手术的，或者违反第 5 条第 1 款第 2 句话的规定没有兽医进行麻醉的；8. 违反第 6 条第 1 款第 1 句的禁止性规定或者违反第 6 条第 1 款第 1 句的规定进行手术的；9. 未能确保第 9 条第 1 款的第 1 句或者第 3 句或第 2 条第 2 款第（4）或（8）项的规定以及违反第 6 条第 1 款第 5、6、7 句或者第 8 句话的规定没有进行手术告知或者给予了不准确、不完整、迟延手术告知的；10. 未按照第 6 条第 2 款规定使用弹性环的；11. 违反第 7 条第 4 款或第 5 款的第 1 句规定进行动物实验的；12. 违反第 8 条第 1 款规定未经许可对脊椎动物进行实验的；13. 违反第 8 条第 4 款第 2 句的规定对变更不予通知或者不及时通知的；14. 未按照第 8a 条第 1、2 款或者第 4 款的规定对研究项目及其变化进行通知或者通知不正确、不完整或者迟延的；15. 未按照第 8a 条第 3 款第 2 句的规定就计划实验次数或者使用的动物种类或者数量进行通知或者通知不正确或者迟延的；16. 未按照 8b 条第 1 款第 1 句的规定聘请动物福利官员的；17. 违反第九条第 3 款的规定，未能保证遵守第 9 条第 1 款或者第 2 款规定的，或者违反第 9 条第 3 款的规定，未能保证执行强制性要求的；18. 违反第 9a 的规定，未保存记录，或者保存不正确或者不完整的记录，或者未签署、保存或者提交的记录；19. 违反第 10 条第 3 款规定，未能确保遵守第 10 条第 1 款或者第 2 款的；未经第 11 条第 1 款第 1 句所要求的授权从事活动，或者违反与该授权有关的执行要求之一；20. 违反第 11 条第 1 款第一句的规定，未经许可从事活动，或者违反与该许可有关的执行要求的，20a. 违反第 11 条第 5 款的规定，不能证明销售人员具有动物经验；21. 违反第 11 条 a 第 1 款第 1 句的规定，未保存记录或者记录不正确、不完整或者未保留记录的，或者违反第 11 条 a 第 2 款的规定，未能按照规定方式识别动物以及未及时识别动物的；21a. 违反第 11 条 a 第 4 款的规定，未经许可进口脊椎动物；22. 未按照第 11 条 b 第 1 款或第 2 款的规定喂养脊椎动物的，或通过与生物技术或基因工程有关的措施对其进行改良的；23. 违反 11c 的规定，向 16 周岁以下的儿童或青少年供应脊椎动物的；24. 使用了违反第 13 条第 1 款第 1 句规定的设备或物质的；25. 违反第 16 条第 1a 款第 1 句话，未作通知或者通知不正确、不完整或者迟延的；26. 违反第 16 条第 2 款的规定，未能提供信息，或者提供了不正确或者不完整的信息的，或者违反第 16 条第 3 款第 2 句以及根据第 16 条第 5 款、第 2 句（3）制定的条例的规定，未履行容忍或者允许检查的义务的。德国《动物福利法》第 18 条第 2 款还规定除了第 1 款规定的案件，任何无正当理由对动物造成剧烈疼痛、痛苦或伤害的人也构成侵权。这一款是兜底式或者概括式规定，标明任何对动物造成过度疼痛、痛苦和不适的行为都是动物福利违法行为。①

通过英国和德国动物福利法对违法行为的规定，我们可以看出国外的动物福利立法高度关注违法行为的规定，英国立法模式的特点就是先规定基本的构成要件，再列举具体的动物福利违法行为，当然英国《动物福利法》中列举的都是一般的或者普通的动物福利违法行为，具体的特定动物违法行为的认定，在实验动物立法、农场动物立法、野生动物立法以及伴侣和娱乐动物立法中又做出了进一步的规定；德国《动物福利法》规定的特点就是细致，一方面，其采用列举的方式几乎将全部违反动物福利要求的行为都规定为违法行为，另一方面其在列举违法行为的过程中又明确了每一类违法行为的认定标准，这个标准就是该法案在前文中相应的动物福利条款。所以我们看到德国规定的违法行为，经常有一个前缀，就是未按照或者违反了××条，而被引出的条文全部都是相关动物福利要求的条文，在该法之前的章节中已经做出了规定。例如，第 18 条第 1 款第 5 项规定的违法行为是"未按照第 4 条第 1 款的规定杀害脊椎动物的"，看似比较简洁的条文，但是引出的进一步的要求是《动物福利法》第 4 条第 1 款的规定，而第 4 条第 1 款的规定如下："脊椎动物只有在麻醉下才能被处死或在合理的情形下才能被无痛处死。在不经麻醉处死脊椎动物被批准的情形下，无论是作为运动式狩猎的一部分或者根据其他规定，以及作为允许的害虫防治活动的一部分，只有在导致不可避免的疼痛的情况下，方可实施处死。只有具备必要专长和技能的人才能处死脊椎动物。(1a) 专门从事或者在商业活动中实施击晕或者处死动物的人必须向主管当局提供具备这种专长的证明。如果在第 1 句规定的活动框架内，家禽在监督人员在场的情况下被击昏或处死，除了击昏或处死动物的人外，监督人员也应提供专门知识证明。如果在第 1 句所述活动的框架内，鱼在监督人员在场时被击晕或处死，则他自己提供专门知识证明就足够了。"由此可见，整个第 4 条第 1 款对动物处死的要求非常细致，这就为第 18 条第 5

---

① 见德国《动物福利法》第 18 条第 1 款的规定，该款详细地列举了动物福利违法行为的情形。

款规定的"未按照第4条第1款的规定杀害脊椎动物"违法行为的认定提供了明确又具体的标准。奥地利的立法也采用了德国这种模式，在奥地利《动物保护法》在第四章"惩罚和最后条款中"对动物福利违法行为采用列举的方式作出了规定，但是绝大多数违规行为的认定都以第一章"基本规定"中动物福利禁止行为相关条款的规定为具体标准。这种规定模式能够实现全面规定动物福利违法行为的同时明确违法行为认定标准的作用和功能。

由于各国动物福利法律法规中对违法行为的规定数量众多，在此难以展开更进一步的解析。但是我们已经可以得出结论，明确违法行为的认定标准和违法行为的范围，是各国动物福利追责制度的重要内容。

2. 动物福利违法行为的法律责任

在各国的动物福利法律法规中，责任和违法行为一般在同一条文中同时做出规定。各国具体规定的方式有两种，一种是责任和行为在同一条同一款中同时做出规定，即规定某些行为是违法行为的同时，也明确此类违法行为的责任。例如，澳大利亚《联邦动物福利法》第97条规定："任何人未经本法许可运营研究或者供应机构的行为构成违法，将被处以100单位以下的罚款。"德国《动物福利法》第17条规定："任何实施下列违法行为的人将被处以三年以下监禁或者罚金：1. 无正当理由杀害脊椎动物；2. 导致脊椎动物 a）因虐待遭受过度的疼痛和痛苦或者 b）持续或者反复的剧烈疼痛或者痛苦的"。奥地利《联邦动物保护法》第38条第1款："任何人：1. 违反第5条规定，对动物造成痛苦、伤害或严重恐惧，或 2. 违反第6条规定杀死动物，或 3. 违反第7条规定对动物进行干预，或者 4. 违反第8条规定的都构成行政违法，并会被当局处以7500欧元以下的罚款，屡犯行为将被处以15000欧元以下的罚款。"第二种是在同一条文使用不同的款项分别对违法行为和其责任做出规定。例如，上述德国《动物福利法》第18条第1款列举了大量动物违法行为，第2款作出概括式规定的基础上，第18条第3款对上述违法行为的责任作出进一步规定："第1款第（1）、（2）、（3a）、（4）至（9）、（11）、（12）、（17）、（20）、（22）、（25）和（27）项以及第2款所述的行政违法可处以50000马克以下的罚款；第1款所述的其他侵权行为可处以10000马克以下的罚款。"再如，澳大利亚《联邦动物福利法》第64条规定："不得残忍地对待动物。否则将被处以1000罚款单位以下的罚金或者2年以下监禁。"第

64条第2款进一步规定："一人实施了下列行为,将被认定为残忍地对待动物:(a)导致了当时情形下无正当理由的疼痛;(b)殴打动物从而造成动物疼痛;(c)虐待、威吓、折磨或者惹恼动物;(d)过度驱使、骑乘或者使用动物;……"这种在同一条文中使用不同的款项对责任进一步做出规定的方式通常适用于违法行为数量众多或者违法情节有差异的情形下。还有部分国家将违法行为和责任分别在不同的章节做出规定,例如,英国2006年《动物福利法》在第二章"禁止伤害"第4条到第8条中,对违法行为做出了规定,在第九章第32条"监禁或者罚金"中对责任做出规定。

无论采用哪种具体的方式规定,规定违法行为的同时,针对每一类违法行为明确其责任是国外立法的普遍做法。明确责任形式和具体的责任是各国追责制度的核心。

3. 追责的程序

各国动物福利法律法规在明确违法行为及其责任的同时,对违法责任的追究程序也做出了专门规定,这些程序规定包含:

(1)违法行为的发现

如前所述,违法是追责的前提,因此发现违法行为意味着追责即将启动。发现违法行为最主要的手段就是官方的监督和检查。按照各国动物福利法的规定,动物福利的主管部门有权对动物设施、动物行业以及动物行为进行监督检查。例如,美国《动物福利法》《动物福利条例》以及《动物福利监督指南》均规定农业部动植物检验检疫局负责动物福利法的实施和动物福利的一般监督,动植物检验检疫局的监督员将对所有的在美国登记和注册的动物设施、场所、行业等进行日常的不经事先通知的随机监督和检查,他们有权检查所有的受法律保护的动物的身体和健康状况,有权检查动物设施和场所的喂养和居所条件是否符合法律规定,有权检查动物来源、动物实验、动物手术治疗等相关报告。一旦发现上述任何监督内容与动物福利法的规定不一致,其有权通知违法者相关的动物福利缺陷。除了主管部门监督发现以外,违法行为发现的另一方式就是社会监督。各国动物福利法普遍要求,公众发现动物违法违规行为时应当向动物福利组织或者动物福利主管部门检举、揭发、控告。例如,英国《动物(科学程序)法操作指南》规定:"发现任何不遵守的事件,尤其是那些影响动物福利的实践,应当立即通过电话向机构的监督员报告。如果机构未被指定监督员,则通过《实验动物福利法》的中心邮件 London@ home office. gsi. gov. uk 毫不迟延地进行报告。"① 对此本书在上一章动物福利的监督和管理中对动物福利组织监管和社会监督进行论述时对此已经做出介绍。

(2) 违法行为的调查

违法违规行为的认定,需要严格的调查和取证程序。例如,美国《动物福利监督指南》规定,当动植物检疫局的人员发现潜在的违法行为时,他们可以要求调查和执行处 IES 启动正式调查。调查的目的就是查明案件事实,可以进行收集书证、采集照片以及询问证人,包含询问涉嫌违法人的取证活动。作为调查程序的一部分,IES 允许涉嫌违法人提交证明自己并未违法的证据。一旦调查完成,调查员将准备作为调查结果的调查报告,调查员将把调查报告和所有的证据交至 IES 的执行官员进行审查。按照《动植物检疫局对实验设施的监督》报告第一部分:"监督和审查程序"的规定,"在完成调查程序后,调查和实施部门联邦办公室人员将审查证据,并在 AC 同时在场时,决定是否对违反者采取执行措施。"由此可见,美国规定的调查程序十分严格。

(3) 听取被处罚人的意见

为了保证追责的公正性以及违法者对处理结果的认可,发达国家普遍规定了听取被处罚人意见的听证程序。例如,美国《动物福利法》规定:违反动物福利法的每起违法行为,农业部长可以对其处以 10000 美元以下的罚款,并且农业部长有权发出停止或者禁止继续违法的指令。但该条同时指出处罚在作出前应当通知并且给予违法者就违法行为进行听证的机会。② 再如,英国《动物(科学程序法)操作指南》规定:"在内政部监督员认为不需要提起正式控诉时,监督员应当向 ASRU 许可小组提交作出书面处理报告。此时,所有与案件相关的人员,无论是直接利害关系人还是相关的项目许可证持有人或设施许可证持有人,都会被 ASRU 许可小组书面通知检查员报告的违法行为的性质。在适当制裁决定作出之前的 28 个工作日内,ASRU 许可小组还将邀请案件相关人员提供他们想提供的任何信息。"③

---

① 见英国《实验动物法操作指南》12.2.2 的规定。
② 见《美国法典》第七编第五十四章第 2149 条的规定。
③ 英国《动物(科学程序法)操作指南》12.6 第 4 款的规定。

(4) 申诫罚和书面指令先行

尽管各国对动物违法和违规行为都规定了严格的法律责任，但是主管机关对一般的轻微违法行为不会提起控诉。正如英国《动物（科学程序法）操作指南》12.9规定的："绝大多数不遵守行为并不值得付诸起诉，在这些案件中，调查员应当调查不遵循的情形，以确定发生了什么，为什么，涉及谁，以及需要做什么以阻止不遵守行为再次发生"，因此，主管部门可以先通过书面训诫或书面矫正通知，责令违规者停止违法行为或者对不遵守动物福利要求的事项进行整改以满足动物福利要求。美国动物福利法的规定也是类似的：农业部动植物卫生检疫局APHIS的监督员的日常检查一旦完成，检查人员就会在检查报告中记录任何需要纠正的不符合要求的项目或问题，并根据需要拍照。对于每个需要纠正的问题，应当引用具体适用的规定，描述问题并明确纠正问题的截止日期。如果在后续检查中仍存在缺陷，APHIS才会采取法律行动。

按照英美的规定，我们可以得出结论，国外在动物福利监督检查中，会对违法行为进行分类，在程序上可以将违法行为分为轻微违法行为和一般违法行为，针对轻微违法行为，主要由监督机构、组织或者人员向违法者提出整改意见或者发出警告，由违法者自行按照相关建议和意见对动物违规行为进行整改。对反复违法、拒不接受整改意见的违法以及较严重的违法行为，则会按照正式的法律程序追责。

(5) 诉前调解协议

美国动物福利法在追责程序中，还详细地规定了诉前调解程序。按照规定，动植物检疫局的调查和执行处IES在调查取证后可以向涉嫌违法者提供诉前调解协议。这些可能包含金钱处罚或者其他制裁，并且通常包含对涉嫌违法者而言比动植物检疫局将通过行政的、民事的或者刑事制裁更为有利的条款。诉前调解协议主要会达成两种执行措施。一种为金钱性处罚，即由涉嫌违法者通过调解协议同意支付特定数额的金钱。二是非金钱性处罚。非金钱性诉前调解协议使涉嫌违法者同意撤销动物福利法的许可或者永久丧失获得AWA许可的资质，并疏散用于AWA规范的动物活动的动物。如果涉嫌违法者接受调解协议，IES将结束调查结案。如果涉嫌违法者不接受调解协议，IES会将案件移交总法律顾问办公室提起行政诉讼。诉前调解能够提高违法行为的追责效率，避免案件进入烦琐的公诉程序。

(6) 提起控诉

如果通过前述一系列手段均不能完成对违法者的追责，或者违法情节足够严重时，案件将会被提起民事诉讼、提交至法官甚至提起刑事控诉。例如，美国《动物福利法》规定，"如果没有缴纳最后指令要求的罚款，部长会要求总检察长向联邦地区法院或者其他违法行为人被发现地、居住地或者商业交易地的任何其他地区的联邦法院提起民事诉讼，以收取罚款，这些法院拥有审理和裁决任何此类案件的管辖权。"[①]《动物福利法》还进一步规定："受本编第 2142 条规制的经销商、参展商、研究机构、中间经营商、承运人或拍卖经营人，故意违反本章任何规定，一经定罪，处 1 年以下有期徒刑，或 2500 美元以下罚款，或两者并罚。在最大可行意义上，诉讼应当首先向根据本法第 28 编第 636 条和第 18 编第 3401 条和第 3402 条规定的美国治安法官提起，并在总检察长同意的情况下，由美国农业部的律师在初审和上诉时向联邦地区法院提起诉讼。"[②] 再如，英国《动物（科学程序）法操作指南》规定："在对可疑的不遵守案件进行调查的初期，监督员应当采取是否实施的违规行为足够严重以有理由转入起诉。在这样的案件中，监督员通常会暂停调查并将事件转入公诉机关。监督员将同时警告所涉及的人员。最严重的行为值得转入公诉机关。在英格兰和威尔士，公诉机关为皇家检控署，在苏格兰，为地方检察官。"[③]

(7) 涉嫌违法者的上诉权

为了确保追责的公正性，在处理决定作出后，发达国家还高度关注对违法者救济权的程序保护，其中最主要的就是赋予被处罚人上诉权。例如，美国《动物福利法》规定："受本编第 2142 条规制的经销商、参展商、研究机构、中间经营商、承运人或拍卖经营人，如果认为部长根据本条发出的最后命令使其遭受冤屈，可在该命令生效后 60 天内，向根据第 28 编第 2341 条、第 2343 条至第 2350 条规定的适当的联邦上诉法院寻求对该命令的复审，该法院应具有专属管辖权来禁止、撤销、中止（全部或部分）或确定部长命令的有效性。"英国《动物（科学程序）法操作指南》12.13 也指出："按照《动物（科学程序）法》第 12 条的规定，违法者有权在内政部非应其要求意图变更或者撤销许可时提起上诉。内政部

---

① 见《美国法典》第 7 编第 54 章第 2149 条（b）的部分规定。
② 见《美国法典》第 2149（c）的规定。
③ 见英国《实验动物法操作指南》12.7 的规定。

如果想要做出暂缓或者撤销许可的决定，会通知违法者并告知如何行使此项权利。"①

4. 国外动物福利法追责制度评价

综上所述，国外动物福利法对动物违法行为追责的法律规定是高度具体又明确的，已经形成了一套：违法行为界定——责任确立——责任实现的完整链条，而且追责制度中既包含违法行为和责任形式的实体规定，也包含实现追责的程序规定。在完备的追责制度中，国外重视对违法行为的认定和违法行为的分类，确立了一套从申诫罚到财产罚到行为罚最后至自由罚的阶梯式罚则，实现"轻罪轻罚""重罪重罚"的公平和公正的价值目标。正是由于完备的法律规定，动物福利法在动物福利违法行为追责领域能够发挥主导作用。以美国为例，仅针对违反动物福利法（AWA）的指控，在2017年度，农业部的动植物检疫局APHIS提起205起案件；发布157项行政警告；发出13项诉前和解，收取89850美元的调解罚款；并通过行政指令获得467150美元的民事罚款。动物福利法实施和动物福利法追责情况具体见表8-1②：

表8-1　2016年度至2018年度美国农业部对实验动物违法行为的处理结果

案件总数	2016年度	2017年度	2018年度前三季度
提起案件总数	239	205	15
警告	192	157	39
调解协议	32	13	7
调解罚款	189400美元	89850美元	32650美元
非金钱调解	5	1	1
呈交总法律顾问办公室的案件	43位被诉违法者32起案件	16位被诉违法者12起案件	6位被诉违法者4起案件
行政起诉	23	2	1
行政判决	39	35	10
民事罚款	3840299美元	467150美元	163000美元

（二）刑法的动物福利犯罪及其刑事责任

如前所述，多数国家例如英国、美国、德国、澳大利亚等在动物福利

---

① 见《美国法典》第七编第五十四章2146（c）的规定。
② 以上数据和图表引自美国农业部动植物检疫局官网 https：//www.aphis.usda.gov/aphis/。

法中普遍将某些严重违反动物福利法以及造成动物严重伤害或者死亡的虐待行为认定为犯罪行为，并要求主管部门的调查机构在发现可能构成犯罪的动物违法行为后，将案件提交专门机构提起刑事控诉。例如，美国《动物福利法》对故意违反本法案第12条规定行为的刑事处罚作出规定：任何买卖者、展览者或者拍卖人违反本章规定并且被认定为有罪时，"将被判处1年以下监禁或者2500美元以下的罚金，或者二者并处。"① 再如，英国《动物福利法》第32条涉及监禁或者罚金的刑事责任。该条规定："任何违反第4、5、6（1）和（2）以及7和8条规定并被确认有罪的，将承担51周以下的监禁或者不超过20000英镑的罚金，或者二者并处。"② 澳大利亚、德国、奥地利等国的动物福利或者动物保护法中均有将严重的侵害动物行为认定为"犯罪"的规定。

另一方面，犯罪行为的追究必须以刑法的规定为依据。于是各国在刑法典中将某些严重损害动物福利的行为同时规定为犯罪行为，并确立了动物犯罪的相关刑事责任。通过动物福利法和刑法的有效衔接，各国实现对严重损害动物福利行为的严厉制裁。目前世界各国对侵害动物福利犯罪种类、罪名以及每个罪构成要件的规定均有所不同，但是从总体上看，各国普遍认定的动物犯罪集中在两大类上，即野生动物犯罪和残害动物类犯罪。前者是指实施非法买卖、运输、走私、捕杀等行为伤害野生动物尤其是濒危动物的行为，各国普遍将这些行为列为犯罪，我国刑法也对此类犯罪有所规定；后者是指以残忍地殴打、施毒、折磨、恐吓导致或者促成动物打斗等方式造成动物身体或者精神上不当伤害的行为。世界各国刑法对此一般规定有一定时间的监禁并可以单处或者并处罚金的刑事责任。例如，美国《模范刑法典》规定："行为人故意或者轻率地使任何动物受残酷虐待；或者使任何由他监管的动物遭到残忍的忽视；或者杀死、伤害他人的动物而没有得到主人的许可会构成残害动物罪，将被处以1年以下监禁的处罚。"③ 再如，加拿大现行《刑法典》规定，所有杀害动物的行为皆为违法行为，违法者面临的自由刑最高可达5年以下监禁。欧洲大陆地区国家的刑法典也普遍将某些侵害动物的行为规定为犯罪行为。例如，

---

① 见《美国法典》第七编第五十四章第2149条（c）的规定。
② 见英国《动物福利法案》第32条（1）的规定。
③ 转引自战立伟《增设残害动物罪的探讨——由虐猫事件引发的思考》，《江西公安专科学校学报》2006年第3期。

"《法国刑法典》第 511—1 条规定了：在并不必要的情况下，对家养、驯养或捕获的动物实行严重虐待或者施以残忍行为的，处 6 个月监禁并科 5 万法郎罚金。"①《意大利刑法典》于 2004 年 7 月在第二编"重罪分则"中增加了一章"侵犯对动物的感情罪"并规定残酷对待动物的行为将会被处以两年以下监禁或者 3 万欧元以下的罚金的刑事制裁。

（三）动物福利违法行为内部追责

内部责任在此指的是违法者因违法行为遭受的来自研究机构内部或者研究机构的管理组织例如各国科学基金组织给予的内部处分。各国对违法者内部责任的规定一方面见于动物福利法的规定，另一方面见于科研不端行为法律责任的相关立法中。内部责任的主要形式为取消资助，拒绝在一定期限内继续申报项目以及解雇、禁止职务晋升或者降职等。

在内部追责领域，发达国家通过的科研不端专门立法发挥了重要作用。目前各国普遍通过了相应的专门立法实现负责任的科学研究。例如澳大利亚研究理事会 ARC 和国家健康和医学研究理事会 NHMRC 于 2007 年通过了《澳大利亚负责任研究行为准则》；英国七家科学基金组织组成的英国研究理事会（RCUK）于 2009 年颁布了《良好的研究行为管理实施政策及准则》，英国医学研究理事会 MRC 颁布了主要适用于其内部成员的《科研不端政策及处理程序》；加拿大，NSERC、CIHR 及 SSHRC 三家政府科学基金组织共同颁布的《三理事会负责任行为研究章程》等。在上述立法中一方面普遍将侵害动物的行为列入科研不端行为，例如，《澳大利亚负责任研究行为准则》在 B 编"违反准则、科研不端与解决投诉的框架"部分第 10 章中规定了科研不端行为的构成，将对人类参与者、动物或者环境造成了不利影响列入科研不端行为；英国医学研究理事会 MRC 颁布的《科研不端政策及处理程序》规定："科研不端意味着在申请和实施研究项目过程中，或在报告研究成果和评议的过程中发生的伪造、篡改、剽窃或者欺骗性行为，或者在实施研究过程中因疏忽大意背离可研究的研究行为标准从而导致危险发生的欺骗行为。科学不端包含因为违背已经获得批准的研究方案而给人类参与者、脊椎动物或者环境造成不合理的风险以及通过勾结或者隐瞒他人的不端行为而助长此类科学不端行

---

① 转引自战立伟《增设残害动物罪的探讨——由虐猫事件引发的思考》，《江西公安专科学校学报》2006 年第 3 期。

为的情况。"① 另一方面各国科研不端立法规定了违法者的法律责任。例如，英国 2009 年颁布的《良好的研究行为管理实施政策及准则》中规定被指控人可能受到的处罚主要包含七项：将违规行为撤出特定研究项目；书面警告；对其未来工作实施特别监督；撤销对项目的资助；取消相关人员一年之内加薪的资格；降职；解雇。② 加拿大《三理事会负责任行为研究章程》中规定如果资助单位存在违反资助机构政策的行为，基金组织可以根据违规的严重性追究责任，追究的手段包括但不限于：（1）向研究机构发送一份关注事件的信函；（2）要求研究人员修正有关研究记录，并且对此修正提供证据；（3）通知相关研究人员资助机构会在未来一定期限内或者永久不再接受其申请；（4）不再支付剩余的补助金或奖金；（5）通知研究人员资助机构将不会考虑再聘请其参加资助机构各类委员会的工作（如同行评审、顾问委员会）；（6）法律规定的其他追究措施。③

内部追责作为一种自律管理的重要方式，为维护纯洁的科研氛围、杜绝违反伦理动物行为的发生发挥了独特作用。对此，本书在伦理审查制度对比一章中已经做出论述，在此不再赘述。

第二节　我国动物福利追责制度概况

一　动物福利相关立法下的追责制度

（一）实验动物福利相关立法的追责规定

我国与实验动物福利相关的立法主要包含《实验动物管理条例》《实验动物质量管理办法》《农业系统实验动物管理办法》《医学实验动物管理实施细则》《实验动物许可证管理办法》《善待实验动物的指导性意见》等中央立法和依据上述立法制定的大量地方立法（见前文），总体分析，我国实验动物福利相关立法对法律责任的规定比较简单。

---

① 见英国《科研不端政策及处理程序》2.1 的规定。
② 见《良好的研究行为管理实施政策及准则》6.10 的规定。
③ 见《三理事会负责人研究行为章程》6.1.3 的规定。

1. 《实验动物管理条例》的规定

《实验动物管理条例》只有第七章"奖励与处罚"的第 29 条和第 30 条对责任有所规定。其中，第 29 条规定了对违法单位的行政处罚①，第 30 条规定了对个人的行政处分，② 罚则相当简洁。

2. 《医学实验动物管理实施细则》与《农业系统实验动物管理办法》的规定

《医学实验动物管理实施细则》第七章的第 32 条和第 33 条对责任有所规定。其中第 32 条规定了内部处理后果："应用不合格实验动物或在不合格的医学实验环境设施内进行的科学实验、鉴定或安全评价的结果无效。其研究成果不得上报，科研课题不能申请，论文不予发表，生产的产品不得使用。"第 33 条规定了对违法者的行政处罚，即："对违反本实施细则者，由卫生部或省级以上卫生行政部门视情节轻重予以警告，并责令限期改进。"而农业部《农业系统实验动物管理办法》对责任的规定只有 1 条，即第 22 条："对从事实验动物工作的单位和个人，凡违反本办法规定的，农业部给予警告。"

3. 《实验动物质量管理办法》和《实验动物许可证管理办法》的规定

该两部规定主要是涉及实验动物程序管理的规定，因此两部规定仅对未经许可或者违反许可条件进行动物实验行为的追责有所涉及。例如，《实验动物质量管理办法》第 13 条规定："取得许可证的单位，必须接受每年的复查。复查合格者，许可证继续有效；任何一项条件复查不合格的，限期三个月进行整改，并接受再次复查。如仍不合格，取消其实验动物生产或使用资格，由发证部门收回许可证。但在条件具备时，可重新提出申请。"再如，《实验动物许可证管理办法》第 17 条禁止未取得实验动物生产许可证的单位从事实验动物生产、经营活动否则对所进行的动物实验结果不予承认；《办法》第 18 条规定获得许可证的单位如果使用不合

---

① 《实验动物管理条例》第 29 条规定："对违反本条例规定的单位，由管理实验动物工作的部门视情节轻重，分别给予警告、限期改进、责令关闭的行政处罚。"

② 《实验动物管理条例》第 30 条规定"对违反本条例规定的有关工作人员，由其所在单位视情节轻重，根据国家有关规定，给予行政处分。"

格动物，机关有权收回许可，造成严重后果的，按照相关立法进一步追责。①

4.《关于善待实验动物的指导性意见》

《关于善待实验动物的指导性意见》是目前对实验动物违法行为规定最为完善的一部立法，但是其对违法行为及其责任的规定只有一条，即意见的第27条，该条规定："有下列行为之一者，视为虐待实验动物。情节较轻者，由所在单位进行批评教育，限期改正；情节较重或者屡教不改者，应离开实验动物工作岗位；因管理不妥屡次发生虐待实验动物事件的单位，将吊销实验动物生产许可证或实验动物使用许可证。1.非实验需要，挑逗、激怒、殴打、电击或者用有刺激性食品、化学药品、毒品伤害实验动物的；2.非实验需要，故意损害实验动物器官的；3.玩忽职守，致使实验动物设施内环境恶化的，给实验动物造成严重伤害、痛苦或者死亡的；4.进行解剖、手术或者器官移植时，不按规定对实验动物采取麻醉或者其他镇痛措施的；5.处死实验动物不使用安乐死术的；6.在动物运输过程中，违反本意见规定，给实验动物造成严重伤害或者大量死亡的；7.其他有违善待实验动物基本原则或违反本意见规定的。"

我国对实验动物福利做出规定的六部中央立法中，对违法行为及其责任作出规定的条文全部相加只有12条，对违法行为及其责任的规定简单、概括，除了《关于善待实验动物的指导性意见》外，其余立法均没有将残害动物以及给动物造成不必要的疼痛和痛苦行为纳入违法行为。依据中央立法制定的地方立法在违法行为及其责任规定方面基本相似，在此不再一一列举。

(二) 野生动物福利相关立法对法律责任的规定

如前所述，目前我国与野生动物福利相关的立法主要包含《中华人民共和国野生动物保护法》《中华人民共和国渔业法》《中华人民共和国渔业法实施细则》《中华人民共和国水生野生动物保护实施条例》《中华人民共和国陆生野生动物保护实施条例》等中央立法以及根据上述规定颁布的地方立法。与实验动物福利相关立法对法律责任的规定相比，我国

---

① 《实验动物许可证管理办法》第18条规定："已取得实验动物许可证的单位，违反本办法第十四条规定或生产、使用不合格的动物，一经核实，民证机关有权收回其许可证，并公告。情节恶劣、造成严重后果的，依法追究行政责任和法律责任。"

在野生动物福利相关立法中,对法律责任的规定略为具体和细致。

野生动物福利保护的专门立法《野生动物保护法》在第四章"法律责任"中,对野生动物及其违法行为做出了专章规定。该章的条文从第42条至第57条,总共16条,其中最后两条第56条和第57条分别规定了对没收实物的处理和野生动物及其制品的价值评估办法的制定主体,没有涉及具体的责任问题,这样实际上涉及具体责任的条文总共有14条。《陆生野生动物保护实施条例》在第六章"奖励和惩罚"中,对违法行为及其处罚做出规定,涉及处罚的条文从第33条到第44条,总共12条。《水生野生动物保护实施条例》在第四章"奖励和惩罚"中对违法行为及其处罚作出规定,涉及处罚和责任的条文从第26条到第32条,总共7条;我国对普通水生野生动物进行保护的《渔业法》在第五章"法律责任"中对水生野生动物违法行为及其法律责任集中做出规定,该章条文从第38条到第49条,总共12条,均为对法律责任的规定;《渔业法实施细则》在《渔业法》的基础上,按照违法行为的性质和情节,在第八章"法律责任"中对违法行为及其法律责任做出了更为具体的规定,条文涵盖第71条到第80条,总共10条。根据上述中央立法制定的地方立法对法律责任的规定与上位法基本一致。按照上述立法的规定,我国野生动物违法行为及其责任主要包含:

1. 野生动物主管机关以及主管人员的责任

我国在野生动物福利相关立法中,对主管机关及其工作人员的违法行为及其法律责任做出规定。主管机关及工作人员的违法行为主要包含两类:违法行为和失职行为。例如,《野生动物保护法》第42条规定了野生动物保护主管部门或者其他有关部门不依法履行职责的行为的法律责任:"由本级人民政府或者上级人民政府有关部门、机关责令改正,对负有责任的主管人员和其他直接责任人员依法给予记过、记大过或者降级处分;造成严重后果的,给予撤职或者开除处分,其主要负责人应当引咎辞职;构成犯罪的,依法追究刑事责任。"《渔业法》第49条规定:"渔业行政主管部门和其所属的渔政监督管理机构及其工作人员违反本法规定核发许可证、分配捕捞限额或者从事渔业生产经营活动的,或者有其他玩忽职守不履行法定义务、滥用职权、徇私舞弊行为的,依法给予行政处分;构成犯罪的,依法追究刑事责任。"对上述两类行为政府会责令主管机关改正,主管机关的主要或者直接责任人员将承担行政处分,情节严重构成犯罪的，主要或者直接责任人员将承担刑事责任。

2. 非法捕杀野生动物的法律责任

非法捕杀指的是捕杀国家禁止猎捕的重点保护动物、未经许可捕杀野生动物、在禁猎期捕杀或者禁渔期捕捞以及违反许可条件捕杀和捕捞的行为。我国在野生动物福利相关立法中明确规定上述行为属于违法行为，并确立了此类违法行为的法律责任。例如，《水生野生动物保护实施条例》第 26 条规定："非法捕杀国家重点保护的水生野生动物的，依照刑法有关规定追究刑事责任；情节显著轻微危害不大的，或者犯罪情节轻微不需要判处刑罚的，由渔业行政主管部门没收捕获物、捕捉工具和违法所得，吊销特许捕捉证，并处以相当于捕获物价值 10 倍以下的罚款，没有捕获物的处以 1 万元以下的罚款。"《渔业法》第 41 条规定："未依法取得捕捞许可证擅自进行捕捞的，没收渔获物和违法所得，并处十万元以下的罚款；情节严重的，并可以没收渔具和渔船。"等等。对此类违法行为，我国相关立法确立的法律责任同样包含两大类，一类为行政责任，包含没收违法所得和非法财物、罚款以及吊销许可证；另一大类为刑事责任，在违法行为严重到犯罪时，将按照刑法规定承担刑事责任。

3. 非法买卖、运输、携带野生动物及其制品的法律责任

野生动物福利相关立法普遍将非法买卖、运输或者携带野生动物及其制品的行为列为违法行为，并规定了对此类违法行为的制裁和责任形式。例如，《野生动物保护法》第 44 条规定："违反本法第十五条第三款规定，以收容救护为名买卖野生动物及其制品的，由县级以上人民政府野生动物保护主管部门没收野生动物及其制品、违法所得，并处野生动物及其制品价值二倍以上十倍以下的罚款，将有关违法信息记入社会诚信档案，向社会公布；构成犯罪的，依法追究刑事责任。"非法处理野生动物及其制品系列行为的法律责任包含行政责任和刑事责任两种。行政责任主要是财产罚，包含没收和罚款；刑事责任适用于情节严重构成犯罪的严重违法行为。

4. 违法进出口野生动物及其制品的法律责任

违法进出口野生动物及其制品的行为指的是违反野生动物进出口规定，未经批准或者相关部门检验检疫进出口野生动物及其制品的行为。我国野生动物福利相关立法明确了此类行为的违法性。例如，《野生动物保护法》第 52 条规定："违反本法第三十五条规定，进出口野生动物或者

其制品的,由海关、公安机关、海洋执法部门依照法律、行政法规和国家有关规定处罚;构成犯罪的,依法追究刑事责任。"

5. 非法处理许可证或者证明文件的行为

非法处理许可证或者文件是指买卖、伪造、不经许可转让或者租借捕猎、捕捞许可证或者批准文件、标识等行为。这类行为会造成不符合规定的人员实施捕猎、捕捞从而损害动物的后果,因此我国相应立法明确禁止此类行为并规定了相应的法律责任。例如《水生野生动物保护实施条例》第29条规定:"伪造、倒卖、转让驯养繁殖许可证,依照《野生动物保护法》第三十七条的规定处以罚款的,罚款幅度为5000元以下。伪造、倒卖、转让特许捕捉证或者允许进出口证明书,依照《野生动物保护法》第三十七条的规定处以罚款的,罚款幅度为5万元以下。"这类行为施加的法律责任也包含两大类:一类为行政责任,主要是罚款和吊销许可证;另一类为刑事责任,在符合刑法上的相应罪名的构成要件时,可追究其刑事责任。

(三) 农场动物福利相关立法的法律责任

如前所述,在我国,与农场动物福利相关的立法主要包含《中华人民共和国畜牧法》《中华人民共和国动物防疫法》《饲料和饲料添加剂管理条例》《兽药管理条例》《兽药管理条例实施细则》《动物检疫管理办法》《生猪屠宰管理条例》《生猪屠宰管理条例实施办法》等中央立法和依据上述立法制定通过的地方立法。上述立法对农场动物福利违法行为及其法律责任也有所规定。现按照立法对农场动物福利的影响程度将主要的立法规定概括如下:

1. 违法行为和法律责任立法概况

(1)《畜牧法》的相关规定

《畜牧法》是目前我国农场动物福利相关立法中最主要的一部法律。该法对畜禽的遗传资源保护利用、繁育、饲养、经营、运输等活动进行规范。该法第七章"法律责任"专章对违反本法规定的违法行为以及法律责任做出了规定,涉及的条文从第58条到第71条,总共14条。其中第58条至第60条规定了畜禽遗传资源的违法行为包含擅自处理、违法引进和输出以及违法使用畜禽遗传资源的行为及其法律责任,第61条规定了违法销售、推广未经审定或者鉴定的畜禽品种的行为及其法律责任;第62条规定了无证生产经营或者违反许可条件和规定生产经营的违法行为及其责任;第63条规定违法进行畜禽广告的行为及其责任；第 64 条规定了种畜禽不符合标准的违法行为及其责任；第 65 条规定了违法销售种畜禽的行为及其法律责任；第 66 条规定了畜禽养殖场未建立养殖档案的违法行为及其法律责任；第 67 条规定了违法养殖畜禽的行为及其法律责任；第 68 条规定了种畜禽证明、标识违法使用的行为及其法律责任；第 69 条规定了销售不符合国家技术规范的强制性要求的畜禽的违法行为及其责任；第 70 条规定了畜牧兽主管部门工作人员滥用职权或者失职的违法行为及责任。

（2）《动物防疫法》的相关规定

《动物防疫法》在第九章"法律责任"一章中专章对法律责任做出了规定，该章条文从第 68 条到第 84 条，总共 17 条。对主管机关及其工作人员的责任以及动物疫病防疫相关活动者的违法行为及法律责任做出了规定，是目前我国动物福利相关立法中对法律责任规定得比较细致的一部法。

（3）《兽药管理条例》及其实施细则的规定

《兽药管理条例》及《兽药管理条例实施细则》（以下简称《实施细则》）对违法行为及其法律责任均专章做出了规定。《兽药管理条例》在第八章"法律责任"中明确了违法行为及其责任，涉及的条文从第 55 条到第 71 条，总共 17 条。《实施细则》在第十一章"罚则"中对违法行为及其责任做出规定，相关条文从第 60 条至第 69 条，共 10 条。上述两部立法对兽药行政主管部门及其工作人员的违法行为及其责任、违法生产经营行为及其法律责任、许可证相关违法行为及其责任、违法销售和使用兽药的行为及其责任、兽药外包装和标识、说明等不合法行为及其责任以及兽药违法用于动物喂养及其法律责任做出了规定。

（4）《饲料和饲料添加剂管理条例》的规定

《饲料和饲料添加剂管理条例》（以下简称《条例》）是目前我国对动物喂养进行管理和规范的重要立法。《条例》通过第四章"法律责任"对饲料生产、经营的违法行为及其法律责任做出规定，相关条文从第 35 条到第 48 条，总共 14 条。上述条文对主管机关及其工作人员的违法行为及其责任、违法获得或者处理许可证的违法行为及其责任、违法生产行为及其责任、违法经营行为及其法律责任以及养殖者的违法行为及其责任做出了规定。

（5）《生猪屠宰管理条例》及其《生猪屠宰管理条例实施办法》的规定

《生猪屠宰管理条例》（以下简称《条例》）和《生猪屠宰管理条例

实施办法》（以下简称《实施办法》）是我国对农场动物的屠宰进行管理的两部主要立法。这两部行政立法也均以专章的形式对屠宰过程中违法行为及其法律责任做出明确规定。《条例》在第四章"法律责任"中对违法行为及责任做出规定，具体条文从第 24 条到第 31 条，共 8 条；《实施办法》在第七章"法律责任"中对违法行为和责任予以明确，具体条文从第 38 条到第 43 条，共 6 条。两部规定对未经定点从事生猪屠宰活动、操作不合格、肉类品质不合格等违法行为及其责任做出了规定。

尽管针对不同主体的不同违法行为，上述立法规定了不同形式和程度的法律责任，但是总体分析，农场动物福利相关违法行为的法律责任形式有三种：行政责任、刑事责任和民事责任。其中主要的责任形式是由主管部门对违法者进行行政处罚，违法者承担行政责任的方式包含警告、责令改正、罚款、没收、责令停产停业和吊销证书；违法行为严重至犯罪时，按照刑法的规定承担刑事责任，但是刑法中涉及此领域的罪名非常少；最后是民事责任，该责任仅适用于违法行为给他人人身、财产造成损害的情形，受害人可以按照民法的相应规定去主张并追究侵权人的法律责任。

2. 农场动物福利相关的主要违法行为及责任

上述一系列农场动物福利相关立法中，确立的主要违法行为包含：

（1）主管机关及其工作人员的责任

如《动物防疫法》第 71 条规定："动物疫病预防控制机构及其工作人员违反本法规定，有下列行为之一的，由本级人民政府或者兽医主管部门责令改正，通报批评；对直接负责的主管人员和其他直接责任人员依法给予处分：（一）未履行动物疫病监测、检测职责或者伪造监测、检测结果的；（二）发生动物疫情时未及时进行诊断、调查的；（三）其他未依照本法规定履行职责的行为。"《兽药管理条例实施细则》第 69 条规定："兽药监督及检验人员利用职权，勒索财物，徇私舞弊，收受贿赂或者编造检验结果的，根据情节由农牧行政管理机关给予行政处分；情节严重构成犯罪的，送交司法机关依法追究刑事责任。"

上述行为承担责任的方式包含：对违法部门或者机构由政府或者主管部门责令改正、通报批评；对违法工作人员，由政府或者主管部门进行行政处分。除了行政内部追究责任外，上述立法均规定行为构成犯罪的，依法追究刑事责任。

(2) 违法生产经营行为及其法律责任

这部分主要涉及从事兽药生产、销售，饲料生产、销售以及屠宰行为的单位或者组织的违法行为及其法律责任的规定。例如，《兽药管理条例实施细则》第62条规定："对生产、销售假兽药的，没收假兽药和非法收入，并处以该批假兽药所冒充兽药货值金额2至3倍的罚款，对直接责任人员处以2000元以下的罚款。"再如，《饲料和饲料添加剂管理条例》第39条规定："饲料、饲料添加剂生产企业有下列行为之一的，由县级以上地方人民政府饲料管理部门责令改正，没收违法所得、违法生产的产品和用于违法生产饲料的饲料原料、单一饲料、饲料添加剂、药物饲料添加剂、添加剂预混合饲料以及用于违法生产饲料添加剂的原料，违法生产的产品货值金额不足1万元的，并处1万元以上5万元以下罚款，货值金额1万元以上的，并处货值金额5倍以上10倍以下罚款；情节严重的，由发证机关吊销、撤销相关许可证明文件，生产企业的主要负责人和直接负责的主管人员10年内不得从事饲料、饲料添加剂生产、经营活动；构成犯罪的，依法追究刑事责任：（一）使用限制使用的饲料原料、单一饲料、饲料添加剂、药物饲料添加剂、添加剂预混合饲料生产饲料，不遵守国务院农业行政主管部门的限制性规定的；（二）使用国务院农业行政主管部门公布的饲料原料目录、饲料添加剂品种目录和药物饲料添加剂品种目录以外的物质生产饲料的；（三）生产未取得新饲料、新饲料添加剂证书的新饲料、新饲料添加剂或者禁用的饲料、饲料添加剂的。"

(3) 许可证相关违法行为

此大类行为包含未经许可从事活动或者违反许可规定实施的行为，假冒、伪造、买卖、出租相关许可证执照的行为等。例如，《兽药管理条例》第58条规定："买卖、出租、出借兽药生产许可证、兽药经营许可证和兽药批准证明文件的，没收违法所得，并处1万元以上10万元以下罚款；情节严重的，吊销兽药生产许可证、兽药经营许可证或者撤销兽药批准证明文件；构成犯罪的，依法追究刑事责任；给他人造成损失的，依法承担赔偿责任。"

将上述行为确立为违法行为，虽然对于保障动物福利具有一定的意义，但是从总体上分析，我国农场动物系列立法对违法行为的规定主要是为了实现国家管理的有序性和人类生命健康权的保障。显然没有将侵害动物的行为作为违法行为的主体并施加责任规定。

(4) 伴侣动物福利相关立法的规定

如前所述，伴侣动物在我国没有独立地位，我国也尚未制定保护伴侣动物福利的专门立法。前述《动物防疫法》《兽药管理条例》及其《实施细则》《饲料和饲料添加剂管理条例》的部分条款同样适用于伴侣动物，因此，上述立法中的法律责任规定也属于伴侣动物福利相关追责制度中的一部分。本书此处的伴侣动物相关立法，主要指的是专门针对伴侣动物通过的地方系列养犬规定，前面已经多次列举，在此不再一一复述。

地方系列养犬条例或者规定中，对宠物狗饲养过程中的违法行为及其责任做出了规定。其中规定得最为完善的是《上海市养犬管理条例》，除此以外，《重庆市养犬管理暂行办法》《洛阳市养犬管理办法》《苏州市养犬管理条例》《海口市城市养犬管理条例》等对违法行为及法律责任的规定也比较具体。在此以上海和重庆的规定为例对违法行为及其责任进行阐述。《上海市养犬管理条例》（以下简称《条例》）在第六章"法律责任"中对违法行为和责任做出规定，具体条文从第41条到第56条，总共16条。《重庆市养犬管理暂行办法》（以下简称《办法》）也在第六章"法律责任"中对违法行为及其责任予以明确，具体条文从第32条到第44条，总共13条。上海市的《条例》和重庆市的《办法》规定的主要违法行为及其责任包含：

1. 饲养未经免疫犬只的行为及其责任

我国各地通过的养犬规定均要求饲养的犬只应当注射疫苗，否则构成违法。对此《上海市养犬管理条例》第41条规定："违反本条例第十条规定，对犬龄满三个月的犬只未进行狂犬病免疫接种的，由动物卫生监督机构责令改正，给予警告；拒不改正的，由动物卫生监督机构代作处理，所需处理费用由违法行为人承担，可以处一千元以下罚款。"

2. 擅自养犬行为的法律责任

我国各地通过的养犬规定均要求狗的饲养人应当到公安机关进行登记并参加年检，违反规定养狗的行为构成违法。例如，《重庆市养犬管理暂行办法》第33条规定："重点管理区内未经登记擅自养犬的，由公安部门责令限期改正；逾期不改正的，收容犬只，并处200元以上1000元以下罚款。"

3. 拒不承担养犬费用行为的法律责任

我国养犬规定都要求饲养人承担犬只狂犬病免疫、电子标识、相关证件和管理服务费用。否则构成违法。例如,《重庆市养犬管理暂行办法》第 35 条规定:"不按本办法规定缴纳管理服务费的,由公安部门通知补交。逾期不补交的,每日按收费总额的万分之五加收滞纳金,但滞纳金不得超过欠款本金。"

4. 违反养犬行为规范的行为及其责任

我国地方养犬规定普遍明确了养犬人应当遵守的基本行为规范。例如,《上海市养犬管理条例》第 22 条至第 29 条就对养犬人应当遵守的基本行为规范做出规定,例如,第 22 条规定:养犬人携带犬只外出应当遵守下列规定:"(一)为犬只挂犬牌;(二)为犬只束牵引带,牵引带长度不得超过两米,在拥挤场合自觉收紧牵引带;(三)为大型犬只戴嘴套;(四)乘坐电梯或者上下楼梯的,避开高峰时间并主动避让他人;(五)单位饲养的烈性犬只因免疫、诊疗等原因需要离开饲养场所的,将其装入犬笼;(六)及时清除犬只排泄的粪便。"第 23 条第 1 款规定:"禁止携带犬只进入办公楼、学校、医院、体育场馆、博物馆、图书馆、文化娱乐场所、候车(机、船)室、餐饮场所、商场、宾馆等场所或者乘坐公共汽车、电车、轨道交通等公共交通工具。"第 24 条规定:"犬吠影响他人正常生活的,养犬人应当采取措施予以制止。"第 25 条前两款规定:"养犬人不得驱使或者放任犬只恐吓、伤害他人;犬只伤害他人的,养犬人应当立即将被伤害人送至医疗机构诊治,并先行支付医疗费用。"

违反养犬行为规范的行为构成违法并应当承担法律责任是地方养犬规定的基本态度。对此,《上海市养犬管理办法》第 43 条到第 49 条就将违反上述第 22 至 25 条规定的行为规定为违法行为并规定了其法律责任。例如,其中第 46 条规定:"违反本条例第二十五条第一款规定,养犬人放任犬只恐吓他人的,由公安部门处二百元以上五百元以下罚款。养犬人驱使犬只伤害他人的,由公安部门处五日以上十日以下拘留,并处二百元以上五百元以下罚款;情节较轻的,处五日以下拘留或者五百元以下罚款;情节严重构成犯罪的,依法追究刑事责任。"

5. 犬只养殖和经营违法行为及其责任

我国地方养犬规定均要求从事犬只的养殖或者犬只相关经营活动(诊疗、美容等)应当符合相应的法律规定,否则构成违法。例如,《上海市养犬管理条例》和《重庆市养犬管理暂行办法》等地方养犬规定均将防疫条件合格、养殖场所适当、养殖行为备案、宠物疾病应报告管理部门等列为饲养单位和人员应当遵守的基本规定，违反规定即构成违法，并应承担罚款、责令停业等处罚。

6. 主管机关及其工作人员的违法行为及责任

我国地方养犬规定对主管机关违法失职行为及其法律责任也做出了明确规定。例如，《上海市养犬管理条例》第 56 条规定："负有养犬管理职责的行政管理部门及其工作人员滥用职权、玩忽职守、徇私舞弊或者未按照本条例规定履行职责的，依法给予行政处分；构成犯罪的，依法追究刑事责任。"

综上所述，我国对犬只饲养经营的违法行为，确立的责任形式主要为行政责任，包含警告、罚款、收容犬只、吊销登记证书；同时包含民事责任和刑事责任，前者主要适用于违法行为造成他人伤害的情形，例如《上海市养犬管理条例》第 55 条规定："饲养犬只影响他人生活、造成他人损害的，被侵权人可以依法向调解组织申请调解或者向人民法院提起诉讼。"后者适用于部分违法行为严重至犯罪时，例如主管机关工作人员的违法行为。再如，《重庆市养犬管理暂行办法》第 18 条第 7 项规定的放任、驱使犬只恐吓、攻击他人的行为严重到犯罪时，均可以按照刑法相应规定追究刑事责任。

二 侵害动物相关犯罪及其刑事责任

（一）动物福利相关立法对刑事责任的规定

如前所述，我国在部分动物福利相关立法中，例如《野生动物保护法》《渔业法》《动物防疫法》《畜牧法》《水生野生动物保护实施条例》《陆生野生动物保护实施条例》《生猪屠宰管理条例》《兽药管理条例》等立法中规定情节严重的某些违法行为构成犯罪的，依法追究刑事责任。例如，《水生野生动物保护实施条例》第 26 条规定："非法捕杀国家重点保护的水生野生动物的，依照刑法有关规定追究刑事责任；情节显著轻微危害不大的，或者犯罪情节轻微不需要判处刑罚的，由渔业行政主管部门没收捕获物、捕捉工具和违法所得，吊销特许捕捉证，并处以相当于捕获物价值 10 倍以下的罚款，没有捕获物的处以 1 万元以下的罚款。"《兽药管理条例》第 58 条规定："买卖、出租、出借兽药生产许可证、兽药经营许可证和兽药批准证明文件的，……构成犯罪的，依法追究刑事责任。"《畜牧法》第 71 条规定："违反本法规定，构成犯罪的，依法追究刑事责任。"本书在上一部分我国的立法规定中,对动物福利法规定的可以追究刑事责任的违法行为已经一一列举,在此不再赘述。

(二) 我国刑法中侵害动物相关罪名及其规定

按照罪刑法定原则,刑事责任只能按照刑法的规定追究。法无明文规定不为罪、法无明文规定不处罚,因此刑法中规定了相应的侵害动物行为的罪名,且违法行为符合刑法相应罪名的构成要件时,才能实现动物福利相关立法中规定的"刑事责任"的追究。因此,我国刑法的相应规定是追究刑事责任的基本法律依据。目前我国刑法分则规定的可能侵害动物的相关罪名及其刑事责任主要有:

1. 生产销售伪劣兽药罪

我国刑法第三章"破坏社会主义市场经济秩序罪"第一节"生产、销售伪劣商品罪"第147条规定了生产、销售伪劣兽药罪,该条规定:生产假兽药,销售明知是假的或者失去使用效能的兽药,或者生产者、销售者以不合格的兽药冒充合格的兽药,使生产遭受较大损失的,处三年以下有期徒刑或者拘役,并处或者单处销售金额百分之五十以上二倍以下罚金;使生产遭受重大损失的,处三年以上七年以下有期徒刑,并处销售金额百分之五十以上二倍以下罚金;使生产遭受特别重大损失的,处七年以上有期徒刑或者无期徒刑,并处销售金额百分之五十以上二倍以下罚金或者没收财产。

2. 妨害动植物防疫、检疫罪

我国刑法在第六章"妨害社会管理秩序罪"第五节"危害公共安全罪"第337条规定:违反有关动植物防疫、检疫的国家规定,引起重大动植物疫情的,或者有引起重大动植物疫情危险,情节严重的,处三年以下有期徒刑或者拘役,并处或者单处罚金;单位犯前款罪的,对单位判处罚金,并对其直接负责的主管人员和其他直接责任人员,依照前款的规定处罚。

3. 野生动物犯罪

野生动物犯罪指的是侵害野生动物的系列犯罪,在我国刑法第六章"妨害社会管理秩序罪"第六节"破坏环境资源保护罪"中规定了下列侵害野生动物的犯罪:

(1) 非法捕捞罪

刑法第340条规定了非法捕捞水产品罪,该条规定:"违反保护水产资源法规,在禁渔区、禁渔期或者使用禁用的工具、方法捕捞水产品,情节严重的,处三年以下有期徒刑、拘役、管制或者罚金。"

(2) 非法猎捕、杀害珍贵、濒危野生动物罪;非法收购、运输、出售珍贵、濒危野生动物及珍贵、濒危野生动物制品罪

刑法第 341 条规定了"非法猎捕、杀害珍贵、濒危野生动物罪;非法收购、运输、出售珍贵濒危野生动物、珍贵、濒危野生动物制品罪",该条规定:"非法猎捕、杀害国家重点保护的珍贵、濒危野生动物的,或者非法收购、运输、出售国家重点保护的珍贵、濒危野生动物及其制品的,处五年以下有期徒刑或者拘役,并处罚金;情节严重的,处五年以上十年以下有期徒刑,并处罚金;情节特别严重的,处十年以上有期徒刑,并处罚金或者没收财产;违反狩猎法规,在禁猎区、禁猎期或者使用禁用的工具、方法进行狩猎,破坏野生动物资源,情节严重的,处三年以下有期徒刑、拘役、管制或者罚金。"

(3) 走私珍贵动物和动物制品罪

我国刑法第三章"破坏社会主义市场经济秩序罪"第二节"走私罪"第 151 条规定了走私珍贵动物罪、走私珍贵动物制品罪,该条规定:走私国家禁止进出口的珍贵动物及其制品的,处五年以上十年以下有期徒刑,并处罚金;情节特别严重的,处十年以上有期徒刑或者无期徒刑,并处没收财产;情节较轻的,处五年以下有期徒刑,并处罚金。

4. 主管机关及其工作人员相关犯罪及刑事责任

我国在刑法中规定了国家机关及其工作人员的下列职务犯罪,负责动物监管的机关及其工作人员违法或者失职行为情节严重的,可能构成下列罪名:

(1) 受贿罪

第八章"贪污贿赂罪"第 385 条规定:"国家工作人员利用职务上的便利,索取他人财物的,或者非法收受他人财物,为他人谋取利益的,是受贿罪;国家工作人员在经济往来中,违反国家规定,收受各种名义的回扣、手续费,归个人所有的,以受贿论处。"第 386 条规定:"对犯受贿罪的,根据受贿所得数额及情节,依照本法第三百八十三条的规定处罚。索贿的从重处罚。"

(2) 滥用职权和玩忽职守罪

我国刑法第九章"渎职罪"第 397 条规定了滥用职权和玩忽职守罪,

规定:"国家机关工作人员滥用职权或者玩忽职守,致使公共财产、国家和人民利益遭受重大损失的,处三年以下有期徒刑或者拘役;情节特别严重的,处三年以上七年以下有期徒刑。本法另有规定的,依照规定;国家机关工作人员徇私舞弊,犯前款罪的,处五年以下有期徒刑或者拘役;情节特别严重的,处五年以上十年以下有期徒刑。本法另有规定的,依照规定。"

(3) 动植物检疫徇私舞弊罪；动植物检疫失职罪

我国刑法第413条规定:"动植物检疫机关的检疫人员徇私舞弊,伪造检疫结果的,处五年以下有期徒刑或者拘役;造成严重后果的,处五年以上十年以下有期徒刑;前款所列人员严重不负责任,对应当检疫的检疫物不检疫,或者延误检疫出证、错误出证,致使国家利益遭受重大损失的,处三年以下有期徒刑或者拘役。"

5. 非法经营罪

我国刑法第225条规定了非法经营罪:"违反国家规定,有下列非法经营行为之一,扰乱市场秩序,情节严重的,处五年以下有期徒刑或者拘役,并处或者单处违法所得一倍以上五倍以下罚金;情节特别严重的,处五年以上有期徒刑,并处违法所得一倍以上五倍以下罚金或者没收财产:(一) 未经许可经营法律、行政法规规定的专营、专卖物品或者其他限制买卖的物品的;(二) 买卖进出口许可证、进出口原产地证明以及其他法律、行政法规规定的经营许可证或者批准文件的;(三) 未经国家有关主管部门批准非法经营证券、期货、保险业务的,或者非法从事资金支付结算业务的;(四) 其他严重扰乱市场秩序的非法经营行为。"《畜牧法》《动物防疫法》《兽药管理条例》及实施细则、《饲料和饲料添加剂管理条例》中规定的未经许可进行的部分生产经营活动或者买卖进出口许可证行为情节严重的,均可能构成第22条规定的非法经营罪。

三 动物福利违法行为内部责任的规定

内部责任,主要指的是动物的科研和实验人员由于违法行为而承担的内部责任。国外普遍规定违法的动物科研单位及人员会被停止资助、终止合同或禁止未来一段时间进行动物的科研和实验。同时国外还将造成动物过度伤害和损害的行为列为科研不端行为。我国相关立法对内部责任也做出了相应规定。

（一）动物福利相关立法的规定

我国在动物福利相关立法中，对内部责任有零星和分散的规定。例如，《医学实验动物管理实施细则》第 32 条规定："应用不合格实验动物或在不合格的医学实验环境设施内进行的科学实验、鉴定或安全评价的结果无效。其研究成果不得上报，科研课题不能申请，论文不予发表，生产的产品不得使用。"《实验动物许可证管理办法（试行）》第 17 条规定了没有许可证进行实验动物生产经营的法律责任方式：未取得实验动物使用许可证的研究单位，或者使用的实验动物及相关产品来自未取得生产许可证的单位或质量不合格的，所进行的动物实验结果不予承认。《关于善待实验动物的指导性意见》第 27 条规定："有下列行为之一者，视为虐待实验动物。情节较轻者，由所在单位进行批评教育，限期改正；情节较重或者屡教不改者，应离开实验动物工作岗位；……所在单位进行批评教育，限期改正以及对情节较重或者屡教不改者，应离开实验动物工作岗位"的规定都属于内部责任形式。

（二）科研不端立法的规定

目前，我国也已经通过了科研不端行为的专门立法，即科技部 2006 年 11 月 7 日颁布的《国家科技计划实施中科研不端行为处理办法》，办法第 3 条对科研不端行为作出规定，指出科研不端行为是违反科学共同体公认的科研行为准则的行为，并规定了 6 项科研不端行为，其中第 5 项为"违反实验动物保护的规范"的行为。很显然我国已经将违反实验动物保护规范、侵害实验动物的行为规定为科研不端行为。该处理办法规定："项目承担单位应当根据其权限和科研不端行为的情节轻重，对科研不端行为人做出如下处罚：（一）警告；（二）通报批评；（三）责令其接受项目承担单位的定期审查；（四）禁止其一定期限内参与项目承担单位承担或者组织的科研活动；（五）记过；（六）降职；（七）解职；（八）解聘、辞退或者开除等。"[①] 第 12 条规定："项目主持机关应当根据其权限和科研不端行为的情节轻重，对科研不端行为人做出如下处罚：（一）警告；（二）在一定范围内通报批评；（三）记过；（四）禁止其在一定期限内参加项目主持机关主持的国家科技计划项目；（五）解聘、开除等。"

---

① 见《国家科技计划实施中科研不端行为处理办法》第 11 条的规定。

第三节 中外动物福利追责制度比较

一 违法行为规定比较

(一) 国外规定

有违法才有责任，追责追究的是违法行为的责任，因此确立违法行为继而根据不同的违法行为规定不同的法律责任，便成为各国立法的基本模式。尽管各国规定的动物福利违法行为有所差异，对此，在前述国外追责体制部分内容中已经论述，但是各国普遍将下列行为规定为动物福利违法行为：

1. 违反登记或者许可规定的行为

违反登记、许可规定的行为指的是动物相关活动或者行业应当进行登记或者许可，但是行为人未经许可或登记或者从事动物活动；以及虽然获得许可，但是违反许可条件进行动物活动的行为。各国动物福利相关立法普遍将违反许可或者登记规定的行为列为违法行为甚至是刑事犯罪行为。例如，澳大利亚《联邦动物福利法》第97条规定："任何人未经本法许可运营研究或者供应机构的行为构成违法，将被处以100单位以下的罚款。"英国《动物（科学程序）法》及其操作指南明确规定未经许可或者违反许可条件的行为属于违法行为，例如，《动物（科学程序）法》第2B条规定了"未经许可禁止从事的活动"，该条第（1）款规定：任何人不得在任何地方从事任何涉及第（2）款所述一项或多项活动的活动，不论其为营利或其他目的，除非该人根据第2（C）条获得许可证授权。[①] 该法第22条进一步规定了违法行为的责任：任何人从事将规定的程序适用于受保护的动物活动的，如果违反了2B的规定，即属犯罪，并须承担下列责任："（a）根据起诉书定罪，处两年以下有期徒刑，或罚款或两者并处；（b）按照英格兰和威尔士即决判决定罪，处六个月以下有期徒刑，或不超过法定最高限度的罚款或两者并处；（c）按照苏格兰或北爱尔兰即决判决定罪，处三个月以下监禁，或者不超过法定上限的罚款，或者两者并处。"可见，在国外，违反许可规定的行为属于较为严重的违法

[①] 见英国《动物（科学程序）法》2B的规定。

行为。

2. 违反动物福利标准和条件的行为

如前所述,动物福利的实质是要求人类应当履行法定和适当的照顾义务,确保动物行为符合动物福利标准,并确保动物免受过度的疼痛、痛苦和不适。为此,各国动物福利法首先规定了动物的喂养、居所和设施、运输、屠宰等一系列保障动物福利实现的条件和标准,其次,各国同时规定未按照动物福利法的规定为动物提供实现动物福利条件的行为是违法行为,包含居所设施不合格、喂养条件不合格、运输条件不利于动物福利、未提供合理的兽医照顾等行为。例如,前述的德国《动物福利法》第18条列出的大量行为均属于此类违法行为。再如,澳大利亚《联邦动物福利法》第63条明确规定违反照顾义务的行为是违法行为,违反者将被处以300单位以下的罚款或者1年以下监禁,同时规定了违反照顾义务的构成要件包含:负责动物的人员对动物负有照顾义务;该人违反该照顾义务;如果该人没有采取合理的措施确保:(a)动物对水和食物的需要、居所或者居住条件的需要、疾病或者伤害治疗的需要;并且(b)动物人员对动物的实施或者处理是适当的。

3. 虐待和遗弃动物的行为

残害或者虐待动物必然会给动物造成不必要的伤害和紧张,甚至造成动物死亡,因此各国均将残害或者虐待动物的行为明确规定为违法行为甚至犯罪行为。早在世界上第一部专门保护动物的法律英国的《动物保护法》中便将虐待动物的行为规定为严重的违规行为,构成犯罪,而且《动物保护法》"第1(1)条规定:有以下行为者,犯残酷对待动物罪:(a)残酷殴打、踢打、不良对待、过度策骑、让动物过度负重、折磨、激怒或惊吓任何动物,或导致或促成,或身为动物所有人准许任何动物被如此对待,或通过肆意或不合理做出或不做出某种行为,或导致或促成某种行为或不作为,导致任何不必要痛苦,或身为动物所有人准许导致任何动物遭受此类不必要的痛苦;或(b)用会给动物造成不必要痛苦的方式或位置运输或运载动物,……;或(c)导致、促成或协助动物打斗或作诱惑动物……或(d)蓄意、无合理原因或理由,给动物服用或导致或促成动物服用任何有毒或有害的药物或物质……或(e)导致或促成任何动物接受任何不适当照顾和非人道做法的手术……"① 目前英国、美国、德国、澳大利亚等国家和地区的动物福利法均将虐待动物的行为规定为违法行为。而且，此类违法行为各国普遍设立了自由刑。例如，澳大利亚《联邦动物福利法》第64条规定："不得残忍地对待动物。否则将被处以1000罚款单位以下的罚金或者2年以下监禁。"第64条第2款进一步详细规定了九大类虐待动物的具体情形，包含："（a）导致了当时情形下无正当理由的疼痛；（b）殴打动物从而造成动物疼痛；（c）虐待、威吓、折磨或者惹恼动物；（d）过度驱使、骑乘或者使用动物；（e）在动物身上使用电动装置；（f）管制或者运输动物；（g）以下列方式处死动物：（ⅰ）不人道的；（ⅱ）不能引发立即死亡的；（ⅲ）引起不合理疼痛死亡的；（h）不正当的、不必要的或者不合理的：（ⅰ）损害或者伤害动物；（ⅱ）过于拥挤或者超载；（ⅲ）当雌狗尚未完全成年或者在两次产仔之间未获得充足休息时不得在其第一个发情周期过度喂食雌狗；（i）繁殖狗；（j）未能提供适当的兽医照顾；（k）未能使狗与人类社会化。"再如，德国的相关动物保护法规定："一般伤害动物将处以罚款，情节严重，构成犯罪的，依照刑法的规定追究刑事责任，最高将判处有期徒刑3年。弃犬者需缴纳约折合人民币二十三万元的巨额罚款，严重虐待犬只者最高可判两年徒刑。德国法律赋予警察监督、纠察、取缔虐待动物行为的权责。"②

与此同时，绝大多数国家还在刑法中将虐待动物的行为规定为犯罪，且虐待动物罪是各国刑法中规定的侵害动物犯罪中最重要的罪名。例如，《法国刑法典》在第五卷"其他重罪和轻罪"第二编"其他条款"中单章对严重虐待动物罪或者对动物施以暴行罪做出规定，违法者将会被处以6个月监禁并处5万法郎罚金，造成动物死亡的责任更为严厉；《瑞典刑法典》于第十六章"对公共秩序的犯罪"第13条规定，虐待、使过度劳累、忽视或以其他方式故意或重大过失不正当地使动物遭受痛苦的，残酷对待动物罪处罚金或2年以下监禁；加拿大政府在2014年提出刑法的第52法案，修订了原刑法中有关虐待动物的条款。法案规定，凡杀害动物都属违法行为，故意虐待动物的处罚由以前的最长6个月监禁提高至5年。③

---

① 杨源：《论虐待动物罪的犯罪构成》，《中国政法大学学报》2011年第6期。
② 见 http://k.sina.com.cn/article_6416379904_17e723000001003831.html?from=pet。
③ 同上。

4. 遗弃动物的行为

遗弃动物指的是动物的饲养人、喂养人或者负有照管义务的人将动物故意丢弃或者放置家中不予照管以逃避照管职责的行为。上述行为极有可能损害动物身体健康甚至造成动物死亡，因此，国外的动物福利法普遍禁止遗弃动物。例如，澳大利亚《联邦动物福利法》第 66 条明确将不合理的遗弃规定为违法行为，该条规定："动物照管人不得遗弃动物，除非该人有合理的理由，或者该遗弃是法律授权的。最高刑罚：300 个罚款单位或监禁 1 年。"意大利都灵市议会的法规规定：主人为了美观，将狗剪耳或剪尾等虐待或遗弃宠物者可被判入狱 1 年或罚款 10000 欧元。同时规定主人三天不遛狗，将被处以最高达 650 美元的罚款。[1] 英国还颁布过专门的《动物遗弃法案》，禁止动物遗弃。

5. 非法捕杀野生动物或者非法买卖、运输、走私野生动物及其制品的行为

各国动物福利法将捕杀野生动物以及买卖、运输、走私野生动物及其制品的行为列为违法行为，情节严重的直接构成犯罪。例如，美国《濒危物种法》ESA 规定，禁止攫取本法规定的濒危和受威胁的物种以及它们的栖息地以及禁止州际和国际间交易上述动植物，包含它们的身体部分和产品，除非实施上述行为获得联邦许可。加拿大《濒危物种法》第 32 条第 1 款规定："任何人不得杀害、伤害、侵扰、捕获、抓获被列为绝迹物种、濒危物种或者受威胁物种的野生动物物种的个体。"第 2 款规定："任何人不得持有、买卖或者交易被列为绝迹、濒危或者受威胁的野生动物物种的个体或者上述个体的任何部分或者制品。"

另一方面，如前所述，各国普遍将非法捕杀野生动物，或者非法买卖、运输、走私野生动物及其制品的行为规定为犯罪行为。例如，1998 年《德国刑法典》第二十九章规定了"针对环境的犯罪行为"，其中第 329 条第（3）款规定，杀害、捕获、追捕在联邦自然保护法意义上特别加以保护的动物或者全部或者部分地毁坏或者移走其蛋卵的行为构成犯罪，可被处以 3 年以下的自由刑或者金钱刑。第 330 条规定对特别严重的情形中的故意行为，处 6 个月以上 10 年以下的自由刑。特别严重的情形包含行为人持续地损害濒临灭绝的动物且出于牟利而实施上述行为的情

---

[1] https://baijiahao.baidu.com/s?id=1571166617318022&wfr=spider&for=pc.

形。德国刑法第 292 条规定了"私自狩猎"罪，将被处 3 年以下自由刑或者金钱刑，情节特别严重的，处 3 个月以上 5 年以下的自由刑。第 293 条还规定了"私自狩渔"罪，将被处以 2 年以下自由刑或者金钱刑。

6. 监管部门及其人员的违法失职行为

动物监管部门和人员是否能够有效履行监管职责固然影响动物福利的实现，因此各国动物福利法还将监管部门违法履行职责或者疏于履行监管责任的行为列为违法行为。此类违法违规行为主要包含不充分的报告审查、未有效地实施对动物活动的持续监督以及未能提供准确的年度报告等。

（二）我国对违法行为的规定及其不足

我国动物福利相关立法对违法行为也做出了概括或者列举式规定。在上一节"我国动物福利违法行为及责任"部分内容中，笔者将我国主要相关立法中几乎所有的违法行为相关条文都一一列举，之所以做这么繁杂甚至貌似无聊的工作，目的就是想通过具体的法条展现我国目前确立的动物福利违法行为的范围和具体情形，以跟国外的规定展开有效对比。

1. 我国已有规定及其不足

参照我国相关立法的具体规定，我国在各国普遍设置责任的上述六项违法行为中已经确立的违法行为包含：

（1）违反许可规定的行为

我国部分动物福利相关立法也将不经许可从事动物相关活动以及违反许可条件实施动物行为列为违法行为。例如，《实验动物许可证管理办法》第 17 条规定未获取实验动物生产许可证的单位从事实验动物生产、经营活动的行为违法；《渔业法》第 42 条规定违反捕捞许可证关于作业类型、场所、时限和渔具数量的规定进行捕捞的行为违法；《兽药管理条例》第 56 条规定无兽药生产许可证、兽药经营许可证生产、经营兽药的行为属于违法行为等。

尽管我国也将未经许可从事动物活动或者动物行业以及违法许可条件和超越许可范围实施动物活动和开展动物行业的行为规定为违法行为，并同时设定了违法的相应法律责任。但是，如前所述，国外的动物许可制度是为了实现动物福利而确立的重要程序制度，因此国外动物福利法中对许可条件的规定基本以动物福利的实现为核心，例如，各国普遍规定要获得动物行为相关许可，必须满足相应的动物福利具体标准。而我国的动物福利许可制度的设置很大程度上是为了实现公共利益的维护和公民健康权和人身权的保障，动物福利条件仅仅是附属性或者边缘性条件。因此尽管形式上我国也将违反许可的行为规定为违法行为，但是实际上这类规定对动物福利实现的作用有限。

（2）非法捕杀野生动物或者非法买卖、运输、走私野生动物及其制品的行为

我国一方面在《野生动物保护法》《陆生野生动物保护实施条例》以及《水生野生动物保护实施条例》《渔业法》以及根据上述立法制定的大量地方立法中均将上述行为规定为违法行为。例如，《水生野生动物保护实施条例》第26条规定非法捕杀国家重点保护的水生野生动物的行为违法，《陆生野生动物保护实施条例》第37条禁止出售、收购、运输、携带国家或者地方重点保护野生动物或者其产品，《北京市实施〈中华人民共和国野生动物保护法〉办法》第10条禁止任何单位和个人非法猎捕、杀害国家、本市重点保护野生动物等。另一方面我国刑法第314条规定了非法猎捕、杀害珍贵、濒危野生动物罪和非法收购、运输、出售珍贵濒危野生动物、珍贵、濒危野生动物制品罪；刑法第340条规定了非法捕捞罪。

与国外对比，我国相关立法保护的动物范围有限。国外尽管也重点保护濒危和珍贵野生动物，并因此颁布了《濒危物种法》等专门保护濒危野生动物的立法，并将非法猎捕、运输、买卖珍贵和濒危野生动物的情形视为严重侵害野生动物的重罪情形，但是另一方面，无论在动物福利法还是在刑法中，国外立法均将侵害所有野生动物的行为规定为违法行为，例如，美国《野生动物和鱼类保护法》将保护的野生动物的范围定为："任何野生的动物，无论活着的还是已死亡的，包含但不限于任何的野生哺乳动物、鸟类、爬行动物、两栖动物、鱼类、软体动物、甲壳纲动物、节肢动物、腔肠动物或者其他的无脊椎动物，无论其是否是饲养的、孵化的还是在动物被囚禁时出生的，并且包括上述动物的任何身体部分、产品、卵或者幼崽。"2003年加拿大动物管理委员会通过的《野生动物照顾和使用指南》第1条将野生动物界定为："自由放养的或者圈养的脊椎动物，包含两栖动物、爬行动物、鸟类和哺乳动物（但是排除鱼类，因为鱼类有专门的立法保护）。这些动物包含引进的和本土物种以及变为野生的圈养动物。"由此可见，国外野生动物保护立法保护的野生动物包含所有的野

生动物。在各国刑法中，一般也将侵害所有野生动物的行为规定为犯罪行为，例如，1998年《德国刑法典》第329条第（3）款规定的破坏环境资源罪的情形之一就是"杀害、捕获、追捕在联邦自然保护法意义上特别加以保护的动物或者全部或者部分地毁坏或者移走其蛋卵的行为"。与国外的一系列立法比较，我国在野生动物保护的最高立法《野生动物保护法》中仅将珍贵、濒危野生动物列为保护对象，只有猎捕、运输、买卖、走私濒危、珍贵野生动物及其制品的行为才构成违法并被追责，《水生野生动物保护实施条例》和《陆生野生动物保护实施条例》也是一样仅将侵害濒危、珍贵野生动物的行为规定为违法行为，尽管《渔业法》将珍贵、濒危水生野生动物以外的水生野生动物纳入法律保护对象，并规定非法捕捞行为属于违法行为，但是大量的普通陆生野生动物被排除在法律的保护范围之外。我国刑法规定的最主要的野生动物犯罪即第314条规定的"非法猎捕、杀害珍贵、濒危野生动物罪；非法收购、运输、出售珍贵濒危野生动物、珍贵、濒危野生动物制品罪"同样将定罪的构成要件之一限定为"珍贵、濒危野生动物"。

综上所述，我国动物福利相关立法和刑法确立的野生动物违法行为的范围比国外要窄得多，大量的侵害普通野生动物尤其是普通陆生野生动物的行为被排除在违法行为之外，从而难以实现野生动物违法行为的有效追责。

（3）监管机关及其工作人员的违法失职行为

一方面，我国在多部动物福利相关立法中对动物福利主管机关及其工作人员的违法失职行为做出规定，例如，《野生动物保护法》第42条规定的：野生动物保护主管部门或者其他有关部门、机关不依法作出行政许可决定，发现违法行为或者接到对违法行为的举报不予查处或者不依法查处的行为，《动物防疫法》第71条规定的未履行动物疫病监测、检测职责或者伪造监测、检测结果的行为；发生动物疫情时未及时进行诊断、调查的行为；以及其他未依照本法规定履行职责的行为等。另一方面，我国在刑法中规定了严重违法或者失职时，主管机关工作人员可能构成的受贿罪、滥用职权罪和玩忽职守罪。

尽管形式上我国规定了监管机关及其工作人员的违法失职行为，有利于实践中强化监管机关及其工作人员的监管职责从而保障动物福利。但是我国在动物福利相关立法中，监管机关监管的重点是被执行立法的立法目标和立法规定。而如前所述，我国绝大多数动物福利相关立法的立法目标和立法内容都是围绕公共利益的实现和人的权益的保护而展开，因此监管机关的监管职责偏离了动物福利目标，这样实际上我国将此类行为列入违法行为的作用也将被大打折扣。

2. 我国立法的空白与漏洞

如果说我国对上述三类违法行为有规定的同时存在不完善之处，对下列违法行为，我国则基本处于立法空白状态。国外动物福利违法行为中最为普遍和重要的两大类行为就是违反动物福利标准条件的行为和虐待或者残忍地对待动物的行为。而我国无论是在动物福利相关立法中还是在刑法中，基本上都将这两大类重要的违法行为排除在外。除此以外，我国多数立法也并不禁止遗弃动物。

（1）虐待或者残害动物的行为基本被排除在动物违法行为之外

国外动物福利违法行为中最重要的一类违法行为就是虐待或者残害动物的行为，因为这类行为直接损害动物健康或者生命，必然给动物造成过度或者不当的疼痛、痛苦和不适，于是各国无论在动物福利法还是刑法中均将虐待和残害动物的行为列为严重违法行为。对此前文已经作出论述。

然而，我国动物福利相关立法对虐待动物只有零星的规定。例如，在《关于善待实验动物的指导性意见》第 27 条中将几类虐待动物的行为列为违法行为，但是一方面《意见》仅仅是一部指导性的参考意见，本身并没有必然的法律强制力，另一方面《意见》中规范的动物仅限于实验动物，并不包含农场动物、野生动物、娱乐动物和其他动物。再如，在地方系列养犬规定中，将虐待犬只的行为普遍规定为违法行为，例如，《重庆市养犬管理暂行办法》第 18 条第 5 项规定不得虐待、遗弃饲养犬只，但是一方面，这些立法仅仅是地方性立法，具有明显的地域效力，另一方面，其保护的动物范围更为狭窄，仅限于犬只。在其余动物福利相关立法中，均没有将虐待或者残害动物的行为明确规定为违法并设置责任。因此，总体上看，在我国动物福利相关立法中，虐待或者残害动物的行为并未被列入违法行为，这无疑是巨大的漏洞，或者说，我国的动物福利相关立法仅仅是从某个侧面去附属性地保护动物的立法，确实不是真正意义上的动物福利法。

与此同时，我国刑法除了规定了非法捕捞罪和非法捕杀珍贵、濒危野生动物外，并没有将虐待、杀害普通动物的行为规定为犯罪行为，也就是说我国没有虐待动物罪、残害动物罪或者故意杀害动物罪，这就使得大量严重的伤害动物的行为游离在刑法的视野之外。尽管我国理论界一直呼吁将虐待动物入刑，但从目前立法进度分析，我国尚没有将虐待动物罪或者残害动物罪入刑的计划。

综上所述，虐待、残害动物的行为作为动物福利的直接对立面在我国居然没有被明确归入违法行为，在实践中发生具体案件时，我国立法规定与国外立法的巨大差距就造成了下列明显不同的处理结果：美国内华达州两名16岁青年因活活淹死两只刚出生的猫崽，被以虐待动物罪起诉，最终的判处结果是：两人均被处以30天拘留，200小时社区服务，公开向社区致歉，不得蓄养宠物，不得接触公共媒体，强制接受心理辅导直到年满21周岁；英国小伙子阿瑟·肯特遛狗的时候，觉得狗狗顽皮不听话，便往狗狗身上踹了两脚。结果不仅要蹲上8个星期的大牢，而且被勒令五年内不许再养狗了。[①] 而我国原清华大学学生刘海洋采用泼硫酸的方式导致北京动物园的5只熊受到严重伤害，或者嘴被烧坏，进食困难；或者四肢被烧，无法行走；或者双目失明，口腔、喉部和气管被烧坏，结果最终刘海洋以"故意损坏财物罪"被定罪量刑（免于刑事处分）；三年后，复旦大学学生张亮亮虐杀了30多只猫，却没有受到任何制裁。而更颇具讽刺的是，笔者浏览了大量刘海洋和张亮亮虐待动物的网页和新闻，发现对这两起案件，舆论关注的焦点问题居然是"为什么名牌大学的学生如此残忍"的问题，狗熊和猫的被严重伤害以及动物处境的改善被淹没在"人性"的探讨中。很显然，没有责任就等于没有规范，没有规范就等于肆意妄为。

（2）违反动物福利条件和标准的行为基本被排除在违法行为之外

如前所述，国外动物福利法中最重要的制度就是动物福利标准和条件制度，违反动物福利标准和条件的行为也因此成为动物福利违法行为的核心。然而，我国只在少数立法中，明确将违反动物的居所标准、喂养标准、运输标准以及屠宰标准等动物福利条件和标准的行为规定为违法行为并设置责任。例如，在实验动物福利相关立法领域，部分地方立法将违反动物福利条件的行为列入违法行为，如《北京市实验动物管理条例》第34条规定："取得实验动物许可证的单位和个人，违反本条例第十条、第

---

① http://k.sina.com.cn/article_ 6416379904_ 17e723000001003831.html? from=pet.

十二条、第十六条、第十八条、第十九条、第二十条、第二十三条、第二十四条和第二十九条规定的,由市科学技术行政部门责令限期改正,并根据情节轻重,分别予以警告、暂扣实验动物许可证。"其中第 10 条规定的是:"从事实验动物工作的单位,应当组织从业人员进行专业培训。未经培训的,不得上岗。从事实验动物工作的单位,应当组织实验动物专业技术人员参加实验动物学及相关专业的继续教育",该条涉及的是人员能力条件,第 16 条:"实验动物生产环境设施应当符合不同等级实验动物标准要求。不同等级、不同品种的实验动物,应当按照相应的标准,在不同的环境设施中分别管理,使用合格的饲料、笼具、垫料等用品",第 18 条规定:"从事实验动物及其相关产品生产的单位和个人,应当根据遗传学、寄生虫学、微生物学、营养学和生产环境设施方面的标准,定期进行质量检测。各项操作过程和检测数据应当有完整、准确的记录。"这两条显然是对居所和设施条件的规定,因此整个第 34 条列出的违法行为属于违反福利标准和条件的行为。再如,《动物防疫法》第 73 条规定:"违反本法规定,有下列行为之一的,由动物卫生监督机构责令改正,给予警告;拒不改正的,由动物卫生监督机构代作处理,所需处理费用由违法行为人承担,可以处一千元以下罚款:(一)对饲养的动物不按照动物疫病强制免疫计划进行免疫接种的;(二)种用、乳用动物未经检测或者经检测不合格而不按照规定处理的;(三)动物、动物产品的运载工具在装载前和卸载后没有及时清洗、消毒的。"上述第三项运载工具没有及时清洗和消毒的规定属于违反运输条件的行为。

总体分析,我国在动物福利相关立法中,将违反动物福利标准和条件的行为列为违法行为的立法数量非常少,而且作出规定的立法,往往也将此类行为与其他违法行为混在一起做出规定,并没有将违反动物福利标准的行为作为独立的一类违法行为加以规定。例如,无论是上述《北京市实验动物管理条例》还是《动物防疫法》,均将违反福利标准的行为和其他违法行为混合规定在同一条中,这反映了我国动物福利相关立法并没有将违反动物福利标准和条件的行为作为独立的违法行为加以规定。这一方面,是因为我国的动物福利标准和条件制度本身就不完善,如前所述,我国目前动物福利标准和条件制度主要见于一系列国家标准中,包含国家标准、行业标准、地方标准、团体标准和企业标准,对此在动物福利标准条件制度部分已经作出论述,而绝大多数国家标准本身并不具有强制性,仅仅是推荐性标准,既然是推荐性标准,自然无法追究违法者不遵从的法律责任;另一方面,我国绝大多数动物福利相关立法的立法目标在于公共利益和人的健康权的维护,而非动物自由的保护,因此动物福利相关立法中缺乏完善的动物福利标准和条件的规定,自然也不可能将违反动物福利标准和条件的行为作为违法行为的重点去规定。

(3) 遗弃动物行为责任的缺失

国外一般将遗弃动物列为违法行为,有的国家将其作为独立的违法行为与虐待动物相分离,也有的国家将虐待、遗弃作为一大类违法行为在相关立法中明确责任。而目前在我国,只有系列养犬规定将遗弃犬只列为违法行为,例如,《北京市养犬管理规定》第17条第9项规定不得虐待、遗弃所养犬,《洛阳市养犬管理办法》第20条第1款规定:"犬只饲养人应当为犬只提供必要的饮食条件、活动空间和生活环境,不得虐待、遗弃犬只。"《上海市养犬管理规定》第47条规定:"违反本条例第二十七条第二款规定,遗弃犬只的,由公安部门处五百元以上二千元以下罚款,并吊销《养犬登记证》,收容犬只。养犬人五年内不得申请办理《养犬登记证》。"除此以外,在实验动物、农场动物和其他动物福利的相关立法中,我国没有明确遗弃动物的违法性。遗弃猫、兔等其他宠物是否违法我国也没有立法予以明确。

除了上述动物福利相关立法外,我国在侵权责任法中规定了遗弃动物致人损害责任类型。我国《侵权责任法》第82条明确规定:"遗弃的动物在遗弃期间造成他人损害的,由原动物饲养人或者管理人承担侵权责任。"尽管形式上,我们似乎对遗弃动物进行了相应的法律约束,但是毫无疑问,我们关注的前提是遗弃动物对他人造成了损害,也就说遗弃行为造成人的损害,由饲养人或者管理人承担对受害人的赔偿责任。至于因遗弃动物造成被遗弃动物伤害或者死亡的,我国立法包含刑法则没有做出任何规定。

综上所述,我国动物福利相关立法以及以刑法为主的其他立法中,在确立动物违法行为时,没有将对动物的影响作为立法的出发点,相反公共利益维护和公民健康权的保障成为确立是否违法或者衡量违法行为轻重的核心因素。如何使动物福利成为我国立法关注的主要目标是解决问题的关键点所在。

二 法律责任设置比较

(一) 国外对法律责任的规定

尽管各国对动物福利违法行为以及违法行为具体责任形式的规定有所差异,但是总体上看,国外动物福利法对违法行为人普遍规定了责令改正或者停止违法、财产罚、行为罚和自由罚、刑事责任和内部责任等处罚的种类和方式。刑事责任和内部责任前文已经集中进行介绍,在此我们主要理清国外动物福利法普遍确立的下列处罚和追责方式:

1. 责令改正或者责令停止违法

责令改正或者停止违法指的是主管机关责令动物福利违法者主动遵循动物福利法律法规的规定,改正动物福利缺陷或者停止动物福利违法行为的追责方式。这是世界各国普遍确立的一种追责方式,其既可以单独适用,也可以附加适用。单独适用于违法行为轻微者或者具有违法行为倾向者。一般违法行为,可以作为附加适用的责任方式。例如,英国《动物(科学程序法)操作指南》规定:"如果您违反了您所持有的许可证的条件,或者违反了 ASPA 的规定,我们可能会向您发出书面谴责,或者如果我们要求您在指定时间内采取行动避免进一步的不遵守,我们将向您发出'遵守通知'。书面谴责或遵守通知将详细说明您未能遵守的许可条件或 ASPA 条款;此外,遵守通知会明确:a) 你必须采取的行动,以确保不遵守不会继续或重复;b) 你必须采取的消除或者减少不遵循后果的行动;它要求你在规定的时间内采取该行动,并解释如果你不遵守通知会发生的后果,包括可能吊销你的执照。"[1]

2. 财产罚

财产罚是各国动物福利法确立的对动物福利违法行为进行制裁的重要手段,也是使用频率最高的手段。它通过施加财产义务的方式制裁违法者,并教育其不再违法。最常见的财产罚就是罚款,罚款可以单独适用,也可以附加适用。例如,美国《动物福利法》规定:"任何买卖者、研究机构、中介商、承运人或者拍卖者违反本章任何条款或者农业部长根据本章规定制定的任何法规、条例或者标准的,每起违法行为将被农业部长处以 10000 美元以下的罚款,并且农业部长有权发出停止或者禁止继续违法

---

[1] 见英国《动物(科学程序法)操作指南》12.10 "书面谴责和遵守通知"的规定。

的指令。……"① 再如，澳大利亚《联邦动物福利法》第 63 条第 1 款规定："负责动物的人对动物负有照管义务，"第 2 款规定："该人不得违反照管义务。最高处罚：300 单位罚款或者 1 年监禁。"

3. 行为罚

行为罚顾名思义，指的是通过限制甚至取消行为人行为能力或者行为资格的方式，对违法者进行处罚的方式。作为各国普遍规定的一种责任形式，行为罚主要又分为两种：一种是暂缓、中止、撤销、注销许可证或者执照；另一种是在一定时间内或者终身禁止实施某种动物行为，例如禁止饲养动物、禁止动物实验等。例如，英国《动物（科学程序法）操作指南》12.9 第 2 款规定了内政部对多数不遵守行为有权采取的一系列制裁手段，除了上述的书面谴责、遵守通知外，还包含要求正式培训和再培训，在许可中实施特定、特别条款以及吊销、暂缓、变更（补充）许可。再如，上述德国《动物福利法》12b 第 3 款和第 4 款规定，禁止反复或严重违反动物福利法律法规，从而给饲养或照顾的动物造成严重或持续的疼痛、痛苦或伤害的任何人饲养或照顾所有的或某些类型的动物。只有饲养人证明自己不会再违法时，才能恢复饲养动物的权利。实践中通过适用行为罚，能够有效地暂缓或停止较严重违法行为人的违法行为，保护动物福利不受进一步侵害。例如，据英国《每日邮报》2018 年 7 月 11 日报道，英国警方无意中在一名女子家里发现几十只动物生活在令人厌恶的肮脏环境中，经过调查，他们发现这名女子家中一共有 176 只已经腐烂的动物尸体，包括猪、狗和鸡。法官最终判处该女子终身禁止饲养动物。②

4. 人身罚

人身罚，又名自由罚，指的是在一定期限内，限制或者剥夺违法行为人人身自由的一种责任形式，是动物福利法中规定得最为严重的一种处罚和责任形式，一般适用于较为严重的动物违法行为。人身罚可以单独适用，也可以与财产罚等责任并用。各国动物福利法对人身罚或者自由罚也普遍做出了规定。例如，挪威《动物福利法》规定："故意或严重过失违反本法中或者本法下的要求或违反根据本法发布的决定的要求，可被处以罚款或 1 年以下监禁，或两者并罚，条件是该罪行不受更严厉的处罚条款

---

① 见《美国法典》第七编第五十四章第 2149 条（b）的规定。
② 见 http://mini.eastday.com/bdmip/180712075908466.html#。访问日期 2018 年 11 月 30 日。

的约束。从犯和教唆犯也受同样惩罚。情节严重的，处3年以下监禁。在确定违法行为的严重性时，应当考虑违法行为的规模、违法后果和犯罪级别。"① 再如，澳大利亚《联邦动物福利法》将不合理的遗弃动物列为违法行为，并规定："动物负责人不得遗弃动物，除非该人有合理的理由或者经法律授权；最高刑罚：300个刑罚单位或监禁1年"②

（二）我国对违法行为法律责任之规定

通过在上一节"我国有关动物福利违法行为法律责任的规定"中对我国动物福利相关立法的法律责任条文进行列举和梳理，我们不难得出结论，我国动物福利相关立法确立的违法行为责任主要包含：

1. 行政责任

行政外部责任是针对绝大多数违法行为设置的一种责任，也是动物福利相关立法中确立的主要责任。该责任是动物福利监管部门通过对违法单位和个人进行行政处罚要求违法者承担的责任形式。我国动物福利相关立法确立的行政处罚及其责任方式形式包含：

（1）警告

警告指的是告诫违法者的行为已经构成违法，从而教育其不再违法的处罚方式。警告可以单独适用，也可以与其他处罚和责任形式并用。我国在动物福利相关立法中规定的警告大多与其他处罚方式并用。例如，《医学实验动物管理实施细则》第33条规定："对违反本实施细则者，由卫生部或省级以上卫生行政部门视情节轻重予以警告，并责令限期改进。"《兽药管理条例》第64条规定："违反本条例规定，擅自转移、使用、销毁、销售被查封或者扣押的兽药及有关材料的，责令其停止违法行为，给予警告，并处5万元以上10万元以下罚款。"

（2）财产罚

财产罚是通过使违法者遭受财产损失或者额外承担财产给付义务的方式承担责任。财产罚主要包含两类，一类为罚款，另一类为没收，后者又包含没收违法所得和没收非法财物。财产罚是我国动物福利相关立法规定的使用范围最为广泛的一类处罚和责任方式，几乎每一部立法中都有财产罚的设置。例如，《畜牧法》第58条规定："违反本法第十三条第二款规

---

① 见挪威《动物福利法》第37条的规定。
② 见澳大利亚《联邦动物福利法》第66条。

定，擅自处理受保护的畜禽遗传资源，造成畜禽遗传资源损失的，由省级以上人民政府畜牧兽医行政主管部门处五万元以上五十万元以下罚款。"《渔业法》第 41 条规定："未依法取得捕捞许可证擅自进行捕捞的，没收渔获物和违法所得，并处十万元以下的罚款；情节严重的，并可以没收渔具和渔船。"

（3）行为罚

行为罚指的是限制或者剥夺行为人行为资格或者行为能力的处罚和责任形式。在动物福利相关立法中最常用的行为罚就是暂扣、吊销许可证，除此以外，责令停产停业、撤销批准、禁止后续从业也是典型的行为罚。例如，《兽药管理条例》第 57 条规定："违反本条例规定，提供虚假的资料、样品或者采取其他欺骗手段取得兽药生产许可证、兽药经营许可证或者兽药批准证明文件的，吊销兽药生产许可证、兽药经营许可证或撤销兽药批准证明文件，并处 5 万元以上 10 万元以下罚款；给他人造成损失的，依法承担赔偿责任。其主要负责人和直接负责的主管人员终身不得从事兽药的生产、经营和进出口活动。"《饲料和饲料添加剂管理条例》第 46 条规定："饲料、饲料添加剂生产企业、经营者有下列行为之一的，由县级以上地方人民政府饲料管理部门责令停止生产、经营，没收违法所得和违法生产、经营的产品……"

2. 行政处分

行政处分，指的是由县级以上人民政府或者监察委对违法失职的主管机关或者由监察委、主管机关对违法失职的公务员进行的内部处分，处分形式包含警告、记过、记大过、降级、撤职和开除。因此，行政处分仅适用于主管机关及其工作人员违法。对此前文已经多次论述，在此不再赘述。

3. 民事责任

民事责任在动物福利相关立法中，指的是侵害人对受害人承担的民事赔偿责任，其仅适用于因动物相关行为造成他人伤害的情形下，我国部分立法对此做出了规定。例如，《兽药管理条例》第 66 条规定："违反本条例规定，未经兽医开具处方销售、购买、使用兽用处方药……给他人造成损失的，依法承担赔偿责任。"《饲料和饲料添加剂管理条例》《条例》第 36 条规定："以欺骗方式取得许可证明文件给他人造成损失的，依法承担赔偿责任"等。

4. 刑事责任

如前所述，我国大量动物福利立法中规定动物违法行为严重至犯罪时，承担刑事责任。刑事责任按照刑法的规定具体追究，对此前文已经进行论述。

(三) 中外法律责任规定对比

对比国外和我国动物福利相关立法对违法行为法律责任的规定，我们可以得出结论，我国在法律责任的设置上存在的最大问题就是责任过轻，责任过轻体现在以下几个方面：

1. 动物福利法中没有规定人身罚

如前所述，人身罚是国外动物福利法确立的违法行为的基本责任形式，一般而言，较严重的侵害动物行为、包含虐待动物行为、严重不符合福利标准和条件的行为、违反许可规定的行为均有可能被认定为刑事违法并被处以一定期限的人身罚，人身罚可以单独适用，也可以与其他罚则并处。例如，美国《动物福利法》对故意违反本法案第 12 条规定行为的刑事处罚作出规定：任何买卖者、展览者或者拍卖人违反本章规定并且被认定为有罪时，"将被判处 1 年以下监禁或者 2500 美元以下的罚金，或者二者并处。"[①] 英国 2006 年《动物福利法》第 32 条规定："犯有第 4 条、第 5 条、第 6 条第（1）和（2）款以及第 7 条和第 8 条中的任何一项罪行的罪犯，一经定罪，将被处以 51 周以下的监禁或者 20000 英镑的罚款，或两者并处。" 上述第 4 条规定的是给动物造成不必要的痛苦的行为，第 5 条规定的是残害动物行为，第 6 条第 1 款和第 2 款规定的是剪断或者放纵他人剪断狗尾巴的行为，第 7 条规定的是对动物施加有毒或者有害物质的行为，第 8 条规定的是促使动物打斗的系列行为。

而我国动物福利相关立法仅仅规定某些违法行为构成犯罪的，依照刑法规定追究刑事责任，对此，前文已经进行列举和介绍，但是我国任何一部动物福利相关立法中均没有关于犯罪行为的认定，也没有对任何一类违法行为设置人身罚。

2. 类似行为处罚过轻

类似行为处罚过轻，指的是我国与国外动物福利相关立法中规定的情节类似、严重程度相当的违法行为，我国的处罚和责任形式明显比国外的

---

① 见《美国法典》第七编第五十四章第 2149 条（c）的规定。

规定要轻。在此我们可以通过以下三类行为的法律责任比较进行分析。

（1）虐待动物行为

我国罕见的对虐待动物行为做出规定的《关于善待实验动物的指导性意见》中将下列行为规定为虐待动物行为："1. 非实验需要，挑逗、激怒、殴打、电击或用有刺激性食品、化学药品、毒品伤害实验动物的；2. 非实验需要，故意损害实验动物器官的；3. 玩忽职守，致使实验动物设施内环境恶化，给实验动物造成严重伤害、痛苦或死亡的；4. 进行解剖、手术或器官移植时，不按规定对实验动物采取麻醉或其他镇痛措施的；5. 处死实验动物不使用安死术的；6. 在动物运输过程中，违反本意见规定，给实验动物造成严重伤害或大量死亡的；7. 其他有违善待实验动物基本原则或违反本意见规定的，虐待动物的"，该条规定的虐待实验动物的法律责任为："情节较轻者，由所在单位进行批评教育，限期改正；情节较重或屡教不改者，应离开实验动物工作岗位；因管理不妥屡次发生虐待实验动物事件的单位，将吊销单位实验动物生产许可证或实验动物使用许可证。"[①] 由此可见，虐待动物最严重的法律责任就是吊销许可证。

而在国外的动物福利法中将虐待或者残害动物的行为规定为"严重违法行为"，较大数额罚金或者自由刑，或者自由刑和大数额罚金并重是承担责任的基本形式。例如，在英国该类行为将被处以51周以下的监禁或者20000英镑的罚款，或两者并处，在澳大利亚将被处以1000罚款单位以下的罚金或者2年以下监禁，在德国会被处以三年以下监禁或者罚金。不仅如此，如前所述，各国已经普遍将虐待或者残害动物罪规定为犯罪行为并规定了此类犯罪行为较为严厉的刑事责任。而我国刑法中没有残害或者虐待动物罪，残害或者虐待动物行为的法律责任过于轻微。

（2）违反许可进行动物实验的行为

违反许可规定进行动物实验的行为，在国外也被视为较为严重的违法行为，法律规定的责任形式因此也较为严厉，例如，澳大利亚《联邦动物福利法》第97条规定本法许可运营研究或者供应机构的行为构成违法，将被处以100单位以下的罚款，英国《动物（科学程序法）操作指南》规定违反许可条件的行为可能导致许可被暂缓、中止或者撤销，而严重违反许可规定的行为则构成犯罪。英国《动物（科学程序）法》第

[①] 见《关于善待实验动物的指导性意见》第27条的规定。

22条规定了违反许可规定的处罚，该条（A1）规定：任何人违反第2B条，未经许可将规定的程序适用于受保护的实验动物时，行为构成犯罪，并可以被判处两年以下有期徒刑，或罚款或两者并处，即便按照英国所属地区即决判决，也可以对违法者判处6个月或者3个月有期徒刑（英格兰和威尔士为6个月，苏格兰和北爱尔兰为3个月），罚款，或者二者并处。第22条第2款还规定：作为项目许可证持有人的任何人，实施或故意允许其控制下的他人实施许可证规定范围外的行为；或实施或故意允许其控制下的他人实施与个人资质许可不一致的行为的，即构成犯罪，可以被判处两年以下监禁，或者罚金，或者二者并处。

而我国在相类似的立法《实验动物许可证管理办法（试行）》中第17条规定了没有许可证进行实验动物生产经营的法律责任方式："未取得实验动物使用许可证的研究单位，或者使用的实验动物及相关产品来自未取得生产许可证的单位或质量不合格的，所进行的动物实验结果不予承认。"第18条规定："已取得实验动物许可证的单位，违反本办法第十四条规定或生产、使用不合格的动物，一经核实，发证机关有权收回其许可证，并予公告。情节恶劣、造成严重后果的，依法追究行政责任和法律责任。"农业部《农业系统实验动物管理办法》第22条规定：对从事实验动物工作的单位和个人，凡违反本办法规定的，包含违反许可规定的，仅由农业部给予警告。

显然，与国外相比，我国对未经许可进行动物实验或者违反许可规定进行动物实验的法律责任设置得过于轻微，这必然造成实验动物许可制度形同虚设。

（3）非法狩猎行为

国外动物福利法对非法狩猎行为设置了较为严厉的法律责任。例如，美国《濒危物种法》规定：任何人如果故意违反本法案任何条款或者违反了任何许可或者批文，以及违反根据本法颁布的任何法规的行为，将被处以25000美元以下的罚金，或者单处或并处6个月以下监禁。[①] 加拿大《濒危物种法》第97条（1）规定："任何人违反了本法案相关禁止行为条款或者相关条例和紧急命令条款、违反许可条款或条件以及违反按照本法相关条款签订的替代措施协议的行为属于违规行为。"并进一步规定，

---

① 见美国《濒危物种法》Sec.11.（a）和（b）的相关规定。

实施上述违法行为者,有责任:"(a)按照公诉程序定其罪,(i)如果是公司,在为非营利公司时,处以1000000美元以下的罚金(ii)对营利公司,处以250000美元以下的罚金(iii)如果为任何其他个人,处以250000美元以下的罚金或者5年以下监禁或者二者并处;或者(b)循简易程序定罪,(i)如果为非营利公司,处以300000美元以下的罚金(ii)对营利公司,处以50000美元以下的罚金(iii)对任何其他个人,处50000美元以下或者1年以下监禁或者二者并处。"同时该法规定,如果二次或者再次犯罪,罚金的数额将翻倍。[1]

而针对类似的行为,我国《野生动物保护法》第45条规定:"违反本法第二十条、第二十一条、第二十三条第一款、第二十四条第一款规定,在相关自然保护区域、禁猎(渔)区、禁猎(渔)期猎捕国家重点保护野生动物,未取得特许猎捕证、未按照特许猎捕证规定猎捕、杀害国家重点保护野生动物,或者使用禁用的工具、方法猎捕国家重点保护野生动物的,由县级以上人民政府野生动物保护主管部门、海洋执法部门或者有关保护区域管理机构按照职责分工没收猎获物、猎捕工具和违法所得,吊销特许猎捕证,并处猎获物价值二倍以上十倍以下的罚款;没有猎获物的,并处一万元以上五万元以下的罚款;构成犯罪的,依法追究刑事责任。"由此可见,针对非法狩猎行为,一方面,无论是美国还是加拿大的动物福利法对非法狩猎行为都设置了人身罚,而且加拿大规定的人身罚可以高达5年;另一方面,非法狩猎行为的罚款数额在国外都非常高,美国最高可以罚25000美元,折合人民币17万余元,加拿大对公司施加的罚款的数额最高可达100万美元,折合人民币600多万元,对个人也可以判处高达25000美元的罚款。与此相比,我国没有人身罚,且对财产罚,《野生动物保护法》规定在有猎获物的情形下,处猎获物价值二倍以上十倍以下的罚款;没有猎获物的,处一万元以上五万元以下的罚款处罚,显然总体上要比国外的处罚轻。

三 结 论

由此可见,我国在动物福利追责制度设计上与国外尚存在较大差距,一方面,大量典型的动物违法行为,例如虐待、残害、遗弃动物的行为和

---

[1] 见加拿大《濒危物种法》第97条1.1的规定。

违反动物福利标准和条件的行为没有被明确列为动物福利违法行为；另一方面，对已经确立的动物福利违法行为，我国规定的法律责任过于轻微，没有人身罚的设置，罚款数额总体较低，这就使得大量的侵害动物自由的行为游离在法律的处罚之外或者不能受到法律的严厉制裁。结果就是进一步促成了人类对动物的漠视，动物福利理念更加难以在我国确立并深入。除此以外，我国动物福利相关立法中没有一部立法规定追责的严格程序，这就使得我国动物福利追责因缺乏程序的独立性而丧失整体独立性。所谓程序独立性的丧失，指的是我国在动物福利违法行为追责领域，没有专门立法规定动物福利违法行为的追责步骤、方式或者顺序等问题，而是按照民法和民事诉讼法追究民事侵权责任，按照《行政处罚法》为主的行政法律法规追究行政责任，按照刑法和刑事诉讼法的规定去追究刑事责任，这就使得我国动物福利追责程序上丧失独立性，表现出极强的附属性特征。在国外，虽然也有完善的行政程序法和刑事立法，动物福利违法行为的追责需要遵循上述立法，但是考虑到动物福利违法行为的特殊性，国外动物福利立法中对动物福利违法行为的追责程序做出了专门的规定，例如，普遍规定了动物违法行为的发现、违法行为的调查和取证、听证、处罚作出、诉前调解、公诉程序以及被处罚人的上诉权等，对此本书前文已经作出介绍。而程序独立性的丧失进一步促成了我国动物福利相关立法整体独立性的丧失，整体独立性的丧失指的是动物福利法作为一个独立的部门法在我国尚未形成，一方面我国动物福利相关立法并不以动物福利为特有的或者主要调整对象，另一方面，我们并没有确立独立的动物福利违法行为追责体系。而国外的动物福利法是以保障动物福利为核心目标的，调整人对动物的义务以及为了实现上述义务涉及的人与人之间的关系，同时对违法行为及其追责确立了相对独立的程序，因此国外的动物福利法与民法、经济法、商法等部门法都不相同，其具有独立的地位。而按照我国现行动物福利相关立法的规定，我国的动物福利相关立法基本上属于行政法的范畴，因此，本书一直将我国的相关立法称之为动物福利相关立法而非动物福利法。

结　语

一　问题与困惑

通过中外动物福利立法体系和立法目标对比，动物福利标准和条件制度对比，动物福利登记和许可制度对比、动物福利监管和伦理审查制度对比以及最终通过中外动物福利追责制度对比，我们不难得出结论，我国动物福利相关立法与国外动物福利法相比尚存在重大不足：首先，我国不存在统一的动物福利法典，在一系列动物福利相关立法中仅仅将动物保护视为附属目标或者边缘化目标；其次，我国动物福利相关立法中缺乏完善的动物福利标准和动物福利要求的规定，尽管不断出台的国家标准试图去弥补动物福利标准欠缺的法律漏洞，但是国家标准绝大多数条款的非强制力以及国家标准条文的不够具体性使得我国的动物福利标准和条件制度依然差强人意；还有，尽管我国确立了大量的动物行为和行业的登记尤其是许可规定，但是登记和许可的行政色彩有余，动物伦理考虑严重不足，偏离动物福利保护目标的登记和许可制度难以发挥动物福利的门槛和监督作用；再次，动物福利监管制度和伦理审查的重点同样集中在公共利益维护和公民权益保障领域，是否损害动物"权益"并不是我国监管的主要内容；最后，典型的侵害动物的行为，例如残害动物、遗弃动物等行为在我国并未被明确为违法行为，侵害动物行为法律责任设置的也过于轻微。

综上所述，我国的动物福利相关立法仅仅是从侧面某个角度或者某个领域能够发挥一定动物保护作用的法，本身不是真正意义上的动物福利或者动物保护法，因为国外动物福利或者动物保护法有独立和明确的立法目标，就是保障动物福利或者使动物免受不必要的痛苦，动物是法律保护的核心或者重点，对此前文已经反复论述。正因为动物是动物福利法保护的重点，因此国外动物福利法的各项制度无论是动物福利标准条件制度、还是登记许可制度、抑或监管和责任制度，都围绕动物福利而展开，并且以动物福利的实现和动物自由的保障为最终目标。而显然，我国的立法偏得太远了。故，本书自始至终将我国立法称之为动物福利相关立法，而非动物福利法。

当然，我们并不是说因为国外有动物福利法，中国也必须要有。国外的三权分立、两党或者多党的政党制度形式上更符合民主，但是并不适合中国，中国不要也要不得。国情是必须考虑的因素，生搬硬套固然行不通，但问题在于动物福利理念和动物福利法为什么我们迟迟不能接受？我国从2004年北京市政府最早拟定"动物福利法"草案开始，到学术界的专家组起草《动物保护法》，再到将《动物保护法》更名为《反虐待动物法》，最后到将《反虐待动物法》专家意见稿从182条删减到77条，结果立法机关始终不通过，民众始终不理解甚至对建议稿的内容展开批判和攻击。

• 动物福利与中国传统思想格格不入？中国古代就有善待动物的思想和立法，我国古代代表学派儒家向来主张仁爱，佛祖割肉喂鹰的小典故宣扬了佛教"行善、修德、慈悲为怀、绝不杀生"的理念。西周《代崇令》中"毋动六畜。有不如令者，死无赦"的规定和《全上古三代秦汉三国六朝文》中"夏三月，川泽不入网罟，以成鱼鳖之长"的规定说明我国自春秋战国时期已经开始保护动物的立法。

• 动物福利缺乏经济基础？经济基础决定一切，经济的发展和相对发达是动物福利理念和动物福利制度确立的重要经济条件，否则人类生存岌岌可危时，去探讨动物福利和动物保护问题确实不合时宜。而且经济的发达程度和动物福利法的完善程度一般成正比，一个国家经济越发达，动物福利保障程度越高，例如，国家可以通过进出口补贴或者农业补贴的方式鼓励农场主改善农场动物生活环境等。我国目前是世界第二经济大国，人类社会保障制度不断完善，国家的经济实力位于世界前列。

• 缺乏立法经验？西方国家尽管在19世纪便拉开了动物福利法的立法帷幕，但是直到20世纪中期以后，国外才进入动物福利法的立法繁荣期，发达国家的动物福利法典普遍是20世纪60年代以后出台的。因此，总体上看，动物福利法在世界范围内是一个非常年轻的部门法。任何一个国家在动物福利法出台的过程中都是摸着石头过河的，只要步伐够快够坚定，立法经验不是障碍，更何况国外完善的制度可以为我国提供借鉴。

二 结论与展望

《关于善待实验动物的指导性意见》的颁布，以及《实验动物 动物实验通用要求》《实验动物 福利伦理审查指南》等国家标准的不断出台，表明我国已经意识到在动物福利领域存在的不足，并正在以公众能够接受的方式加速动物福利领域相关立法的出台。但是我国在动物福利法完善的过程中，还面临两个重大障碍：一是公众的不理解和不接受；二是官方态度的不坚定。其中障碍———公众的不理解和不接受源于公众的无知和自私，无知表现在公众不了解也不想去了解什么是动物福利，不了解也不想去了解动物福利法的目标和功能；自私表现在人类的自我感觉良好，我们将自己视为万物的主人，将自己称为"高级动物"，因此当动物福利支持者主张改善动物生活条件时，总有人跳出来反对道：人的生活条件还不够好，不应理会低级动物的处境。其实每个国家包含世界经济第一大国的美国都有乞讨流浪人员的存在，都有温饱面临困境的低级阶层的存在，但是这并没有阻止发达国家动物福利法出台的步伐。在中国已经成为世界第二大国的今天，我们总是以人类的生活条件"不达标"去反对改善动物的生活条件，原因何在？归结到底就是思想和观念问题。笔者并不认可"动物福利和中国国情不相符合"的观点。我们只是在经济发展到一定阶段时，文明暂时迷失了。

然而，奴隶总会解放，妇女和黑人总会获得人权，文明的脚步不可阻挡。尽管动物不能言、不能反抗，但是它们作为生命体与我们共存于这个世界。我们能够看到动物明亮的眼睛，能听到动物心脏的跳动，迷失的文明总会被唤醒。此时，政府应当作为民众的启明灯，引导我们前行。笔者认为，政府应当通过官方途径宣传动物福利思想，同时应当加快动物福利法典的立法步伐。其实，笔者认为我国的动物福利法典选择什么样的名称，是动物福利法，还是动物保护法，抑或是反对虐待动物法都没有问题，专家立法组完成的专家意见稿最早被命名为《动物保护法》，后又更名为浅显易懂的《反虐待动物法》，但是立法机关和民众同样都不赞成。如果民众保持对动物福利的不了解甚至排斥状态，无论立法选择什么样的名称都是空谈。

笔者大胆地设想，在动物福利立法领域是否可以采用立法突破的方式使得民众从被动接受动物福利转为主动接受。所谓立法突破，指的是立法机关先将动物福利法列入立法计划并加快立法出台，出台后可以适当将《动物福利法》的生效日期延后。无论《动物福利法》的体系如何构架，法条中均应包含动物福利标准和条件、动物福利监管、动物福利违法行为和违法行为的责任条款。如果《动物福利法》能够顺利通过，再按照《动物福利法》去构建、修改和完善我国现行的动物福利相关立法。

道德谴责在大量的侵害动物行为面前早已苍白无力了，通过法律唤醒人类良心和文明的时刻已经来临。用法律保护动物应当付诸行动。

参 考 文 献

一 各国主要法律文献

美国

Animal and Animal Products.

Animal Welfare Act.

Animal Welfare Inspection Guide.

Animal Welfare Regulations.

Code of practice for the supply of rodents in research Animal research.

Endangered Species Act.

Guide for the Care and Use of Agricultural Animals in Research and Teaching.

Guidelines for NIH Rodent Transportation.

Guidelines for NIH NON-Rodent Transportation.

Guidelines of the American Society of Mammalogists for the use of wild mammals in research.

Public Health Service Policy on Humane Care and Use of Laboratory Animals.

Responsibility in the use of animals in bioscience research.

英国

Code of Practice For the Housing And Care of Animals Used in Scientific Procedures.

Code of Practice For The Housing And Care Of Animals In Designated Breeding And Supplying Estabishments.

Conservation Of Wild Creatures and Wild Plants Act.

Guidelines for Accommodation and Care of Animals.

Guiding Priciples On Good Practice For Ethical Review Processes.

Guidance on the Operation of the Animals (Scientific Procedures) Act 1986.

Protection of Animals (Scientific Procedures) Act.

The Welfare of Animals at the Time of Killing (Revocation) Regulations 2014.

U. K Animal Welfare Act.

Wildlife and Countryside Act.

澳大利亚

Australian Code For The Care And Use of Animals For ScientificPurposes.

Australian Code For the Responsible Conduct Of Research.

Environment Protection and Biodiversity Conservation Act 1999.

Environment Protection and Biodiversity Conservation Amendment (Wildlife Protection) Act 2001.

Guidelines on Antibody Production.

Guidelines On Choosing an Appropriate Endpoint in Experiments Using Animals For Research, Teaching and Testing.

Guide to the Care and Use of Australian Native Mammals in Research and Teaching.

Guidelines to Promote the Wellbeing of Animals Used For Scientific Purposes.

National Animal Welfare Act 2005.

NHMRC Guidelines On The Care Of Cats Used For Scientific Purposes.

Relationship Between NHMRC Peer Review And Ethical Review by InstitutionalEthics Committees.

Wildlife protection (Regulations of Exports and Imports) Act.

加拿大

CCAC Guidelines On Animal Use Protocol Review (1997).

CCAC Guidelines On The Care And Use Of Marine Mammals.

CCAC Guidelines On The Care And Use Of Farm Animals In Research, Teaching And Testing.

CCAC Guidelines On The Care And Use Of Wildlife.

CCAC Guidelines on: Transgenic Animals (1997).

Certification Of Animal Care and Use Programs.

Guidelines On Choosing An Appropriate Endpoint In Experiments Using Animals In Research, Teaching And Testing.

Guide To The Care And Use Of Experimental Animals.

Recommended Code of Practice For The Care and Handling of Farm Animals—Transportation.

Speices At Risk Act.

The Assessment and control of the severity of scientific procedures on laboratory Animals.

Terms of Reference For Animal Care Committees.

Wild Animal and Plant Trade Regulations.

其他国家

Animal Welfare Act (Germany).

Animal Welfare Act (Norway).

Federal Act on the Protection of Animals (Animal Protection Act – TSchG Austria).

中国

《北京市实验动物管理条例》

《北京市实验动物伦理审查指南》

《重庆市养犬管理暂行办法》

《动物检疫管理办法》

《关于善待实验动物的指导性意见》

《国家科技计划实施中科研不端行为处理办法》

《洛阳市养犬管理办法》

《农业系统实验动物管理办法》

《上海市养犬管理条例》

《生猪屠宰管理条例》

《生猪屠宰管理条例实施办法》

《实验动物管理条例》

《实验动物许可证管理办法（试行）》

《兽药管理条例》

《兽药管理条例实施细则》
《饲料和饲料添加剂管理条例》
《医学实验动物管理实施细则》
《中华人民共和国野生动物保护法》
《中华人民共和国渔业法》
《中华人民共和国畜牧法》
《中华人民共和国海洋资源保护法》
《中华人民共和国农业法》
《中华人民共和国动物防疫法》
《中华人民共和国陆生野生动物保护实施条例》
《中华人民共和国水生野生动物保护实施条例》

二 著作与论文

常纪文：《动物福利法——中国与欧盟之比较》，中国环境科学出版社 2006 年版。

常纪文：《动物保护法与反虐待动物法》，中国环境科学出版社 2010 年版。

陈筱侠译，刘瑞三、高诚校：《美国动物福利法规汇编》，上海科技出版社 2006 年版。

［德］rald Silverman, Mart A. Suckow, Sreekant Murthy：《实验动物管理与使用委员会工作手册（第二版）》，贺争鸣、李根平主译，科学出版社 2013 年版。

何力：《动物福利法律制度比较研究》，陕西人民出版社 2012 年版。

贺争鸣、李根平、李冠民、陈振文、王禄增主编：《实验动物福利与动物实验科学》，科学出版社 2011 年版。

华惠伦、殷静雯：《中国保护动物》，上海科技教育出版社 1993 年版。

黄静、刘文慧：《对我国动物福利立法的思考》，《法制与社会》2014 年 12 月。

贾幼陵：《动物福利概论》，中国农业出版社 2014 年版。

［英］考林·斯伯丁：《动物福利》，崔卫国译，中国政法大学出版社 2005 年版。

李卫华等编译:《农场动物福利规范》(国外资料汇编),中国农业科学技术出版社 2009 年版。

李卫华、李芳、魏荣、庞素芬、邵卫星、孙映雪:《澳大利亚动物福利法律体系》,《中国动物检疫》2010 年第 27 卷第 7 期。

李雪娇:《论我国刑法增设虐待动物罪的必要性》,《西江月》2013 年第 12 期。

刘鑫、胡佩佩:《医学实验动物保护立法研究》,《中国医学伦理学》2016 年 8 月。

刘欣、王培培:《中外动物福利立法比较与借鉴》,《江西广播电视大学学报》2009 年第 3 期。

刘哲石:《我国动物福利保护立法存在的问题及完善》,《湖南师范大学社会科学学报》2008 年第 3 期。

孙江、何力、梁知博:《让法律温暖动物》,中国政法大学出版社 2009 年版。

唐伟华:《英美国家政府资助研究领域人类参与者权益保护制度初探》,中国社会科学出版社 2014 年版。

陶雨风、刘忠华、毕玉春、唐丹舟、藏捷昕:《国内外实验动物管理体制及法规条例的比较》,《实验动物科学》2011 年第 28 卷第 4 期。

王禹、许世卫、李哲敏:《美国农业部 USDA 组织架构和职能状况》,《世界农业》2015 年第 6 期。

王志祥、韩雪:《关于增设虐待动物罪的理性思考》,《黄河科技大学学报》2011 年第 13 卷第 2 期。

杨源:《论"动物不是物,是什么"》,《民商法论丛》第 29 卷,法律出版社 2004 年版。

恽时峰:《保障实验动物福利,促进生命科学发展》,《中国比较医学杂志》2015 年第 3 期。

中国动物疫病预防控制中心:《国外动物福利法律法规汇编》,中国农业科学技术出版社 2016 年版。

朱海林:《中国生命伦理学八大热点问题透视》,《昆明理工大学学报》2013 年 6 月。